Morey Bernstein: Protokoll einer Wiedergeburt

Der weltbekannte Fall Bridey Murphy: Der Mensch lebt nicht nur einmal

Knaur®

ISBN 3-426-04114-6 880

Inhalt

Vorbemerkung des Verfassers:

Der vorliegende Bericht gibt tatsächliche Begebenheiten wieder. Alle Fakten wurden wahrheitsgetreu aufgezeichnet, die Namen der meisten handelnden Personen jedoch aus begreiflichen Gründen geändert.

Bridey Murphy meldet sich

»Heute abend will ich einen neuen hypnotischen Versuch machen, einen Versuch, wie ich ihn noch niemals unternommen habe. Das Medium ist Ruth Simmons.«

Nachdem ich diese Sätze in mein Tagebuch geschrieben hatte, lehnte ich mich zurück und überlegte, wie ich heute vorgehen wollte. Es war Samstag, am späten Nachmittag, und in wenigen Stunden würde ich das Experiment beginnen.
Ich hatte vor, mein Medium auf dem Wege ganz normaler hypnotischer Rückführung in sein erstes Lebensjahr zu versetzen. Dann wollte ich eindringlich fragen, ob das Gedächtnis nicht noch weiter zurückreichte. Das Verfahren schien fast primitiv, aber vielleicht hatte es den gewünschten Erfolg.
Unter »hypnotischer Rückführung« (auch *age regression*, das heißt »Altersrückversetzung«) versteht man ein Verfahren, bei dem man das Gedächtnis der Versuchsperson in Hypnose in die Vergangenheit führt und Erlebnisse – selbst solche der frühesten Kindheit – aus Unterbewußtsein und Vergessenheit heraufholt.
Eines Abends, nach einem Tanzfest, hatte ich entdeckt, in wie ungewöhnlich tiefe Trance sich Ruth Simmons unter Hypnose versetzen ließ. Eine Gruppe von wohl einem Dutzend Paaren hatte sich nach dem Fest in der Wohnung eines der Teilnehmer zusammengefunden. Einige der Anwesenden bestürmten mich, doch unbedingt einen Beweis meiner hypnotischen Fähigkeiten zu liefern. So höflich wie möglich wandte ich ein, daß ich nicht zur »Schaustellung« neigte, erklärte mich aber bereit, den Anwesenden zu zeigen, wie man sich in allmähliche Entspannung versetzt; so würden sie wenigstens einmal sehen, wie eine Trance begänne.
Während des folgenden kleinen Experiments entdeckte ich einige unter den Teilnehmern, die offenbar gute hypnotische Medien waren. Eine aber überragte alle andern bei weitem: Ruth Simmons. Wochen später bot sich mir erneut eine Gelegenheit, und ich konnte feststellen, daß ich mich damals nicht geirrt hatte. Sie war in der Tat ein bemerkenswertes Medium, das heißt, sie hatte die Fähigkeit, in allerkürzester Zeit in tiefe Trance zu versinken.

Ihre Anwesenheit am heutigen Abend würde also kein Zufall sein. Es war mir klar, daß ich für mein schwieriges Vorhaben ein ganz ausgezeichnetes Medium brauchte.
Für Ruth Simmons war das nichts Neues: Schon zweimal hatte ich sie inzwischen hypnotisiert. Bei einer dieser Gelegenheiten hatte sie überzeugend bewiesen, daß sie sich in Hypnose *(hypnos,* griechisch »Schlaf«) an Vorfälle erinnert, die sich ereignet hatten, als sie erst ein Jahr alt war. Aber heute hatte ich mehr vor.
Ich weiß noch, wie lang mir die Zeit wurde, während ich auf unsere Gäste wartete. Endlich trafen Rex und Ruth Simmons ein.
Ich brachte es fertig, das einleitende allgemeine Gerede – von der Präsidentenwahl bis zum gräßlich kalten Wetter – durchzustehen. Als endlich der Höflichkeit und Konvention Genüge getan war, wandte ich mich an Ruth und fragte, ob sie bereit sei, sich hypnotisieren zu lassen. Achselzuckend erwiderte sie, sie habe nichts dagegen. Ich bat sie, sich heute nicht in den Sessel zu setzen, sondern sich ausgestreckt auf die Couch zu legen. Dann brachte ich ein Kissen und eine Decke, damit sie es behaglicher hätte. Sie war mit den neuen Versuchsbedingungen einverstanden.
Nur wenige Minuten dauerte es, bis die Hypnose wirkte. Ruth war in der Tat ein selten gutes Medium.
Sobald ich mich vergewissert hatte, daß ihr hypnotischer Schlaf tief genug war, schaltete ich das Tonband ein und begann, mit ruhiger Stimme zu sprechen.
»... Wir wollen nun zurückwandern. Durch Raum und Zeit wollen wir zurückschreiten, als blätterten wir in den Seiten eines Tagebuches ... Und wenn ich gleich wieder zu Ihnen spreche, dann werden Sie sieben Jahre alt sein und auf meine Fragen antworten ...«
Ich machte eine kurze Pause. Rex und Hazel, meine Frau, beobachteten mit mir zusammen schweigend die junge Dame, die offenbar in tiefem Schlaf lag.
Endlich fragte ich: »Gehst du zur Schule?«
Sie bejahte mit klarer, leiser Stimme.
Ich fragte weiter: »Wer sitzt vor dir?«
»Jacqueline.«
»Und hinter dir?«
»Verna Mae.«
In gleicher Weise versetzte ich Ruth in das Alter von fünf Jahren, in den Kindergarten. Auf die Frage, wer vor ihr säße, antwortete

sie: »Niemand.« Dann berichtete sie, sie säße an einem langen Tisch; so konnte natürlich niemand vor ihr seinen Platz haben. Sie erzählte uns, ihr Lieblingsspiel sei »Himmel und Hölle«, und ihre Puppe hieße Bubbles. Dann beschrieb sie erstaunlich eingehend ihr schwarzes Samtkleid mit »kleinen Schleifchen« auf den Taschen.

Und dann war Ruth drei Jahre alt! Ganz genau beschrieb sie ihre bunte Puppe, und sie erinnerte sich an ihren Hund Buster.

Tiefer und tiefer drangen wir in ihre frühesten Erinnerungen, überschritten die Grenze des normalen Bewußtseins, und schließlich wußte Ruth, daß sie erst ein Jahr alt sei. Damals hatte sie ihren Wunsch nach Wasser durch die Silbe »Wa« ausgedrückt. Aber als ich sie fragte, was sie gesagt hätte, wenn sie ein Glas Milch wollte, erwiderte sie: ». . . kann ich nicht sagen.«

Und nun – nun war ich an der Schwelle eines Versuchs, den ich noch niemals gewagt hatte. Ich hatte vor, sie »über die Hürde« zu bringen. Kurz gesagt: Ich wollte sehen, ob es möglich ist, das Erinnerungsvermögen sogar bis in eine Zeit vor der Geburt zurückzuführen.

Bis vor wenigen Monaten war mir dieser Gedanke überhaupt nicht in den Sinn gekommen. Ich hatte andere Medien so weit gebracht, daß sie sich an längst vergessene Episoden ihrer Jugend erinnerten. Einige hatte ich sogar bis zum Augenblick ihrer Geburt zurückgeführt; aber war es nicht selbstverständlich, daß damit eine Schwelle erreicht war, die man nicht überschreiten konnte? Ich hatte nie daran gezweifelt, daß hier ein absoluter Endpunkt erreicht war.

Verschiedene Bücher und einige bekannte Fachleute hatten mich jedoch meine Ansicht ändern lassen. So las ich zum Beispiel den Bericht eines berühmten englischen Psychiaters, der bereits seit vielen Jahren mehr als tausend Medien in die Zeit vor ihrer Geburt rückgeführt hatte. Außerdem hatte ich festgestellt, daß eine Reihe von Wissenschaftlern, Ärzten, Psychologen und manche andere sich mit genau den gleichen Forschungen beschäftigten.

Nun war ich an der Reihe!

Ich sagte der schlafenden Ruth Simmons, die jetzt sehr tief atmete, sie solle versuchen, mit ihrem Erinnerungsvermögen noch weiter zurückzudringen . . . »Zurück, immer weiter und weiter zurück, bis Sie sich, so seltsam das auch scheinen mag, in einer ganz anderen Umgebung, an anderem Ort, in anderer Zeit befinden. Und wenn ich Sie wieder frage, werden Sie mir

darüber berichten.« Dann wartete ich einige bange Atemzüge lang.
Nun ging ich zur Couch zurück und hielt das Mikrofon ganz dicht vor ihren Mund. Der große Augenblick war gekommen!
Würde es gelingen, in die Zeit vor ihrer Geburt vorzustoßen?
»Jetzt berichten Sie mir. Berichten Sie, was Sie sehen und hören«, drängte ich. »Was sehen Sie? Was sehen Sie?«
». . . alle Farbe von meinem Bett abgekratzt!«
Ich verstand nicht. Nach einigem Zögern stellte ich die einzige logische Frage, die sich in dieser Lage anbot: »Warum hast du das getan?«
Und nun lauschten wir auf die leise, entspannte Stimme, die so fern und gleichzeitig nah war. Sie berichtete die rührende Geschichte von einem kleinen Mädchen, das Prügel bezogen und sich deshalb an den Erwachsenen gerächt hatte, indem es die Farbe von seinem Metallbett abkratzte. Zum Schluß meinte sie erklärend, das Bett sei eben erst »neu gestrichen und schön gemacht« worden.
Das kleine Mädchen schien an einen anderen Ort und in eine andere Zeit zu gehören. Als ich es nach seinem Namen fragte, antwortete mein Medium:
»Friday . . . Friday Murphy.«

Hypnose – der erste Schritt auf einer langen Brücke

Es war Abend, draußen wütete ein Unwetter, und ich saß in meinem Büro, angeblich damit beschäftigt, den Gewinner des ersten Preises festzustellen, den meine Firma für den besten Werbespruch ausgeschrieben hatte. Da läutete das Telefon. Hätte ich den Hörer nur nicht abgenommen! Aber konnte ich ahnen, daß mich der Anruf in einen wahren Wirbel von Forschungen über Hypnose, Telepathie und Hellseherei reißen, daß er mich dazu bringen würde, mit Elektroschock und Wahrheitsserum zu experimentieren, und daß er mich gar an das Geheimnis des Todes heranführen sollte?
Im Augenblick wog ich die Werbewirksamkeit von zwei Slogans, die in die Endrunde gelangt waren, gegeneinander ab. Immerhin sollte der Spruch uns helfen, Waren aller Art, von der Kittelschürze bis zum Traktor, zu verkaufen. Da läutete das Telefon wieder, und ich ergab mich in mein Schicksal.
»Hallo.«
»Hallo. Ich möchte gern Morey Bernstein sprechen.«
»Am Apparat.«
»Verzeihen Sie die Störung! Vor einer Stunde bin ich mit meiner Maschine in Denver aufgestiegen, aber wegen des Sturmes mußte ich in Pueblo zwischenlanden. Ich habe in allen Hotels angerufen, aber hier scheinen Zustände wie beim großen Colorado-Boom zu herrschen. Nirgends ist ein Zimmer frei. Plötzlich fiel mir ein, daß mein Vetter George Taylor mir ans Herz gelegt hat, mich ja bei Morey Bernstein zu melden, falls ich je nach Pueblo käme. Und deshalb melde ich mich – mitten aus der Tinte. Können Sie vielleicht helfen?«
Als der Name George Taylor fiel, wußte ich, daß ich an diesem Abend den besten Werbespruch nicht mehr auswählen würde. Taylor war ein Rancher, ein Großgrundbesitzer, und einer unserer besten Kunden. Keine Frage: Der Slogan mußte Taylors Vetter weichen. Ich erbot mich, ihn sofort abzuholen, wenn er mir nur sage, wo er sei. Und kurz bevor ich den Hörer wieder auflegte, fiel mir noch ein, nach seinem Namen zu fragen. Er hieß Jerry Thomas.
Es stellte sich heraus, daß Thomas fünfundzwanzig Jahre alt, munter und durchaus repräsentativ war. Sobald ich ihn in unserem Wohn- und sein Gepäck im Fremdenzimmer verstaut

hatte, schlug ich vor, gemeinsam eine Party zu besuchen, die im Hause eines Bekannten stattfinden sollte.
Obwohl wir bei dem gräßlichen Wetter nur langsam fahren konnten, kamen wir bald am Haus meines Freundes an. Jung-Thomas erwies sich als wahrer Charmeur. Ich empfand es als sehr rücksichtsvoll von unserem Kunden, einen so netten Vetter zu haben, wenn er schon mein schweres Schiedsrichteramt behindern mußte.
Zunächst kreiste die Konversation um die bei einer Cocktailparty üblichen Themen. Ich weiß selbst nicht, wie wir plötzlich auf Hobbys zu sprechen kamen. Aber ich weiß noch – und nie im Leben werde ich es vergessen –, welch großes Gelächter ausbrach, als Thomas sich zu diesem Thema äußerte. Er versicherte uns, sein Hobby sei – die Hypnose. Natürlich nahmen wir alle an, er wolle uns verulken.
Aber er scherzte nicht. Vielmehr schnappte er ob des Gelächters hörbar ein und rief herausfordernd: »Wenn Sie mir nicht glauben, dann will ich es Ihnen gern beweisen – vorausgesetzt, daß sich jemand von Ihnen als Medium zur Verfügung stellt.«
Während ich noch überlegte, ob das wirklich sein Ernst sei, erbot sich bereits eine hübsche Blondine, ihm den Gefallen zu tun. Schon immer habe sie sich Gedanken über Hypnose gemacht, sagte sie, seit vor vielen Jahren einer ihrer Lehrer kurz auf dieses Thema zu sprechen gekommen sei.
Hier also sollte ich zum erstenmal im Leben mit der Hypnose gewissermaßen Tuchfühlung aufnehmen. Ich hatte schon davon gehört, einiges darüber gelesen, und auch Vorführungen auf der Bühne gesehen. Aber glauben konnte ich nicht daran.
So erinnerte ich mich noch gut, daß ich als Student einmal eine öffentliche Schaustellung verlassen hatte. Meine Kommilitonen sollten deutlich merken, daß ich so dummes Zeug für weit unter meiner Würde hielt. Wenn sie ihre Zeit mit solchen Albernheiten vertrödeln wollten – schön und gut! Ich war mir zu schade dazu!
Heute aber konnte ich nicht einfach aufstehen und fortgehen. Thomas war schließlich mein Gast. Außerdem war ich doch neugierig darauf, wie er den Kopf aus der Schlinge ziehen würde. So lehnte ich mich bequem in meinem Sessel zurück und wartete ab.
Thomas bat die junge Dame, sich völlig entspannt und möglichst behaglich auf eine Couch zu legen. Dann zog er einen Ring vom Finger und sagte, sie möge diesen scharf ansehen. Ganz fest

müsse sie ihre Aufmerksamkeit auf den Ring konzentrieren und so lange angestrengt daraufstarren, bis sie ihn nur noch verschwommen und undeutlich erkennen könne. Thomas tat nichts, als daß er den Ring vor ihre Augen hielt und wartete. Wir warteten mit ihm.

Mit der Zeit wurden wir unruhig und sogar gelangweilt. Nichts geschah. Das Mädchen schaute auf den Ring, Thomas schaute auf das Mädchen, und wir schauten auf Thomas. Als die Stimmung immer ungemütlicher wurde, stellten einige der Gäste das Zuschauen ein und fingen an, miteinander zu tuscheln. Andere verzogen sich in die Küche. Unser Hypnotiseur schien auf verlorenem Posten zu stehen.

Aber da plötzlich sprach er leise zu seinem Medium. Das Mädchen hatte die Augen geschlossen und schien zu schlafen. Er sprach immer weiter, aber ich saß nicht nahe genug, um seine Worte zu verstehen. Nach wenigen Minuten wandte er sich um und ging in die Küche, wo inzwischen die Mehrzahl der Gäste dem kalten Büfett wesentlich mehr Aufmerksamkeit schenkte als der Hypnose.

Im Brustton der Überzeugung verkündete Thomas den Feinschmeckern, daß er nun in Kürze seine hypnotischen Fähigkeiten unter Beweis stellen werde.

Er bat uns, auf dem großen Küchentisch Platz zu nehmen und uns mit den kalten Platten zu beschäftigen. Sein Medium schliefe fest, versicherte er uns, aber er wolle es jetzt aufwecken. Nach dem Erwachen werde sich das Mädchen völlig natürlich benehmen – mit einer einzigen Ausnahme.

»Sobald sie zwei Happen zu sich genommen hat«, sagte Thomas, »wird sie sich plötzlich den linken Schuh und Strumpf ausziehen.«

Das wollte ich mir ansehen!

Lange brauchte ich nicht zu warten. Thomas ging zu dem Mädchen zurück, und nach ein paar leisen Worten weckte er es auf. Die junge Dame erhob sich, kam in die Küche und setzte sich auf den Platz, den wir ihr freigelassen hatten. Sie suchte sich etwas zu essen von den Platten und erzählte, wie schön der kurze Schlaf gewesen sei. »Richtig erholsam!« versicherte sie uns. »Ich würde es auf der Stelle noch einmal tun.«

Kaum hatte sie den zweiten Happen in den Mund geschoben, legte sie ganz unvermittelt die Gabel nieder – und zog den linken Schuh und Strumpf aus! Totenstill wurde es in der Küche; alle starrten sie an.

Das Schweigen und Starren brachte sie schnell wieder zur Besinnung. Erstaunt blickte sie sich um und fragte, was denn los sei. Da stand sie, Schuh und Strumpf in der Hand, und wollte wissen, warum alle sie so schweigend anstarrten ...
Ihr Begleiter brach das lastende Schweigen. »Was ist denn mit deinem Schuh und deinem Strumpf? Warum hast du die bloß ausgezogen?«
Jetzt erst blickte sie zu ihrem Bein hinunter und dann auf den Schuh und den Nylonstrumpf in ihrer Hand. Nie werde ich den Ausdruck ungläubiger Fassungslosigkeit vergessen, obwohl ich ihn seitdem oft, sicher tausendmal, in anderen Gesichtern beobachtet habe. Sie war völlig verblüfft. Eine Minute lang sagte sie nichts, dann schaute sie wieder auf und schüttelte den Kopf. Sie wußte buchstäblich nichts; sie konnte sich nicht erklären, wie Schuh und Strumpf in ihre Hand kamen. Sie machte nicht einmal den Versuch, es zu erklären.
Thomas, der mit seinem Erfolg sichtlich zufrieden war, blickte mich an. Er dachte wohl daran, daß ich am lautesten gelacht hatte, als er uns vorhin von seinem Hobby berichtet hatte. Und nun erwartete er anscheinend von mir, daß ich mit möglichst viel Anstand »in den sauren Apfel beiße«. Zwar sagte er nichts, aber ich gab dennoch Antwort: »Ich glaube es einfach nicht.«
Thomas schien seinen Ohren nicht zu trauen; er begriff nicht, was ich da sagte. »Was glauben Sie nicht?«
»Ich glaube nicht, daß sie hypnotisiert war.«
Nun war Thomas am Ende seines Fassungsvermögens. Er verstand meine Skepsis einfach nicht. Während er vor dem Küchentisch auf und ab lief, überlegte er, wie er mit meinem Unglauben fertig werden sollte. Plötzlich wandte er sich zu mir und fragte, wie er mir beweisen könne, daß es wirklich möglich sei, die junge Dame durch Hypnose in Trance zu versetzen.
»Machen Sie es noch einmal!« erwiderte ich. »Woher wissen wir denn, daß Sie beide nicht unter einer Decke stecken? Niemand hat gehört, was Sie Ihrem sogenannten Medium gesagt haben. Vielleicht haben Sie das Mädchen dazu gebracht, sich einen guten Witz mit uns zu erlauben! Lassen Sie sie noch einmal einschlafen, und dann wollen wir uns eine echte Probe ausdenken.«
Er stimmte sofort zu. Diesmal ging es sehr schnell. Er zählte nur bis drei, schnippte dreimal mit den Fingern, und das Mädchen »war weg«. Später erfuhr ich, wie diese Schnelligkeit erreicht

werden kann. Man bedient sich dazu der sogenannten posthypnotischen Suggestion (s. Anhang F); mit anderen Worten: Ehe Thomas das Medium zum erstenmal aufweckte, hatte er ihm befohlen, in Zukunft sofort in Trance zu sinken, sobald er bis drei zählte und dreimal mit den Fingern schnippte.

So weit waren wir also, unsere Probe konnte beginnen. Thomas wiederholte seine Aufforderung: »Was soll ich nun tun, um Ihnen zu beweisen, daß sie wirklich hypnotisiert ist?«

Der Begleiter des Mädchens meldete sich. »Lassen Sie mich mit ihr reden. Ich kenne sie gut genug, um sie unter Garantie zum Lachen zu bringen, falls sie sich nur verstellt.«

Unser Hypnotiseur befahl nun seinem hübschen Medium, unter gar keinen Umständen zu lachen, sondern mit unbewegtem Gesicht keinerlei Gemütsregungen zu verraten. Außerdem ließ er es die Augen aufschlagen, während es sich nach wie vor in Trance befand.

Und dann machte sich der junge Mann ans Werk. Zuerst küßte er seine Freundin und schnitt die komischsten Grimassen, um sie zum Lachen zu bringen. Als sie aber keine Miene verzog, legte er mit doppeltem Eifer sein Gesicht in höchst alberne Falten und nahm auch noch die Hände zu Hilfe.

Es war, als sei das Mädchen weit, weit fort.

Ehe wir uns aber geschlagen gaben, verlangte ich einen weiteren Beweis. So wollte ich zum Beispiel sehen, wie die junge Dame auf Schmerz reagierte. Die Ärmste wurde daraufhin einer sanften Folterung ausgesetzt, indem man ihr unter anderem eine Nadel durch die Haut ihrer Handoberfläche bohrte. Aber, was immer ich von der ganzen Sache halten mochte, es stand fest, daß sich das Mädchen in einem Zustand befand, den ich bislang für absolut unmöglich gehalten hatte.

Langsam mußte ich mich mit meiner Niederlage abfinden. Immer hatte ich geglaubt, die Medien der Hypnotiseure seien Komplicen – oder aber so dumme und haltlose Menschen, daß der sogenannte Hypnotiseur mit ihnen anstellen könne, was immer er wolle. Aber das Mädchen da hatte weder Theater gespielt, noch war es dumm. Im Gegenteil, es stand unbedingt fest, daß es eine intelligente, körperlich und geistig gesunde junge Dame war.

»Okay, Thomas, Sie haben gewonnen! Wecken Sie sie auf!«

Hoffnungslos besiegt sank ich in einen Sessel. Aber nicht nur besiegt fühlte ich mich, sondern gleichzeitig in höchstem Grade erstaunt, verwundert und fast erschüttert.

Nachdem ich nun eingesehen hatte, daß an der Hypnose wirklich etwas dran war, schoß ich eine endlose Salve von Fragen auf den triumphierenden Hypnotiseur ab: Wenn das da wahr ist, warum wird das Verfahren nicht allgemein angewandt?... Ergeben sich nicht ungeahnte Möglichkeiten, wenn es möglich ist, den menschlichen Geist derart von seinem Träger zu lösen?... Kann die Hypnose nicht zu einer mächtigen Waffe im Kampf um das Gute werden?... Wenn der Geist so gelenkt, beeinflußt, geprägt werden kann – warum versteht dann nicht jeder Arzt etwas von Hypnose? Warum ist nicht wenigstens jeder Psychiater verpflichtet, diese Methode zu studieren?... Warum ist die Hypnose nicht wenigstens Lehrfach für jedes psychologische Studium?... Warum zeigt die Wissenschaft kein stärkeres Interesse?... Warum kommen Leute wie ich nur auf dem Jahrmarkt – oder durch einen glücklichen Zufall wie heute – mit Hypnose in Berührung?... Und welche Möglichkeiten praktischer Anwendung ergeben sich auf dem Gebiet der Erziehung, der Rechtsprechung, des Geschäftslebens, des Theaters, der Reklame usw. Warum ist dafür noch nicht mehr geschehen? (s. Anhang A)

Ich bekam Antwort. Es war dieselbe Antwort, die ich im Laufe der nächsten zehn Jahre immer und immer wieder bekommen sollte: ein Achselzucken!

Auf dem Heimweg durch das langsam abflauende Unwetter erzählte mir Thomas, wie er zum erstenmal auf die Hypnose gestoßen sei. Eine Verwandte war krank gewesen, und er hatte einen Weg gesucht, sie von ihren Schmerzen zu befreien. Zu diesem Zweck hatte er an einem psychologischen Kursus der Universität teilgenommen – an einem der wenigen Lehrgänge, die sich wenigstens bis zu einem gewissen Grade mit Hypnose abgaben. Und sogar dort konnte von wirklich umfassender und eingehender Behandlung des Themas nicht die Rede sein. Der Dozent interessierte sich persönlich für diesen Problemkreis und hatte deshalb von sich aus die vom Lehrplan gezogenen Grenzen überschritten.

Zu Haus gingen wir sofort zu Bett. Nach einer Viertelstunde hörte ich Thomas selig schnarchen. Ich aber fand in dieser Nacht keinen Schlaf. Immer wieder dachte ich über das Fremde nach, dem ich heute abend begegnet war: Hypnose.

Obwohl ich es damals nicht ahnte, hatte ich den ersten Schritt auf eine lange Brücke getan, auf eine Brücke, die zwei Kontinente und zwei Zeitalter miteinander verband. Und drüben, am andern Ende dieser Brücke, stand eine Frau, die ich als Bridey Murphy kennenlernen sollte.

Am nächsten Morgen war ich wieder im Büro unserer Firma. Handelsgericht und Geschäftspartner kennen sie unter dem Namen Bernstein Brothers Equipment Company, Pueblo, Colorado, aber in unserer Familie heißt sie nur »Der Laden«.

Vor mehr als sechzig Jahren hatte mein Großvater das Geschäft eröffnet. Drei Generationen haben sich also damit abgemüht. Ich bin die dritte Generation.

Als Großvater 1890 anfing, war das Ganze nur ein Trödelladen. Großvater verschrottete buchstäblich alles, was ihm in die Hände fiel. Er gab zu, seine Vorfahren seien nicht mit der »Mayflower« herübergekommen – aber er war felsenfest davon überzeugt, daß sie das große Schiff erworben und ausgeschlachtet hätten.

Unter der zweiten Generation, meinem Vater und meinem Onkel, nahm die Firma einen gewaltigen Aufschwung. Der Betrieb wurde umstrukturiert: Von nun an wurden Waren aller Art ge- und verkauft, vom Zementmischer bis zum Dieseltraktor, von der Badewanne bis zum Öltank. Optionen und Lizenzen für industrielle und landwirtschaftliche Produkte wurden erworben und ein schwunghafter Handel en gros und en détail eröffnet. Aus dem Trödelladen war eine gewaltige Auslieferungsfirma geworden, so etwas wie ein Großkaufhaus, das mehr als tausend Artikel führte.

Als ich alt genug war, um aufs College zu gehen, hatte unsere Firma schon einen Namen im ganzen Westen. Es stand für mich daher absolut fest, daß ich ins Geschäft eintreten würde. Also bezog ich eine Wirtschafts-Hochschule, die Wharton School of Finance an der University of Pennsylvania, und nach Jahren eifrigen Studiums kehrte ich nach Colorado zurück, um die Theorie in die Praxis umzusetzen.

Ich war für meinen Beruf vorgebildet, und ich liebte ihn. Im Lauf der nächsten Jahre nahm ich weitere Produkte in unser Programm auf und verstärkte vor allem unsere Reklame. Alles machte mir Spaß – das Auswählen neuer Artikel, Geschäftsreisen, Einkaufs- und Verkaufsgespräche. Und deshalb hätte ich an jenem Morgen – nachdem die Hypnose in mein Leben getreten war – voller Freude in mein Büro zurückkehren und die Beschäftigung mit dem Preisausschreiben um den besten Werbespruch wieder aufnehmen sollen. Aber irgendwie ging mir die Arbeit

nicht von der Hand. Ich konnte mich einfach nicht konzentrieren; immer wieder mußte ich an das Erlebnis des vergangenen Abends denken. Und bald griff ich nach dem Telefon und bestellte in einer Buchhandlung ein halbes Dutzend Bücher über Hypnose.
Kaum waren die Bücher im Hause, da las ich keinen Roman mehr. Sogar Fachzeitschriften fanden nur noch begrenztes Interesse. Ich konnte mich von den Werken über Hypnose einfach nicht losreißen; sie begeisterten mich buchstäblich. Ob es sich um die Geschichte der Hypnose, die Technik der Suggestion, um medizinische Hypnose oder die Behandlung unerwünschter Angewohnheiten handelte – ich verschlang alles. Immer mächtiger wuchs die eine einzige Frage vor mir auf: Warum kümmert sich die Wissenschaft nicht mehr um diesen nahezu wunderbaren Fragenkomplex? In den folgenden Jahren sollte ich erfahren, warum sich die wissenschaftliche Forschung zurückhielt, und gleichzeitig sollte ich weitere Beweise dafür finden, daß dieses Phänomen tatsächlich ans Wunderbare grenzt.
Ich las, studierte, staunte – und las weiter. Aber noch hatte ich niemanden hypnotisiert. Ich mußte ein Medium finden, ein Versuchskarnickel. Wer aber würde sich einem Anfänger zur Verfügung stellen?
Ich besprach diese Frage mit meiner Frau. Vielleicht wußte sie Rat. Ich täuschte mich nicht.
»Versuche es doch einmal mit mir!« schlug Hazel vor. »Ich habe wieder einmal schreckliche Kopfschmerzen; vielleicht kannst du etwas dagegen tun. Ich bin zu allem bereit.«
Jeder Arzt, den wir konsultiert hatten, jedes Krankenhaus, in dem sie gewesen war – alle hatten ihr versichert, daß ihre Kopfschmerzen keine organische Ursache haben: kein Tumor, kein Nierenleiden, kein zu hoher Blutdruck. Alle behaupteten steif und fest, es handele sich um ein rein psychisches Leiden. Die letzte Untersuchung hatte erst vor wenigen Tagen stattgefunden. Worauf wartete ich also noch?
»Laß mir etwas Zeit, um die Behandlung vorzubereiten«, sagte ich. »Dann bringe ich deinen Kopf in Ordnung.« Ich zog mich mit meinen Büchern zurück und entwarf meinen Plan. Als ich fertig war, fingen wir an.
Aber das war doch zu einfach! Ich konnte es kaum fassen: Hazel reagierte genau so, wie nach meinen Büchern ein gutes Medium zu reagieren hatte. Und als ich sie aufweckte, behauptete sie, die Kopfschmerzen hätten, sehr zu ihrer eigenen Überra-

schung, erheblich nachgelassen.
Obwohl ihre Überraschung an sich völlig echt wirkte, wurde ich doch den Verdacht nicht los, daß mein teures Weib sich ähnlich verhielt wie ich manchmal, wenn sie mir mit einer neuen Medizin kam: mit Todesverachtung schlucken und dankbar lächeln! Ich mußte die Wahrheit herausfinden.
Also hypnotisierte ich sie noch einmal, und diesmal ließ ich sie den rechten Arm waagerecht ausstrecken. Ich sagte ihr, der Arm würde steif werden »wie eine angeschweißte Stahlstange«. Ferner sagte ich ihr, die »Stahlstange« könne unendlich lange in dieser Lage bleiben, ohne daß sie sich im geringsten in ihrem Wohlbefinden gestört sähe; im Gegenteil, sie würde ein ausgesprochen angenehmes Gefühl dabei haben.
Minutenlang saß ich ihr gegenüber und beobachtete sie. Dann sah ich einen *Reader's Digest* auf dem Tisch liegen. Ich nahm das Heft auf und blätterte darin herum. Nach einiger Zeit schaute ich Hazel wieder an. Donnerwetter – die Teure bluffte nicht! Noch immer befand sich der Arm stocksteif in der gleichen Lage.
Nach einer posthypnotischen Suggestion, mit deren Hilfe ich die Echtheit ihrer Trance weiter erproben wollte, weckte ich sie auf. Ohne Zweifel: Mein erstes Medium, meine eigene Frau, war hypnotisiert gewesen.
Wenig später befaßte sich die allwirksamste Werbeorganisation, Gerücht und Gerede, mit dem Fall. Freunde und Nachbarn kamen, um mir ihre Leiden vorzutragen. Und das erstaunlichste dabei war, daß ihnen meine Hypnose tatsächlich half.
Ein solcher Fall ergab sich, als mich eines Tages ein guter Freund anrief. Er machte sich Sorgen um seinen Neffen, dessen Vorzüge er mir angelegentlich schilderte: Er war Kapitän seiner Basketballmannschaft; er gehörte einer allamerikanischen Auswahlmannschaft an; die Trainer verschiedener Colleges interessierten sich lebhaft für ihn; er war kräftig, hübsch, intelligent und ein netter Kerl.
»Und warum machen Sie sich dann Sorgen?« fragte ich.
Endlich rückte er mit der Sprache heraus. »Ich habe allen Anlaß zu der Vermutung, daß er sich mit Selbstmordgedanken trägt. Er stottert nämlich, und zwar heftig.«
Der Onkel betonte, daß er gewiß nichts gesagt hätte, wenn es sich nicht wirklich um eine sehr ernste Angelegenheit handelte. (Das war eine Art »Kompliment mit umgekehrten Vorzeichen«, an das ich mich bald gewöhnt hatte: Hypnose stellte immer den allerletzten Ausweg dar.) Er wollte seinem Anruf gewiß keine

übertriebene Bedeutung beilegen, meinte er, aber er bat mich doch um das Versprechen, mir seinen Neffen so bald wie möglich anzusehen.
So schlug ich vor, daß wir am kommenden Donnerstag gemeinsam zu ihm fahren wollten.
Als ich den Jungen sah, war mir sofort klar, daß der Onkel absolut wahrheitsgetreu berichtet hatte. Er war wirklich ein netter, hübscher Kerl. Aber sein Stottern machte ihm schrecklich zu schaffen. Er konnte sich nicht erinnern, jemals ohne dieses Leiden gewesen zu sein; offenbar hatte er in seinem ganzen Leben noch nicht normal gesprochen.
Er gestand, daß er jedem neuen Tag mit Angst und Schrecken entgegensähe. Er ging nur widerstrebend zur Schule, weil er Angst hatte, etwas vorlesen oder vortragen zu müssen; vom Kapitän der Basketballmannschaft würde man womöglich hier und da eine Rede erwarten – und der bloße Gedanke daran machte ihn schon verrückt. Und was die Mädchen anging, so war er sicher, daß sie ihn nur zu ihren Partys einluden, um über seine kümmerlichen Sprechversuche zu kichern.
Und trotzdem: Nachdem wir drei einstündige Sitzungen hinter uns hatten, rief er mich an – noch vor kurzem wäre ein Telefongespräch für ihn ein grausiges Unterfangen gewesen – und teilte mir mit, er brauche mich nun nicht mehr. In klarer, völlig normaler Sprechweise berichtete er, sein Stottern sei vollkommen behoben. Er dankte mir und meinte, er sähe nun ein ganz neues, unvorstellbar herrliches Leben vor sich.
Offenbar war er geheilt. Nach mehr als einem Jahr traf ich wieder mit seinem Onkel zusammen. Zunächst schien er völlig vergessen zu haben, daß sein Neffe jemals gestottert hatte. Doch dann gab er zu, der Junge sei wirklich seit den Sitzungen mit mir restlos geheilt.
Aber das alles war nicht ganz so einfach, wie es klingen mag. Gewiß, die Sitzungen dauerten jeweils höchstens eine Stunde, aber viele Stunden der Voruntersuchung, Vorbereitung, Planung und Erprobung gingen voraus. Zur Vorbereitung einer Sitzung von fünfundvierzig Minuten Dauer mit einem Opfer hysterischer Lähmung zum Beispiel, benötigte ich viele, viele Stunden. Jede Kleinigkeit, von dem Augenblick an, da ich das Zimmer betrat, bis zum letzten Wort an den Patienten, war im voraus sorgfältig ausgearbeitet und geprobt wie eine Theaterszene.
Es folgten eine Reihe zufriedenstellender Experimente, wobei

die Patienten unter anderem an Migräne, Schlaflosigkeit, übermäßigem Rauchen und üblen Angewohnheiten litten. Dann aber bot sich eine höchst bedeutsame Gelegenheit. Ein bekannter Arzt aus unserer Stadt, der von meiner Beschäftigung mit Hypnose wußte, berichtete mir von einem schweren Fall spinaler Kinderlähmung. Wie er mir sagte, hatte die Frau echte spinale Lähmung in beiden Beinen, aber hinzu kam noch eine schwere hysterische Lähmung im rechten Arm (eine hysterische Lähmung ist eher neurotischen als organischen Ursprungs (s. auch Anhang B).

Der Arzt brauchte mich nicht zweimal um meine Mitarbeit zu bitten. Die Chance, meine Fähigkeit an einem richtigen klinischen Fall zu erproben, war viel zu verlockend. Und in meinen Büchern hatte ich gelesen, daß diese Art von Lähmungen einem tüchtigen Hypnotiseur keinerlei Schwierigkeiten machten.

Die Frau war fünfunddreißig Jahre alt. Sie hatte eine zehnjährige Tochter durch Kinderlähmung verloren, während sie selbst von dieser Krankheit ergriffen wurde. Gerade deshalb – und aus einigen anderen schwerwiegenden Gründen – befand sie sich verständlicherweise in einem sowohl psychisch als physisch bedenklichen Zustand. Es war kein Wunder, daß sie auch noch von der hysterischen Verkrampfung heimgesucht wurde (s. auch Anhang C).

Ich hatte mich bereit erklärt, die Heilung zu versuchen, ehe ich die Patientin überhaupt kannte. Als ich nun das Krankenzimmer betrat und den schrecklich verzogenen Arm der Frau sah, hätte ich mich am liebsten sofort wieder rückwärts aus der Tür geschoben. Wie hatte ich mich nur auf so etwas einlassen können? Der Arm ließ mich zusammenschaudern. Er sah aus wie ein knorriger, knotiger Ast, an dessen Ende die Finger wie Zweige herauswuchsen.

Ich war gefangen. Der Arzt hatte mein Versprechen, einen Versuch zu machen. Aber hätte er geahnt, welche Angst ich in diesem Augenblick empfand, dann hätte er mich nicht nur gehen lassen, sondern auch noch selbst hinausgeführt. Da er es aber nicht ahnte, zeigte er mir den Arm in einer Weise, die mir deutlich verriet, daß so etwas für ihn weder neu noch außergewöhnlich war. Also tat ich so, als fände auch ich es nicht außergewöhnlich.

Nach den Worten des Arztes befand sich der Arm schon seit vier Monaten in dieser Lage; keine Hilfe schien möglich. Die Lähmung reagierte auf keinerlei Behandlung, und eine Medizin für

so etwas gibt es natürlich nicht. »So, und nun sehen Sie mal zu, was Sie dagegen tun können!« sagte er zum Schluß.
Etwas zögernd machte ich mich ans Werk. Die Frau war ziemlich schnell in Trance versetzt. Und nachdem ich zur Kontrolle einige normale hypnotische Reaktionen ausgelöst hatte, suggerierte ich ihr schließlich, sie könne ihre Finger im Rhythmus meines langsamen Zählens bewegen. Sie konnte es. Niemand war überraschter als der Hypnotiseur. Ich wiederholte den Versuch mehrere Male, gab noch etwas posthypnotische Suggestion, weckte mein Medium – und atmete erlöst auf.
In drei Sitzungen, die im Abstand einer Woche aufeinander folgten, ging ich nach der gleichen Methode vor. Von Mal zu Mal entkrampfte ich größere Partien, bis – im Verlauf der vierten Sitzung – der ganze Arm von der Lähmung befreit war. Danach fing die Patientin wieder an, den Arm zu gebrauchen, und bald schien er völlig normal. Nach der Sitzung war keine weitere notwendig.
Die posthypnotischen Suggestionen bestanden in diesem Fall vor allem im Befehl zur Autosuggestion: Ich flößte der Frau die Zuversicht ein, die Behandlung im Krankenhaus werde sich als immer wirkungsvoller erweisen; sie selbst sei nun wieder in der Lage, den Empfehlungen und Anweisungen des Orthopäden besser zu folgen; sie könne wieder fröhlich und gutgelaunt wie früher sein und dürfe mit Optimismus vollständiger Heilung entgegensehen.
Die Wirksamkeit der Autosuggestion in diesen Fällen beweist einmal mehr, wie sehr wir unsern Geist beeinflussen können, wenn wir ganz einfach die Macht der Suggestion einsetzen. Allen meinen Patienten habe ich geraten, abends vor dem Einschlafen und morgens nach dem Aufwachen und vielleicht auch noch einmal im Laufe des Tages, zum Beispiel vor dem Essen, Autosuggestion anzuwenden. So hatte der Stotterer seinen Kernsatz zu wiederholen: »Wenn ich langsam spreche, spreche ich richtig.« Er sollte sich auch vorstellen, er halte eine Rede vor einer großen Versammlung, oder er müsse als Rechtsanwalt vor Gericht ein überzeugendes Plädoyer von sich geben. Der gelähmten Frau sagte ich, sie müsse die Übungen wiederholen, die ich ihr in der Trance vorgemacht hatte, und sie solle sich vorstellen, daß sie ihren Arm wieder ganz normal bewegen könne. Kurzum: Die Patienten sollten sich während der Autosuggestion lebhafte, lebensnahe Bilder vorstellen. Dieses ständige Produzieren von Bildern vor dem geistigen Auge ist tat-

sächlich erstaunlich wirksam.
Im Fortgang meiner Studien begann ich dann mit einem der erstaunlichsten Phänomene auf dem Gebiet der Hypnose zu experimentieren – mit dem Wunder der Hypermnesie, der Fähigkeit des Mediums, unter Hypnose einzelne Ereignisse aus der Vergangenheit wiederzuerleben oder ins Gedächtnis zurückzurufen, selbst wenn diese Ereignisse sich in der frühen Kindheit abgespielt haben. Es gibt zwei Typen der Hypermnesie. Im einen Falle erinnert sich das Medium an eine bestimmte Episode, es sieht das Geschehen vor sich, als sei es Zuschauer.
Den zweiten nennt man echte oder vollkommene Hypermnesie: Dabei scheint das Medium die vergangene Episode buchstäblich neu zu erleben. Gewöhnlich wird dem Medium, das sich in Trance befindet, eindringlich gesagt, sein Geist solle nun durch Raum und Zeit zurückwandern und eine gewisse Szene noch einmal erleben; dabei werde es die gleichen Empfindungen, Gemütsbewegungen und Reaktionen, also insgesamt genau das gleiche Erlebnis haben wie etwa an seinem dritten Geburtstag.
Ich habe Experimente beider Typen auf Band aufgenommen und bin inzwischen daran gewöhnt, daß die Leute, denen ich die Aufnahmen vorspiele, vor Überraschung beinahe die Fassung verlieren. Ich bin sicher, daß viele einfach nicht glauben, was sie da hören. Wenn ich daran denke, wie verblüfft ich während meiner ersten Experimente selbst war, kann ich gut begreifen, daß unerfahrene Zuhörer von ganz einfacher Hypermnesie, wie sie viele Hypnotiseure, Psychologen und Ärzte Tag für Tag durchführen, aufs tiefste erschüttert werden (s. Anhang E).
Gewiß ist es ein verblüffendes Schauspiel, wenn man beobachtet, wie ein Erwachsener offenbar von neuem seinen dritten Geburtstag feiert, wie er sich dabei an die winzigste Einzelheit erinnert und womöglich gar in der Sprache des Dreijährigen redet. Vielleicht beschreibt er dabei jedes einzelne Geburtstagsgeschenk ganz genau. Die Fülle dessen, was da aus dem Gedächtnis gehoben wird, ist wirklich erstaunlich.
Nicht weniger interessant ist die Feststellung, daß sich während der Rückerinnerung auch Handschrift, Gestik, Beurteilungs- und Reaktionsvermögen wandeln. So ist die Unterschrift eines Mediums, das ich in sein achtes Lebensjahr versetze, ganz anders als die der gleichen Person, wenn sie in ihr sechstes Lebensjahr zurückgekehrt ist. Im fünften Lebensjahr kann sie vielleicht ihren Namen gerade noch in Druckbuchstaben schreiben; in noch früherem Alter vermag sie nichts dergleichen mehr. Gra-

phologen, denen man solche Schriftproben zusammen mit einigen Zeilen zeigt, die tatsächlich in der Kindheit geschrieben wurden, bestätigen, daß beide Proben praktisch identisch sind. Auch habe ich festgestellt, daß Intelligenz- und Lesetests in verschiedenen Altersstufen die tatsächliche Rückkehr in das betreffende Alter bestätigen. Ja, mehr noch: Eine Person, die zum Beispiel im Alter von sieben Jahren gestottert hat, wird es sehr wahrscheinlich nach der Rückführung auch tun; und wenn man dann ein früheres Alter suggeriert, wird die Störung verschwinden. Ferner erleben rückgeführte Personen Verwundungen, Krankheiten und Unfälle aller Art von neuem.
Ein besonders überzeugender Beweis für die tatsächliche Rückführung besteht in der Reaktion der Versuchsperson, wenn man sie unter der Fußsohle kitzelt. Ein normaler Erwachsener wird dabei die große Zehe nach unten biegen. Das nennt man Flexion. Ein Kleinkind aber pflegt bis zu seinem siebenten Lebensmonat die Zehe nach oben zu strecken (Dorsiflexion).
Zwei Hypnotiseure haben nun an drei verschiedenen Versuchspersonen gezeigt, daß die obengenannte Reaktion von der Flexion zur Dorsiflexion überging, sobald die Medien in den fünften oder sechsten Lebensmonat rückgeführt waren. Brachte man die Personen jedoch wieder in ein späteres Alter, so trat erneut Flexion ein. Inzwischen ist diese Entdeckung durch Experimente von Leslie Le-Cron, einem der bekanntesten Forscher auf dem Gebiet der Hypnose, bestätigt worden.
So sehr mich dieser ganze Fragenkomplex interessierte, hatte ich doch noch keinerlei Anhaltspunkte dafür, wie weit man den Geist des Menschen wohl zurückführen konnte. Auch war mir nicht bekannt, daß das Verfahren der hypnotischen Rückführung bereits von einigen wenigen Wissenschaftlern angewandt wurde, um dem Geheimnis des Todes auf die Spur zu kommen. All das erfuhr ich erst später.
Und ebenfalls erst sehr viel später stellte ich fest, daß diese Technik der Weg war, der mich schließlich zu Bridey Murphy führte.
Inzwischen machte ich Experimente über Experimente, und langsam fand ich auch Antworten auf die Fragen, mit denen jeder Hypnotiseur überschüttet wird. Mit der ersten Frage wird man am leichtesten fertig. In der Tat, man kann nur mit ihr fertig werden, denn eine Antwort scheint bisher niemand zu wissen. Die Frage lautet: »Was ist eine Trance?« Nun, wir wissen nicht, was Trance ist, und wissen darum auch nicht, was Hypnose ist,

und was sie wirklich leisten kann. Vielleicht wird im Laufe der nächsten fünfundzwanzig Jahre die Wissenschaft ihre volle Aufmerksamkeit auch der Hypnose zuwenden; dann wird sich der Schleier heben.

Immerhin sind einige Probleme bereits geklärt. So kann man die folgenden Fragen eindeutig beantworten: Besteht die Gefahr, daß jemand ständig im Zustand der Trance bleibt? Muß der Hypnotiseur über außergewöhnliche Kräfte verfügen? Kann jemand gegen seinen Willen hypnotisiert werden? Besteht die Möglichkeit, eine hypnotisierte Person gegen ihren Willen zu einem Verbrechen oder einer unmoralischen Tat zu zwingen? Ist Hypnose gefährlich? Warum wird sie nicht häufiger angewandt? Kann jeder Mensch hypnotisiert werden?

Die Gefahr, daß jemand dauernd in Trance verharrt, kann ganz eindeutig ausgeschlossen werden. Selbst wenn der Hypnotiseur den Raum verließe, nachdem er das Medium in sehr tiefen Schlaf versetzt hat, würde die Versuchsperson nach einiger Zeit aus dem hypnotischen in ganz normalen Schlaf hinübergleiten und später von selbst aufwachen. Die meisten Hypnotiseure erklären daher ohne jede Einschränkung, daß in dieser Hinsicht keinerlei Bedenken bestehen. Zwar habe auch ich von Fällen gehört, in denen Schwierigkeiten auftraten, das Medium aufzuwecken; sie sind aber so außerordentlich selten, daß sie kaum Erwähnung verdienen.

Weiterhin erfuhr ich, daß jeder das Hypnotisieren lernen kann; es hat mit unheimlichen Kräften nichts zu tun. So wie jeder tanzen lernen kann – wobei er es, wenn Übung sich mit Talent paart, zu hohen Leistungen bringen mag –, kann er auch hypnotisieren lernen. Jedermann kann dahinterkommen, wie man einen andern in Trance versetzt, aber natürlich wird es nur der zu Höchstleistungen bringen, der diese Wissenschaft ernsthaft studiert und eine gewisse Begabung für die Praxis, die man als Kunst bezeichnen mag, mitbringt. Wirklich, es ist mit dem Hypnotisieren wie mit dem Tanzen: Viele können es – aber nur wenige ragen über den Durchschnitt hinaus.

Der Hypnotiseur ist der Führer in ein zunächst fremdes Land. Und wenn auch die Tatsache bleibt, daß der eine Führer nicht so gut ist wie der andere, so sind doch unheimliche, außergewöhnliche Eigenschaften keineswegs Voraussetzung. Jeder kann andere Menschen hypnotisieren.

Auf die Frage, ob jemand gegen seinen Willen hypnotisiert werden kann, gibt es zwei Antworten: eine ganz allgemeine

Regel und ihre sehr seltene Ausnahme. Mir jedenfalls ist es unmöglich, jemanden gegen seinen Willen in Trance zu versetzen. Wenn die Versuchsperson nicht mitmacht oder sich innerlich zur Wehr setzt, ist das Experiment normalerweise von vornherein zum Scheitern verurteilt. Immerhin sind einige wenige Fälle verbürgt, in denen Medien trotz allen Widerstands in tiefe Trance versunken sind. Im englischen *Journal of Medical Hypnotism* wurde zum Beispiel 1951 von einer Krankenschwester, einem besonders guten Medium, berichtet, der man Anweisungen gegeben hatte, dem Arzt, der sie hypnotisieren wollte, Widerstand zu leisten. Trotzdem – und obwohl mit voller Absicht großer Lärm im Zimmer gemacht wurde und die Versuchsperson sich sogar selbst am allgemeinen Sprechen und Schreien beteiligte – erlag sie nach wenigen Minuten dem steten Zuspruch des Arztes, der in dem wilden Getümmel nicht aufgehört hatte, auf sie einzureden. Solche seltenen Medien sind die Ausnahmen, die die Regel bestätigen.
Und noch eine andere Frage muß eine zweifache Antwort finden: Ist es möglich, dem Medium ein Verbrechen oder eine unmoralische Handlung zu suggerieren? Soweit ich feststellen konnte, ist die absolut herrschende Meinung die, daß niemand in Hypnose zu einer Tat fähig ist, die unbedingt gegen seine Prinzipien verstößt. Andererseits scheint es jedoch nicht ausgeschlossen, im Laufe der Zeit durch immer neue Suggestionen das Medium tatsächlich zu einer solchen Tat zu veranlassen. Hier haben wir also wieder allgemeine Nein und ein sehr seltenes Ja. Eine Ehefrau etwa wird der hypnotischen Suggestion, ihren Mann zu vergiften, nicht folgen. Die gleiche Frau aber, der man in der Hypnose immer und immer wieder einredet, ihr Mann sei dabei, ihre Kinder langsam zu vergiften, wird womöglich davon zu überzeugen sein, daß sie nur dadurch ihre Kinder retten kann, daß sie dem Mann Gift gibt.
Aber die ganze Frage ist rein akademisch. Kein ernst zu nehmender Hypnotiseur wird sich mit so etwas abgeben. Der Psychologe Leslie LeCron hat völlig recht, wenn er schreibt: »Die Gefahr, einer hypnotisch suggerierten asozialen Tat zum Opfer zu fallen, ist nicht größer als die, von einer Fliegenden Untertasse erschlagen zu werden.«*
Ein Beispiel dafür kann ich aus meiner eigenen Praxis anführen. Es betrifft eines meiner guten Medien, einen jungen Mann von

* Leslie LeCron (Hrsg.), *Experimental Hypnosis*, New York 1952.

einundzwanzig Jahren, mit dem ich eine Rückerinnerung durchführte. Als ich ihn ins achte Lebensjahr rückgeführt hatte, fragte ich ihn nach dem Namen seines Hintermannes in der Schule; prompt sagte er den Namen des Jungen. Dann fragte ich nichtsahnend, ob er den Jungen leiden möge. »Nein!« war die entschiedene Antwort.

»Warum magst du ihn nicht?« fragte ich.

Peng! Diese ganz einfache Frage schien zu viel. Auf der Stelle wachte er auf. Dabei war der Bursche gewöhnlich durch einen Trompetenstoß nicht aus der Trance zu wecken. Aber meine simple Frage schien ihn aufgeregt zu haben; er war sofort hellwach.

Ich berichtete ihm den Verlauf der Sitzung und erzählte, daß er urplötzlich aufgewacht sei, als ich ihn fragte, warum er seinen früheren Schulkameraden Soundso nicht leiden könne.

»Hm«, erwiderte er, »das kann ich verstehen.« Das war alles. Der Takt verbot mir, weiter in ihn zu dringen.

Bis heute weiß ich nicht, warum er der Antwort unter Hypnose auswich. Aber der Fall war mir ein neuer Beweis dafür, daß eine Versuchsperson nicht einmal bereit ist, über etwas, das gegen ihre Prinzipien verstößt, auch nur zu reden. Dabei ist zu bedenken, daß die meisten Medien ganz genau wissen, was während der Sitzung vor sich geht, so daß sie bis zu einem gewissen Grade ständig in der Lage sind, eine Art Zensur auszuüben.

Und nun die große Frage nach dem Schwarzen Mann: Ist Hypnose gefährlich? Über nichts hat man wohl so viel Unsinn zusammengeschrieben wie gerade darüber. Ich glaube, alle Fachleute werden mit mir unbedingt der Überzeugung sein, daß Hypnose an sich völlig harmlos ist. Niemand hat jemals körperlichen oder geistigen Schaden genommen, *nur weil er irgendwann einmal hypnotisiert worden ist.*

Aber wie jedes gute Werkzeug mag die Hypnose in falschen Händen zur Gefahr werden; die segensreichste Erfindung kann schließlich mißbraucht werden. Die Elektrizität ist einer unserer nützlichsten Helfer; aber wenn sie unserer Kontrolle entgleitet, bringt sie Tod und Verderben. Das Wasser erhält uns am Leben, aber man kann auch darin ertrinken.

Mit Nachdruck muß auch festgestellt werden, daß die Trance weder Körper noch Geist schwächt; auch gerät kein Medium unter den Einfluß des Hypnotiseurs oder gar in Abhängigkeit von ihm. Jede Hörigkeit ist völlig ausgeschlossen.

In diesem Zusammenhang muß ich von einem eigenen Erlebnis berichten.
Ich hatte eben die zweite Sitzung mit einer Patientin beendet, mit der ich mich auf Bitten eines Arztes befaßte. Der Mann der Patientin, der ständig zugegen gewesen war, nahm mich beiseite. Ich glaubte, er wolle mir danken, denn seiner Frau ging es zusehends besser. Aber seine ersten Worte warfen mich beinahe um: »Das Hypnotisieren muß aufhören!«
Sobald ich mich halbwegs gefaßt hatte, fragte ich erstaunt: »Aber warum denn? Die Gesundung Ihrer Frau macht doch eindeutige Fortschritte!«
»Das sehe ich. Aber was kann das alles nützen, wenn sie dafür ihr Leben lang zu Ihnen kommen muß?«
Ich ließ mich in einen Sessel fallen. Nachdem ich mich von der Überraschung erholt hatte, fragte ich ihn, wie er denn bloß auf solchen Unsinn käme. Er gestand mir, eine alte Dame, die einiges über Hypnose gelesen habe, hätte ihn gewarnt: Seine Frau würde mir für den Rest ihres Lebens hörig sein.
Also begann ich ungefähr bei Adam und Eva, gab ihm einen Überblick über die Geschichte der Hypnose, entlarvte manches dumme Geschwätz und teilte ihm die Ergebnisse der jüngsten Forschung mit. Dann gab ich ihm ein paar Bücher und medizinische Zeitschriften mit der Bitte, einmal darin zu lesen.
Der Mann war unsinnigen Behauptungen auf den Leim gegangen, aber er war alles andere als ein Dummkopf. Eifrig las er alle Literatur, die ich ihm mitgegeben hatte, und dann ging er in die Bibliothek, um noch mehr Fachbücher auszugraben. Aber das genügte ihm immer noch nicht. Er befragte zwei Leute, die als hypnotische Medien erhebliche Erfahrungen hinter sich hatten; und die quetschte er buchstäblich aus, besonders im Hinblick auf Hörigkeit, Willenskraft und allgemeine Nachwirkungen.
Nachdem er völlig beruhigt war, kehrte er zu mir zurück, entschuldigte sich überschwenglich und bat mich inständig, die Behandlung seiner Frau fortzusetzen. Heute ist er einer der begeistertsten Verteidiger meiner hypnotischen Heilmethode.
Als ich mich mit der Frage beschäftigte, ob jeder Mensch hypnotisiert werden kann, stieß ich mitten in den dunkelsten Punkt der Hypnose hinein. Nach dem heutigen Stande unseres Wissens lautet die Antwort eindeutig: Nein! Nachdem ich vorhin zugegeben habe, daß der Hypnotiseur keinerlei übernatürliche Kräfte besitzt, will ich nun einen Schritt weitergehen und feststellen, daß es das Medium, die Versuchsperson, ist, von

der die Hypnose im wesentlichen abhängt (s. Anhang D).
Hier also sei vom Medium die Rede. Welche Eigenschaften und Charakterzüge sind notwendig, damit jemand ein gutes Medium ist?
Am Anfang der Erörterung muß die Feststellung stehen, daß diese Frage bisher keineswegs erschöpfend beantwortet worden ist. Denn notwendigerweise steht sie in engstem Zusammenhang mit unserer früheren Frage: Was ist Trance? Trotzdem hat die Erfahrung eine ganze Reihe von Einzelheiten ergeben, und zumindest einige Tatsachen dürfen als verbürgt gelten. So scheint festzustehen, daß in jeder Hinsicht normale, gesunde Menschen die besten Medien sind. Intelligenz und Konzentrationsvermögen erweisen sich als unbedingt förderlich. Je höher die Intelligenz und je stärker das Konzentrationsvermögen, ein um so besseres Medium wird der betreffende Mensch aller Voraussicht nach sein.
Aber es kommt noch etwas hinzu. Und um dieses »Etwas« zu definieren, bedarf es eingehender wissenschaftlicher Forschung. Einige Medien haben es; andere haben es nicht. »Es« ist das unnennbare Etwas, welches das Medium unter Anleitung des Hypnotiseurs in Trance sinken läßt. Gewiß, ein guter Hypnotiseur kann den Vorgang beschleunigen, er kann auch Erfolg bei hartnäckigen Medien haben, bei denen weniger tüchtige Hypnotiseure versagen würden – es bleibt die Tatsache, daß es Leute gibt, die einfach nicht zu hypnotisieren sind.
Da ich selbst zu diesen Leuten gehöre – aus welchem Grunde, weiß ich nicht –, bin ich wohl berufen, zu diesem Problem Stellung zu nehmen. Kaum jemand wird begreifen, welche unendliche Mühe ich mir gegeben habe, ein gutes hypnotisches Medium zu werden. Ich habe mich den erfahrensten und bekanntesten amerikanischen Hypnotiseuren zur Verfügung gestellt. Als dies erfolglos blieb, habe ich es nacheinander mit Elektroschock, Narkohypnose (Hypnose unter dem Einfluß von Drogen), Kohlendioxyd und schließlich sogar mit der Luftdruckkammer versucht. Aber nach wie vor bin ich als Medium ein hoffnungsloser Versager.
Warum ich mir solche Mühe gegeben habe, ein gutes Medium zu werden? Aus zwei Gründen: Erstens stellt, wie wir gesehen haben, die Tatsache, daß die Hypnose nicht bei jedem Menschen angewandt werden kann, eines der schwersten Hindernisse dar, ihr allgemeine Anerkennung zu verschaffen. Wenn es demnach gelänge, ein Verfahren zu entwickeln, nach dem jedermann

leicht in Trance zu versetzen wäre, könnte man der Hypnose zu einer sprunghaften Fortentwicklung verhelfen. Deshalb eben habe ich unermüdlich nach einer Methode gesucht, die bei jedem Menschen anzuwenden ist.

Zweitens: Nachdem ich beobachtet hatte, welche Macht gute Medien über ihren Geist gewannen, auch wenn sie unter Autosuggestion standen, lag mir natürlich viel daran, die gleiche Fähigkeit zu entwickeln. Ein gutes Medium kann seine Konzentrationsfähigkeit erhöhen, seine geistigen Fähigkeiten schier wunderbar steigern, über sich selbst hinauswachsen, jeden Teil seines Körpers unempfindlich machen, jeden Schmerz ausschalten und sich unter allen erdenklichen Umständen vollkommen entspannen. Kurz gesagt: Es kann absolut Herr über seinen Geist werden. Sollte das kein erstrebenswertes Ziel sein?

Hier nun ist von Elektroschock und andern Methoden zu reden. Mir kam der Gedanke, daß ich mich vielleicht hinreichend entspannen und selbst hypnotisiert werden könnte, wenn es gelänge, ein paar Hindernisse in meinem Nervensystem zu überwinden. Folglich begann ich, nach einem allgemeinen Zugang zu suchen. Im Gespräch mit einem befreundeten Psychiater meinte ich: Wenn es möglich sei, mit Hilfe der Schocktherapie einen Neurotiker wieder normal zu machen, müsse die gleiche Behandlungsmethode auch bei einer angeblich normalen Person den einen oder andern Defekt des Nervensystems heilen können und sie zum Beispiel beruhigen und innerlich entspannen.

Der Arzt gab die Möglichkeit zu; lachend schlug er mir vor, es doch selbst auszuprobieren. Und er war höchst überrascht, als ich ihm sagte, genau das wolle ich tun.

Ich möchte wetten, daß mein Freund an der Ernsthaftigkeit meines Vorsatzes zweifelte, bis ich eines Tages in seinem Krankenhaus aufkreuzte und ihn an sein Angebot erinnerte. Zunächst versuchte er, mir den Plan auszureden; er wies mich darauf hin, ein Elektroschock sei etwas anderes, als wenn man mit der Hand einen Steckkontakt berühre. Außerdem meinte er, er sei wirklich nicht daran gewöhnt, daß jemand sein Ordinationszimmer betrete und rundheraus einen Schock verlange.

Endlich aber übermannte auch ihn die Neugier. Nach einigen Vorbereitungen, die unter anderem eine sorgfältige physische Untersuchung einschloß, führte er mich über einen langen Korridor zu dem elektrotherapeutischen Behandlungsraum. Überrascht stellte ich fest, daß der Apparat, den man für das

Vorhaben benötigt, von der Größe einer Zigarrenkiste und höchst einfach konstruiert ist. Ich selbst habe schon wesentlich kompliziertere elektrische Anlagen bedient.
Ich hatte schon allerlei über elektrotherapeutische Behandlung gehört und gelesen, nur nichts Angenehmes – abgesehen von den Ergebnissen. So wußte ich etwa, daß der Patient die Schuhe ausziehen muß, damit er beim unausbleiblichen heftigen Ausschlagen keinen Schaden anrichtet. Außerdem muß er ein Ding in den Mund stecken, wie die Boxer es verwenden, damit ihnen die Zähne nicht vor lauter Klappern aus dem Gesicht fallen.
Auch wußte ich, daß der Patient sofort die Besinnung verliert und im Unterbewußtsein verzweifelt nach Luft schnappt. Der Körper wird vollkommen steif und fängt dann an, gräßlich zu zucken, als sei er das Opfer eines epileptischen Anfalls. Man muß deshalb von kräftigen Assistenten festgehalten werden, damit man sich selbst und andern nichts antut. Trotz aller Vorsichtsmaßnahmen hat es dabei schon Knochenbrüche aller Art gegeben.
Nun, sehr bald würde ich das alles aus eigener Erfahrung wissen: Wie man den ersten Stromstoß empfindet, ob man die konvulsivischen Zuckungen selbst wahrnimmt und wie man sich hinterher fühlt.
Der Arzt rief vier Assistenten herein – zwei weibliche und zwei männliche. Ich betrachtete sie aufmerksam: Waren sie wohl stämmig genug, mich festzuhalten, wenn ich anfing, nach allen Seiten auszutreten und auszuschlagen? Sie sahen mich ohne merkliches Interesse an; für sie war das Ganze ein zwar unschönes, aber absolut gewohntes Unterfangen. Ich hoffte nur, sie würden ihre Interessenlosigkeit aufgeben, sobald die Elektrizität sich auf mich stürzte.
Ich mußte mich auf einen flachen, schmalen Tisch legen; dann gab mir der Arzt ein Kissen – aber nicht für den Kopf, sondern für die Verlängerung des Rückens. Auf sein Geheiß zog mir einer der Helfer die Schuhe aus. Dann strich er mir irgendeine Salbe auf die Schläfen, um den elektrischen Kontakt zu erleichtern, und anschließend schnallte er mir so etwas wie einen Gürtel um den Kopf. Mir war klar, daß dies die Elektroden waren, die sich an meine Schläfen legten.
Das Mundstück aus Gummi wurde mir zwischen die Zähne geschoben. Ich wappnete mich und erwartete den Ansturm des ersten Stromstoßes.
Aber er blieb aus! Das nächste, woran ich mich wieder erinnerte,

waren zwei Assistenten, die so gelangweilt und uninteressiert aussahen, wie es ihre Dienstvorschrift nur erlaubte. Ich blickte erst die Frau an und dann den Mann. Ich bin nicht sicher, daß ich sofort wußte, wer ich war. Hätte mich doch nur jemand danach gefragt! Dann hätte man feststellen können, in welchem Umfang mein Gedächtnis vorübergehend ausgesetzt hatte.
Wieder schaute ich die Frau an und wieder den Mann. Außer uns dreien war niemand mehr im Zimmer. Der Arzt hatte sich soeben zurückgezogen. Sie sahen zu, wie ich vom Tisch aufstand; kaum hatten sie sich von meiner Bewegungsfähigkeit überzeugt, da verschwanden auch sie. Aber die Frau wandte sich an der Tür noch einmal um, als hätte sie etwas vergessen, und rief mir zu: »Wissen Sie, wo Sie sind?«
Angesichts des Tisches, des elektrischen Apparats und der für ein Krankenhaus typischen sonstigen Einrichtung brachte ich einen halbwegs logischen Schluß zustande: »Ja, ich habe einen Elektroschock hinter mir.«
Ihr undurchdringlicher Gesichtsausdruck änderte sich nicht, aber anscheinend war sie von meiner Antwort ehrlich befriedigt: Sie verließ das Zimmer, marschierte den Korridor entlang und überließ mich meinem Geschick. Keine Frage, ich war ziemlich durcheinander. Wer ich war, das wußte ich seit dem Augenblick, da ich die Frage nach meinem gegenwärtigen Aufenthaltsort beantwortet hatte. Aber darin erschöpfte sich bereits mein gesamtes Wissen.
Ich durchsuchte meine Taschen in der Hoffnung, dort etwas zu finden, das die Lücken in meinem Bewußtsein schließen konnte. Ein Brief fiel mir in die Hände. Das Datum sagte mir schon einiges; und der Inhalt des Briefes, der einen laufenden Geschäftsvorgang betraf, orientierte mich noch genauer über meine Person. Genau genug jedenfalls, daß ich mich auf den Korridor wagte.
Ich lief direkt dem geschäftigen Arzt in die Arme, der mich in der Zwischenzeit augenscheinlich völlig vergessen hatte. »Hallo!« sagte er. »Wie fühlen Sie sich?«
»Ausgezeichnet. Heute ist Samstag, der 21. Juni; es ist genau 15.15 Uhr. Und ich habe einen Elektroschock hinter mir.« Die Uhrzeit hatte ich von einer Uhr im Behandlungszimmer abgelesen, das Datum vom Eingangsstempel des Briefes.
Ich erwartete ein hohes Lob für diese erschöpfende Aussage. Aber der Arzt nickte nur kurz und rannte eilends weiter.

Während ich über den Hof des Krankenhauses dahinwanderte, baute ich mein privates Puzzlespiel weiter zusammen. Und nachdem mir endlich einfiel, wie ich zum Krankenhaus gekommen war, fand ich sogar meinen Wagen wieder und fuhr nach Hause.

Nach drei oder vier Stunden war mein Gedächtnis wieder in Ordnung. Aber ich muß gestehen, daß ich mir mit den Fragen, die ich meiner Frau in diesen wenigen Stunden stellte, ein paar höchst seltsame Seitenblicke einhandelte. Als ich zum Beispiel wissen wollte, ob mein Vater zu Hause sei und welches College mein Bruder besuche, war sie ein wenig besorgt. Aber richtig ängstlich wurde sie erst, als sie bemerkte, wie krampfhaft ich überlegte, was sie mir vor wenigen Stunden zum Mittagessen vorgesetzt hatte. Endlich berichtete ich ihr von meinem Elektroschock.

Mit allem Nachdruck muß ich jedoch feststellen, daß der Schock in gar keiner Weise schmerzhaft oder beschwerlich war. Ich fühlte nichts; weder war ich steif noch irgendwie verletzt, noch litt ich unter Nachwirkungen. Sogar der vorübergehende Gedächtnisschwund war eher komisch als beängstigend. Wenn ich daran dachte, daß mir der Arzt vorher gesagt hatte, ein Elektroschock sei mit einem normalen elektrischen Schlag nicht zu vergleichen, so kann ich ergänzend bemerken, daß ich mir lieber einen solchen Schock verpassen lasse, als daß ich mit bloßen Händen einen Steckkontakt berühre.

Nach der Behandlung fühlte ich mich wirklich ruhig, entspannt und irgendwie wohler als vorher. Und schließlich hatte das Ganze ja den Zweck gehabt, mich in einen Zustand der Entspannung zu versetzen, um herauszufinden, ob ich dadurch vielleicht doch hypnotisierfähig würde. Aber leider erwies sich alle Mühe als vergeblich; mein Freund, der Hypnotiseur Bill Moery, hatte an diesem Abend keine Zeit für mich – wie ich in allerletzter Minute erfuhr. Und als er mich nach einigen Tagen endlich besuchte, war ich schon wieder in meinem Büro im alten Trott; die Augenblicke der Ruhe und Entspannung nach der Schockbehandlung waren entschwunden.

Aber wenn sich der Elektroschock als unerwartet angenehm erwiesen hatte, so sorgte mein nächster Versuch, die Behandlung mit Kohlendioxyd, für ausgleichende Gerechtigkeit. Diesmal ging es mir unerwartet schlecht! O nein – nie im Leben werde ich wieder in ein Behandlungszimmer treten und höflich bitten, mir die Dioxydmaske übers Gesicht zu stülpen! Es war eine Qual, kaum weniger schrecklich als schlimmste Höllenpein.

Ein junger Psychiater hatte mir von diesem Verfahren erzählt. Unser gemeinsames Interesse an der Hypnose hatte uns zusammengeführt. Der Arzt hatte das Pech, in seinem Institut mit hypnotischer Therapie keinerlei ernsthaften Anklang zu finden. Obwohl er sie selbst in begrenztem Umfang anwandte, verrieten die hochgezogenen Brauen seiner Kollegen doch recht deutlich, daß man seine Bemühungen nicht gerade begrüßte. So führte es uns beide wohl zusammen, daß wir gemeinsam die generelle Ablehnung eines so machtvollen wissenschaftlichen Heilmittels beklagten.

Aber die Interessen des jungen Arztes beschränkten sich keineswegs auf die Hypnose. In unermüdlicher und eingehender Forschungsarbeit spürte er vielen Fragen der Psychiatrie nach, wobei er vor allem stets Ausschau nach neuen Entwicklungen hielt. Berge von medizinischen Zeitschriften stapelten sich in seiner Wohnung – und er arbeitete sie wirklich durch. Und so hatte er auch eines Tages gelesen, die Behandlung mit Kohlendioxyd sei mit einigem Erfolg bei mehreren Fällen von Gemütsleiden angewandt worden.

Sofort sauste er zum nächsten Krankenhaus, wo er mehr über diese Therapie erfahren konnte. Er prüfte die Anlage, sah sich alles genau an, schaffte es, in seinem eigenen Institut ein solches Gerät aufstellen zu lassen, und nahm die erste Behandlung an sich selbst vor.

Nachdem er seine Erfahrung mit der Dioxydbehandlung (CO_2) gemacht hatte, berichtete er mir davon: »Man fühlt sich danach ganz wundervoll entspannt.«

Das war mein Stichwort! Wenn einen das Dioxyd so »wundervoll« entspannte, dann war hier vielleicht eine Möglichkeit gegeben, mich auf die Hypnose vorzubereiten.

Zu meiner Überraschung bedurfte ich keinerlei listiger Winkelzüge, um ans Ziel meiner Wünsche zu kommen: Ehe ich mir noch einen Schlachtplan zurechtlegen konnte, hatte der Arzt meinen Wunsch schon erraten und fragte, ob ich etwa eine solche Behandlung wünschte.

So lag ich also am folgenden Tage wieder auf einem weißen Tisch in einer psychiatrischen Klinik; diesmal bereitete man mich darauf vor, eine Mischung von 80% Sauerstoff und 20% Kohlendioxyd über mir zusammenschlagen zu lassen.

Der Arzt machte mir klar, daß es sich darum handele, dieses

Gasgemisch einzuatmen, bis man in einen Dämmerzustand gerät. Dieser Zustand der Betäubung sei es eben, der als Nachwirkung zu schier seliger Entspannung führe.
Dann zeigte man mir die Maske; sie sah recht harmlos aus. Auch die Flaschen mit Sauerstoff und Dioxyd, die Kontrolluhren, die dünnen Schläuche – all das flößte keinerlei Angst ein. Es erinnerte an die altbekannte Einrichtung eines Zahnarztes. Ich nahm an, ich würde zunächst ganz normal atmen, dann tiefer und tiefer, und schließlich einschlummern.
Aber die nächsten Worte des Arztes belehrten mich eines Besseren – oder vielmehr Schlechteren! »Es wird vielleicht ein wenig unangenehm«, sagte er. »Womöglich bekommen Sie ein seltsam erstickendes Gefühl!«
Wie ich bald feststellen sollte, blieb diese vorsichtige Prophezeiung weit hinter den Tatsachen zurück.
Ehe er mir die Maske über Nase und Mund befestigte, berichtete er mir, wie er vorgehen werde. Während ich einatmete, wollte er jeweils laut zählen und mir dann plötzlich die Maske abnehmen und mich auffordern, die letzte Zahl zu wiederholen. Auf diese Weise wollte er die fortschreitende Wirkung der Behandlung feststellen. Sobald ich Mühe hatte, ihm zu antworten, oder gar überhaupt keine Zahl mehr zusammenbrachte, würde er wissen, was los sei.
Er rief eine stämmige Krankenschwester herein, stellte mich ihr vor und teilte mir mit, sie würde meine Hände festhalten. Ich glaubte, er mache einen Scherz.
Aber er scherzte keineswegs. Man müsse die Hände festhalten, weil der Patient womöglich daran dächte, die Maske abzureißen. Daran dächte – auch das war überaus vorsichtig ausgedrückt!
Er forderte mich auf, mich auf dem Tisch auszustrecken und der Schwester die Hände zu reichen. Dann ergriff er die Maske, und ich sah, wie sie auf mein Gesicht sank. Schon im allerersten Moment japste ich um mein Leben! Verzweifelt, hilflos schnappte ich nach Luft. Da mußte doch etwas nicht in Ordnung sein! Bestimmt klemmte irgendein Hebel! Gewiß sollte ich doch nicht von Anfang an nahezu ersticken! Ich hatte erwartet, es würde ähnlich wie bei einem Langstreckenlauf sein: Erst atmet man völlig normal, und dann, sobald die Konzentration des Dioxyds zunimmt, wird das Atmen langsam beschwerlicher. Aber nein! Diese satanische Maschine erlaubte einem nicht den geringsten Übergang; vom allerersten Moment an hatte ich das Gefühl, um mein Leben kämpfen zu müssen.

In rasender Panik machte ich instinktiv Anstalten, die Maske herunterzureißen. Aber zweifellos hatte die Schwester schon höchste Preise im Damenringkampf errungen: Meine Hände lagen in Eisenklammern. Während ich am Rande der Verzweiflung um einen Luftzug kämpfte, sah ich im Geiste vor mir die Schlagzeile in der morgigen Zeitung – eine Schlagzeile, die ich selbst nicht mehr lesen würde: »Psychiatrie bringt bekannten Geschäftsmann ums Leben.«
Plötzlich wurde die Maske abgerissen, und der Arzt brüllte in mein keuchendes Gesicht: »Was war die letzte Zahl?«
»Zehn!« japste ich. Peng! Die Maske war wieder über mir, ehe ich auch nur stöhnen konnte, ich müsse elendiglich ersticken. Unglaublicherweise ging das so weiter, bis er »fünfzig« zählte. Da brach er den Versuch ab.
Er schüttelte den Kopf. »Seltsam!«
Mein Gesicht glühte; meine Lunge wogte wie ein Blasebalg; ich war gerade eben noch dem Erstickungstod entgangen.
»Seltsam!« wiederholte er. Ein Blick auf sein Gesicht verriet mir, daß er wirklich etwas nicht begriff. »Durchschnittlich schlummert der Patient zwischen zehn und dreißig ein«, meinte er. »Vielleicht ist die Maske nicht ganz dicht, so daß Sie irgendwie Nebenluft bekommen haben. Wir versuchen es noch einmal, und ich passe jetzt besser auf.«
Ich sah mich vor eine Entscheidung gestellt. Was war schlimmer: zuzugeben, daß ich ein Feigling sei und nicht mehr weitermachen wolle? Oder diese fürchterliche Prüfung noch einmal über mich ergehen zu lassen? Ehe ich mich zu einem Entschluß aufgerafft hatte, sank die Maske wieder über mich, und es ging von vorn los.
Es wurde eine haargenaue Wiederholung der ersten Runde. Da gab es der Arzt auf – gottlob! Er meinte, irgend etwas an seinem Apparat müsse undicht sein.
Trotzdem fühlte ich mich den restlichen Tag über erfreulich entspannt. Als ich zum Beispiel nachmittags in mein Büro kam, bemerkte mein Vater, wie angenehm ruhig ich war. Er fragte, woher das komme. »Oh«, erwiderte ich, »ich habe gerade ein neues Experiment hinter mir – ein atemberaubendes Experiment!« Dann rannte ich eilig die Treppen zu meinem Büro hinauf, um weiteren Fragen auszuweichen. Aber als an dem gleichen Abend meine Fähigkeit, hypnotisiert zu werden, geprüft wurde – und das war doch schließlich der einzige Sinn der Behandlung gewesen –, da ergab sich nichts, aber auch gar nichts

Neues. Nach wie vor erwies ich mich als absolut kümmerliches Medium.

Aber noch war Polen nicht verloren! Eine ganze Reihe von Ärzten und Psychologen hatten immer wieder verkündet, ein nahezu unfehlbares Mittel, auch das hartnäckigste Medium in Trance zu versetzen, sei die sogenannte Narkohypnose. Die Drogen, die man meist dazu benutzt, sind amythales oder pentothales Natrium; auch Scopolamin und Paraldehyd werden verwandt.

Man wird sich erinnern, daß die Narkohypnose (zuweilen auch als Behandlung mit »Wahrheitsserum« bezeichnet) im Zweiten Weltkrieg weithin Anwendung fand, als sich die dringende Notwendigkeit ergab, schnell wirkende Methoden der Psychotherapie zu entwickeln. Seit Kriegsende ist die Bedeutung dieser wertvollen Behandlungsweise jedoch stark zurückgegangen.

Der Grundgedanke ist ganz einfach und vernünftig. In Hypnose wird jemand versetzt, der durch eines dieser Narkotika bereits einen Dämmerzustand erreicht hat. Und dann, während sich die Versuchsperson in einem Zustand restloser Entspannung – und womöglich auch tiefer Trance – befindet, trichtert man ihr ins Unterbewußtsein die posthypnotische Suggestion ein, in Zukunft schnell auf Hypnose zu reagieren. Wenn die posthypnotische Suggestion so wirkungsvoll ist und der Patient nach dem Erwachen fast jeder derartigen Weisung zu folgen pflegt – warum sollte er dann nicht auch auf Befehl ein gutes hypnotisches Medium werden können?

Mir leuchtete das jedenfalls unbedingt ein, und ich hatte diese Methode als letzte Möglichkeit schon immer im Auge gehabt. Meine Bekanntschaft mit dem jungen Psychiater bot mir nun die Gelegenheit dazu. Ich trug ihm meinen Plan vor, und wieder war er Feuer und Flamme: Ihn interessierte die Narkohypnose und die Möglichkeit, mit ihrer Hilfe ein gutes Medium zu werden, nicht weniger als mich.

Aber der Arzt ließ mich nicht im Zweifel darüber, daß er mich nicht etwa nur mit der Injektionsspritze in den Arm stechen und dann mit seiner Suggestion beginnen wollte. Vielmehr bestand er darauf, vor Anwendung der Narkohypnose wenigstens bis zu einem gewissen Grade eine Psychoanalyse durchzuführen. Kurz gesagt, er wollte mit wissenschaftlicher Gründlichkeit untersuchen, warum und wodurch mein Geist sich gegen Hypnose einfach sträubte.

Also verbrachte ich meine Abende bei dem Doktor, und er

ergründete meine Familiengeschichte, meine Kindheit, meine Enttäuschungen und Triumphe, meine Vorlieben und Abneigungen, meine Gewohnheiten, Gemütsbewegungen und Bestrebungen – mein innerstes Ich. Er gab zu, dies sei keineswegs eine erschöpfende Psychoanalyse, jedoch könnten ihm die Erkenntnisse später nützlich sein, sobald er die Drogen angewandt habe.

Endlich, an einem Samstagabend, war es soweit. Ich müsse nachher die Wirkung des Narkotikums ausschlafen, meinte er, und deshalb wollte er mich in meinem eigenen Bett behandeln. Mir war das nur recht: Meine Erinnerungen an harte Operationstische waren nicht gerade erfreulich.

Zunächst wurde ich noch einmal gründlich untersucht, wobei meinem Herzen besondere Aufmerksamkeit zukam. Dann legte ich mich also ins Bett. Die Spritze ließ nicht auf sich warten. Gewöhnlich entschwebt der Patient innerhalb weniger Sekunden in die Bewußtlosigkeit. Aber wieder einmal wurde der normale Ablauf gestört; ein unerwarteter Zwischenfall hielt uns auf und gleichzeitig verlieh er dem Unternehmen eine entzükkende Pointe.

Während der Arzt mir die Nadel einführte, befahl er mir, von hundert an rückwärts zu zählen. Als ich in der Gegend von fünfundachtzig angekommen war, fühlte ich mich merkwürdig froh und leicht. Und da klemmte die Spritze. Der Doktor mußte sie herausziehen und den Schaden suchen.

Nun hatte ich ja schon eine ganz beachtliche Ladung Pentothal in mir; nicht genug, um mich umzuwerfen, aber doch eben ausreichend, um mich im magischen Zwischenreich festzuhalten. Während der Arzt über seiner Nadel schwitzte, schwebte ich auf Traumesflügeln in meinem Bett dahin.

Träge versicherte ich meinem Freund, er brauche sich keineswegs beeilen, denn ich hielte es in diesem himmlischen Zustand ewig und drei Tage aus. Während ich immer weiter auf dieses Meer von Wohlbefinden hinaussegelte, überlegte ich, ob dies wohl so etwas wie das Bewußtsein überschreitende Ekstase sei, die in den Büchern der Jogi beschrieben wird. Munter plapperte ich weiter über philosophische Themen, wobei ich mich nur kurz unterbrach, um dem Arzt meine Empfindungen mitzuteilen.

Seltsamerweise schien er weder für die Philosophie noch für seine Empfindungen etwas übrig zu haben. Ziemlich rauh meinte er, ich solle den Mund halten, während er die Spritze repariere.

Bald konnte er die Behandlung fortsetzen, und diesmal blieb ich nicht lange bei Bewußtsein. Ich wußte nichts mehr – bis ich die Augen aufschlug und wie durch dicken Nebel bemerkte, daß der Arzt mir Fragen zubrüllte.
Offenbar gehörte es zu seiner Methode, den Patienten auszufragen, während er sich noch in einem Zustand des Halbbewußtseins befand. Wieder einmal wußte ich einige Minuten lang nicht, wer ich war, wo ich war, und welches Datum wir hatten. Wer ich war, fragte er auch nicht; ich hätte diese Frage gewiß als peinlich empfunden.
Aber bald wußte ich wieder alles. Der Arzt schien nicht gerade ausgesprochen zufrieden mit dem, was er aus mir herausgepumpt hatte – aber er meinte doch recht zuversichtlich, in Zukunft würde ich gewiß ein gutes hypnotisches Medium sein; er versicherte mir, er habe mich pausenlos mit entsprechenden posthypnotischen Suggestionen traktiert. Am nächsten Abend wolle er wiederkommen und beweisen, welche bedeutenden Fortschritte wir gemacht hätten. Ich solle nun schlafen, meinte er. Und das tat ich auch.
Am folgenden Abend berichtete er mir, wie sehr es ihn überrascht habe, daß ich unter dem Einfluß des Narkotikums kaum zu Äußerungen von irgendwelchem Wert aufgelegt gewesen sei. Seltsamerweise hätte ich ihm *vor* Anwendung des Wahrheitsserums viel intimere, persönlichere Dinge anvertraut. So hätte ich zum Beispiel auf verschiedene Fragen, die einige Mitglieder meiner Familie betrafen – Fragen, die ich ihm ohne Spritze unbedenklich beantwortet hatte! –, nur bemerkt: »Ohne Einwilligung des Betreffenden kann ich nichts sagen.«
»Aber wenigstens«, versicherte er, »werden wir jetzt mit der Hypnose mehr Glück haben.«
Auch ich erwartete nichts anderes. Schließlich hatte ich mich oft genug von der Wirksamkeit posthypnotischer Suggestion überzeugen können; es stand fest, daß mein eigenes Unterbewußtsein ebenso reagieren werde. Bestimmt wartete mein Geist nur auf den freundlichen Zuspruch des Hypnotiseurs.
Der Doktor begann sein Werk. Nach vielen, jahrelangen Erfahrungen auf dem Gebiet der Hypnose und im Bewußtsein, gestern mit der Spritze wesentliche Vorarbeit geleistet zu haben, durfte er wohl zuversichtlich sein. Sorgfältig und ohne Zögern bewegte er sich auf der Bahn, die er am Vorabend ohne Zweifel in meinen Geist eingebaut hatte, zielbewußt vorwärts.
Erfolg: negativ.

Entweder war ich ganz hoffnungslos »blockiert«, oder die Hypnose war aus irgendeinem Grunde nicht mehr in meinen narkotisierten Geist gedrungen. Über diese Frage wird in Fachkreisen ganz besonders heftig gestritten. Vor allem englische Psychiater, die als Pioniere der Narkose angesprochen werden dürfen, beharren auf ihrem Standpunkt, daß diese Methode meist nur deshalb versagt, weil die Hypnose den narkotisierten Patienten nicht mehr erreicht hat.

Als nächstes auf der Liste meiner Experimente stand ein bemerkenswertes Gerät. In einem Artikel der *New York Times* hatte ich einmal gelesen, daß ein New Yorker Arzt auf den Gedanken gekommen war, einen Apparat zu konstruieren, der Druckausgleich herstellt, so daß der Patient nicht mehr zu atmen braucht. Ursprünglich sollte das Gerät dazu dienen, Tuberkulosekranken vollkommenes Ausruhen der Lunge zu erlauben. Ich aber dachte sofort an etwas anderes. Die psychischen Wirkungen von Übungen, die zum Aufhören des Atmens führen, sind ja allgemein bekannt. Besonders die Jogis haben die Methode berühmt gemacht. Es grenzt schier ans Wunderbare, wie sie Körper und Geist durch ihr Atemtraining verjüngen. Der Jogi gerät in einen tranceähnlichen Zustand und bleibt lange Zeit bewegungslos, wobei Leib und Seele sich in vollkommener Ruhe befinden; er erreicht also die Trance durch Atembeherrschung.

Vielleicht gelang mir so etwas auch, wenn ich die »Joga-Maschine« einsetzte!

Wie gesagt: Die Druckkammer ermöglicht es dem Patienten, das Atmen einzustellen. Dabei ist das Gerät nicht etwa mit der Eisernen Lunge zu verwechseln. Der Brustkorb und die Lunge bewegen sich nicht; das Atmen hört völlig auf. Die Kammer stellt Druckausgleich zwischen dem Innenraum der Lunge und der Außenwelt und auch zwischen der Ober- und Unterseite des Zwerchfells her. Und dann wird durch Änderung des Druckes sowohl im Körper als auch im Oberteil der Kammer Sauerstoff in die Lunge eingeführt und Kohlendioxyd ausgetrieben. Das Volumen der Lunge bleibt konstant, aber die Gasdichte ändert sich. Und all das ohne einen einzigen Atemzug! Dem Arzt, der diese Therapie entwickelt hat, schreibt man folgende Äußerung zu: »Die Wirkung auf das Zentralnervensystem ist höchst bemerkenswert. Der Drang, die Muskeln, der Extremitäten zu bewegen, flaut erstaunlich ab. Der Patient liegt stundenlang in der Kammer, ohne die Hände zu bewegen oder seine Lage zu ändern. Sogar Leute, die täglich zwei Päckchen Zigaretten kon-

sumieren, sehnen sich nicht mehr nach dem Rauchen. In vielen Fällen wirkt sich die Entspannung so aus, daß der Patient keinerlei Unterhaltung oder Zeitvertreib wünscht.«
Bei einer späteren Gelegenheit fügte der Arzt hinzu, nicht nur die Lunge, sondern offenbar auch Körper und Geist ruhten bei dieser Behandlung aus. Die Herztätigkeit sei um ein Drittel vermindert. »Unsere Patienten vergessen Kummer und Sorgen. Sie fühlen auch keine Langeweile.«
Kaum hatte ich diesen Artikel gelesen, da konnte ich es gar nicht mehr abwarten, dies Gerät auszuprobieren. Das war die Hypnose-Maschine, die ich suchte!
Als mich eine Geschäftsreise nach New York führte, benutzte ich die erste freie Stunde, um zu dem Erfinder der Druckkammer zu stürmen. Und wieder durfte ich feststellen, wie gerade Mediziner immer wieder bereit waren, mich in meinen hypnotischen Forschungen zu unterstützen. Obwohl der Arzt seiner Überraschung darüber Ausdruck gab, daß ich dringend verlangte, mich und meine Frau der Druckkammer auszusetzen, begann er sofort mit den notwendigen Vorbereitungen.
Und so standen meine Frau und ich nach wenigen Tagen vor einem sargähnlichen Ding in einem New Yorker Krankenhaus. Hazel mußte sich an dem Experiment beteiligen, weil ich jemanden brauchte, dem ich in der Kammer während des Zustandes des Nicht-Atmens die Hypnose aufpfropfen konnte. Außerdem war meine Frau inzwischen so sehr an mein ständiges Herumexperimentieren gewöhnt, daß sie nicht weniger gespannt war als ich.
Außer uns waren zwei Ärzte anwesend, Dozenten der medizinischen Fakultät der Columbia-Universität, die dem Krankenhaus angeschlossen war. Die beiden hatten einige Erfahrung mit der Druckkammer. »Wollen Sie denn wirklich in die Kammer hinein?« fragte der eine.
Zum drittenmal wurde ich, offenbar nicht ohne Mitleid, eindringlich gefragt, ob ich wirklich wisse, worauf ich mich einließ.
»Warum fragen Sie?« gab ich zurück. Mir fiel die Sache mit dem Kohlendioxyd ein. »Wird mir der Apparat da arg zusetzen?«
»O nein, ganz und gar nicht«, erwiderte er. »Aber manche Leute haben Angst vor geschlossenen Räumen, sogenannte Klaustrophobie, und sie bekommen Zustände bei der Aussicht, in so ein enges Kämmerchen eingeschlossen zu werden.«
Ich überlegte, ob ich wohl auch an Klaustrophobie litte, verneinte die Frage und kletterte in die Kammer. Sie ist eine Art

Zylinder, der waagerecht liegt und oben mit einem Deckel wie die Kanzel eines Düsenjägers verschlossen ist. Im Inneren befindet sich zur Hebung der Behaglichkeit eine weiche Matratze. Dann legt sich eine Scheidewand wie ein Kragen um den Hals des Delinquenten, so daß sich Kopf und Körper in zwei verschiedenen Abteilen befinden. Schließlich klappt der Deckel zu, die Kammer ist geschlossen, und der Luftkompressor wird eingeschaltet.

Durch die Kuppel aus Plexiglas konnte ich den Arzt sehen. Er hatte mir befohlen einzuatmen, wenn er die Hand hob, und auszuatmen, wenn er sie senkte. Bald wurden seine Bewegungen sachter, und ich atmete nur noch leicht; schließlich kreuzte er die Hände. Das hieß, ich sollte das Atmen einstellen.

Ich tat es. Es war ein schönes, sanftes Gefühl; mehr als fünf Minuten lang atmete ich nicht. Vermutlich waren dies die einzigen fünf Minuten in meinem ganzen Leben, da ich mich überhaupt nicht bewegte. Aber ich konnte es gar nicht abwarten, daß Hazel meinen Platz einnahm, damit ich versuchen konnte, ein Medium in der Druckkammer zu hypnotisieren. So stieg ich aus, und sie kletterte hinein.

Sie machte genau die gleichen Erfahrungen wie ich. Dann wurde das Mikrofon eingeschaltet, so daß ich von draußen mit ihr sprechen konnte. Es waren einfach ideale Versuchsbedingungen: eine völlig entspannte Versuchsperson, die sich nicht bewegte, nicht atmete. Ich konnte es kaum noch abwarten.

Und als wir eben mit dem Experiment beginnen wollten, versagte das Mikrofon.

Eine Enttäuschung ohnegleichen! Minutenlang bastelten wir an dem Ding herum, aber schließlich mußten wir es aufgeben. So kommt es, daß ich noch immer darauf warte, dieses Experiment durchführen zu können.

Alle meine Anstrengungen, ein gutes hypnotisches Medium zu werden, hatten nur ein Ziel: schlüssig zu beweisen, daß nicht jedermann *auf der Stelle* zu hypnotisieren ist. Und meines Wissens können gute Medien äußerlich nicht erkannt werden: weder an ihrem Benehmen noch an ihrem Aussehen, noch an irgendwelchen Charaktereigenschaften.

Allgemein herrscht die Meinung vor, daß es gewisse Faktoren gibt, die sehr stark für hypnotische Empfänglichkeit sprechen. Schon oben habe ich gesagt, daß normale, zufriedene Personen die besten Medien abgeben. Ein Hypnotiseur drückte das so aus: »Anscheinend sind diejenigen Menschen die besten

Medien, die mit größter Wahrscheinlichkeit nie die Couch des Psychiaters brauchen.«

Ich habe festgestellt, daß ängstliche und nervöse Leute schwierige Medien sind; Skeptiker und Alleswisser sind nicht besser. Geschlecht und Rasse machen wohl nicht viel aus, obwohl einige Fachleute behaupten, Frauen seien meistens bessere Medien. Was das Alter angeht, so sind Kinder unbedingt leichter zu hypnotisieren als Erwachsene. Die Empfänglichkeit scheint tatsächlich mit den Jahren abzunehmen. Aus diesem Grunde hat ein Hypnotherapeut schon vorgeschlagen, allen Kindern, bevor sie ihr fünfzehntes Lebensjahr erreichen, Unterricht in Hypnose zu geben.

Seltsamerweise sind Hypnotiseure und andere Leute, die einiges von Hypnose verstehen, meist schlechte Medien. Vermutlich können sie es nicht vermeiden, die Technik des Hypnotiseurs, der ihnen helfen will, ständig zu beobachten und zu kritisieren. Auch sind gute Freunde oder Verwandte des Hypnotiseurs von jemandem, den sie so gut kennen, nur schwer in Trance zu versetzen. Ein völlig Fremder wird meist bessere Erfolge erzielen.

Alkoholiker sind im allgemeinen leicht zu hypnotisieren; das gleiche gilt für Stotterer. (Ein anerkannter Fachmann hat darauf hingewiesen, wie unbegreiflich es ist, daß noch so viele Stotterer herumlaufen, obwohl ein so wirksames Heilmittel für sie bereitsteht.) Andererseits ist Leuten, die an Schlaflosigkeit leiden, nicht so ganz einfach zu helfen.

Starke Willenskraft erweist sich übrigens in den meisten Fällen als gute Vorbedingung, weil sie dazu eingesetzt werden kann, die Bemühungen des Hypnotiseurs zu unterstützen. Andererseits sind geistig labile oder gar kranke Leute nur schwer oder oft gar nicht zu hypnotisieren.

Nach meiner felsenfesten Überzeugung kann und wird dieses entscheidende Hemmnis für die Hypnose – die Tatsache, daß nicht jedermann schnell in hinreichend tiefe Trance zu versetzen ist – ausgeräumt werden. Sobald eine sofort wirksame, allgemein anwendbare Methode entwickelt ist, schnell tiefe Trance zu erreichen, wird die Hypnose ganz von selbst zu einem Heilverfahren allerersten Ranges werden.

Sei die Kraft nun psychologisch, mechanisch oder elektrisch – die Männer der Wissenschaft werden das Rätsel lösen. Bisher wirkte sich vor allem das erschütternde Fehlen jeder finanzieller Unterstützung der Forschung auf dem Gebiet der Hypnose

negativ aus. Trotz eifrigsten Suchens konnte ich nur einen einzigen Fall feststellen, in dem das Studium der Hypnose durch Bereitstellung von Geld gefördert worden ist.
Inzwischen aber widmen sich viele Forscher diesem Problemkreis. Manche von ihnen beschränken sich auf den therapeutischen Aspekt der Hypnose; andere studieren die unendlichen Möglichkeiten der Hypermnesie; und einige wenige suchen unermüdlich nach der unfehlbaren Technik des Hypnotisierens.
Aber die Hypnose hat noch eine andere Seite, und diese ist vielleicht die faszinierendste. Sie hängt mit der Erforschung des unbekannten Reiches des Geistes zusammen, mit den Geheimnissen, die den Menschen seit Urzeiten umgeben. Niemals hatte ich mich mit diesen Fragen befaßt. Das Schicksal aber hatte andere Pläne: Bald sollte ich einen weiteren Schritt über die lange Brücke tun.

Ein prophetischer Traum und seine Folgen

Meine Frau und ich waren unterwegs nach Colorado Springs. Es war ein herrlicher Sonnentag im April, und der Pikes Peak im Nordwesten verlieh der Landschaft etwas besonders Majestätisches. Berauscht von so viel Schönheit, hatten wir seit einer Viertelstunde kein Wort gesprochen.

Plötzlich hörte ich mich eine Melodie summen; und seltsamerweise fing meine Frau in genau dem gleichen Augenblick an, dieselbe Melodie zu singen. Wir hatten schon eine ganze Menge Verse hinter uns, ehe wir bemerkten, was da vorging. Die gleiche Melodie war uns beiden völlig gleichzeitig eingefallen, und in völligem Gleichklang hatten wir gesungen, bis wir uns des merkwürdigen Zufalls bewußt wurden und uns erstaunt anblickten.

Hazel lachte. »Ob das Gedankenübertragung war?«

»Unsinn!« rief ich. »Wir stehen einfach beide unter den gleichen Einflüssen; diese haben gleiche Gedankenketten und schließlich die gleiche Antwort ausgelöst – und diese Antwort war in diesem Fall ein bestimmtes Lied.«

»Der Herr Gemahl klärt seine Frau wissenschaftlich auf!« spottete Hazel. »Und vielleicht wissen Herr Professor auch, warum die Antwort auf die Einflüsse im vorliegenden Fall in dem Lied *Once in a While* bestand, und warum uns beiden die Melodie in genau dem gleichen Augenblick zuflog. Und weißt du etwa auch die einzelnen Glieder der Gedankenfolge, die zu dieser abschließenden Antwort geführt haben?«

»Gerade dabei kommen viele Leute vom rechten Wege ab«, bemerkte ich. »Gewiß wäre es unmöglich, alle die winzigen Einzelheiten anzugeben. Denk doch daran, daß es mehr als zwei Milliarden Menschen auf der Welt gibt, und die Anzahl der Umstände, in denen sich all diese Individuen befinden können, ist unendlich, astronomisch! Wenn man an diese vielen Menschen und Umstände denkt, an alle Zusammenstöße, Überkreuzungen und Verflechtungen, dann schiene es fast erstaunlich, wenn in all diesem Treiben und Gewimmel nicht hin und wieder ein paar überraschende Zufälle einträten. Darüber braucht man sich gewiß nicht weiter aufzuregen.« Und dann fügte ich hinzu: »Nein, es gibt keine Gedankenübertragung.«

»An Hypnose hast du auch nicht geglaubt«, erinnerte sie mich.

»Hypnose ist doch etwas anderes als die blödsinnige Gedankenübertragung. Und der nächste Verwandte der Gedankenübertragung, die Hellseherei, ist überhaupt nur etwas für Übergeschnappte! – Zugegeben, mit der Hypnose habe ich mich geirrt; deshalb muß ich mich doch nicht immer irren!«

Wieder einmal brach etwas über mich herein – als habe unsere kleine Diskussion eine Schleuse geöffnet. Wahrhaft Erstaunliches stand mir bevor.

Es begann mit einem Traum: Ich sah, wie Mr. Haines, der Generaldirektor unserer Firma, lebhaft wie immer in mein Büro stürmte. Ich wollte gerade etwas in mein Diktaphon sprechen, aber er schob eine Handvoll Papiere zwischen meinen Mund und das Mikrofon. Obenauf lag ein Scheck; er fragte, ob das Papier auf den richtigen Betrag ausgestellt sei. Als ich nickte, wandte er sich zum Gehen. Aber da erblickte er etwas auf meinem Schreibtisch. »Das suche ich ja gerade«, sagte er. Es sah wie ein Brief aus; er nahm ihn und verließ das Zimmer.

Gewiß, der Traum fiel mir auf, weil er ganz besonders klar gewesen war. Aber sonst machte ich mir keinerlei Gedanken darüber. Nur Hazel erzählte ich ganz beiläufig davon.

In der kommenden Woche, als ich eben diktieren wollte, kam Mr. Haines, der Generaldirektor, zu mir herein. Er hielt mir seine Akten unter die Nase, fragte, ob der Scheck, der obenauf lag, in Ordnung sei, und wollte mit der ihm eigenen Eile wieder fort. Im Umdrehen aber erblickte er eine Kundenbestellung auf meinem Tisch. »Hallo, die suche ich ja gerade!« sagte er. Damit nahm er das Schreiben und verschwand.

Ich dachte ein wenig über den Vorfall nach, erklärte ihn mit meinem Argument »Notwendigkeit des Zufalls«, und machte mich ans Diktieren.

Nach zehn Tagen träumte ich schon wieder von unserer Firma und ihrem Generaldirektor. Der Traum war genauso klar wie der vorige, aber etwas komplizierter: Eines Morgens, als ich mein Büro betrat, wartete dort meine Mutter auf mich. Ehe ich noch meiner Überraschung über diesen unerwarteten Besuch Ausdruck verleihen konnte, stürmte der allgegenwärtige Mr. Haines herein. Er schaute meine Mutter an und dann mich. Schließlich ging er zur Tür zurück, ohne ein Wort zu sagen, und sah auf den Flur hinaus, als wolle er sich vergewissern, daß niemand uns belauschte. Dann knallte er die Tür ganz fest zu.

Während er sich wieder an uns wandte, zog er einen Brief aus der Tasche. Er kam auf mich zu und hielt mir den Brief hin. Damit

endete der Traum.
Eine Woche später sprach ich über beide Träume mit meiner Frau und einem Besucher aus Denver. Ich berichtete, wie der erste Traum Wahrheit geworden sei. »Aber falls etwa auch der zweite sich wirklich ereignet«, gestand ich ein, »werde ich über die Sache nachdenken müssen. Mit dem ersten konnte es schließlich noch ein Zufall sein. Der Direktor kommt immerzu in mein Büro, und er hat häufig Briefe und zuweilen auch Schecks bei sich.
Aber der zweite Traum – nein, der kann nicht Wirklichkeit werden. Zunächst einmal: Es ist undenkbar, daß meine Mutter zu so früher Stunde in mein Büro kommt. Und dann: In meinem Büro wird nichts besprochen, wobei man die Türen so nachdrücklich schließen müßte. Seit sechzig Jahren sind in diesem Zimmer keine Geheimnisse verhandelt worden. Ich kann mir nicht vorstellen, was für einen Brief der Direktor in seiner Tasche verstecken sollte, und warum er so vorsichtig nachschauen sollte, ob uns etwa jemand belauscht.« Genau am folgenden Morgen geschah es.
Als ich mein Büro betrat, saß meine Mutter neben dem Schreibtisch. Seltsamerweise löste dies nicht die Erinnerung an den Traum aus – ich dachte noch keineswegs daran. Kaum hatten wir Zeit, uns zu begrüßen, da kam Mr. Haines herein – und er benahm sich genauso wie in meinem Traum. Als er die Tür schloß und sich umdrehte, da stand plötzlich mein Traumerlebnis ganz deutlich vor mir, und ich wußte, was nun geschehen würde: Er würde in seine Rocktasche greifen, den Brief, der sich noch im Umschlag befand, herausholen und auf mich zukommen, den Brief in der ausgestreckten rechten Hand.
Und genau das tat er auch.
Jedenfalls würde ich nun endlich erfahren, was in dem Brief stand. Ehe ich ihn jedoch aus dem Umschlag holte, rief ich: »Einen Augenblick! Ehe ich den Brief lese, muß ich Ihnen berichten, wie ich die ganze Szene in der vorigen Woche schon einmal erlebt habe.«
»Die beiden starrten mich an, meine Mutter schien vor der unheimlichen Ankündigung fast Angst zu bekommen. Es gelang mir, mich ein bißchen deutlicher auszudrücken. Und dann las ich den Brief.
Es war ein ärztliches Gutachten über meinen Vater. Anscheinend hatte unser Direktor ihn irgendwie zu einem Arzt gelotst und dann den Doktor um ein ausführliches Gutachten gebeten,

damit unsere Familie genau unterrichtet werden könne. Die feierlichen Vorsichtsmaßregeln, das sorgfältige Schließen der Tür, alles diente nur dem einen Zweck: zu gewährleisten, daß mein Vater diesen Bericht über sich selbst nicht hörte.
»Warum meinen Sie, er dürfe das nicht wissen?« fragte ich, nachdem ich den Brief gelesen hatte.
»Weil doch da steht, er hätte etwas – einen Hiatus sowieso!« antwortete der Direktor kummervoll.
»Hiatus hernia«, sagte ich. »Einen Bruch. Das ist nichts Gefährliches. Nach Ihrem Benehmen hatte ich schon das Schlimmste befürchtet.«
Da also war es wieder – ein prophetischer Traum. Ein Traum, dessen Einzelheiten noch nicht einmal existierten. In meinem Fall betraf der Traum einen Brief – einen Brief, der noch gar nicht geschrieben war. Aber diese vereinzelten Erlebnisse hätten mich noch immer nicht veranlaßt, mich eingehender mit dem Fragenkomplex zu beschäftigen. Doch die Ereignisse überstürzten sich buchstäblich.
Als nächstes trat Hazels Mutter, Mrs. Higgins, in Aktion. Eines Morgens kam sie zu uns – nur eben lange genug, um Hazel zu bitten, mit ihr zu fahren. Wie sie uns erzählte, war sie auf dem Weg zu einer Ranch, um dort ein Kalb abzuholen, das seit fast einer Woche verschwunden war. »Während ich heute morgen im Garten arbeitete«, fuhr sie fort, »kam Großvater plötzlich in einer Art Traumbild zu mir – obwohl ich hellwach war. Er sagte, das Kalb sei auf der Ranch zu finden, und zwar in einem Loch, das die Flut neben dem Strombett ausgespült habe.« Dabei war Hazels Großvater seit mehr als zwei Jahren tot.
Mrs. Higgins berichtete das alles in so selbstverständlichem Ton, als erwartete sie wirklich, das Kalb dort zu finden. Hazel zog sich die Jacke an und fuhr mit ihrer Mutter, und ich gab ihnen ein paar knurrige Bemerkungen über »dumme Zeitverschwendung« und ähnliches mit auf den Weg.
Nach zwei Stunden waren sie zurück: Sie hatten das Kalb genau an der angegebenen Stelle gefunden! Es war tot, offenbar schon seit einigen Tagen. Ich tuschelte Hazel zu: »Deine Mutter hat halt überlegt, wo sich das Kalb eventuell finden ließe – und dann das Ganze als ›Vision‹ hingestellt!« Hazel würdigte mich keiner Antwort.
Dann betrat sogar Hazels Katze die Bühne. Es ist eine siamesische Katze mit Namen Tai. Dieses Tier nun hatte seinen Stammbaum um einen Wurf Junge erweitert, die infolge einer Mesal-

liance nicht eben reinrassig waren. So stieß Hazels Mutter nicht auf Widerspruch, als sie bat, die kleinen Tiere auf ihre Ranch, etwa zehn Kilometer südlich von Pueblo, mitnehmen zu dürfen. Zwei Tage nachdem Mrs. Higgins mit den Kätzchen losgefahren war, berichtete mir Hazel, Tai sei verschwunden; alles Suchen war vergeblich. Aber schon am nächsten Nachmittag war das Geheimnis entschleiert. Mrs. Higgins kam zu uns und erzählte, als sie den jungen Tieren am Morgen habe Milch bringen wollen, da sei sie auf der Schwelle fast über Tai höchstpersönlich gestolpert: Sie habe dagesessen, als warte auch sie auf ihr Frühstück. Nun war Tai vorher niemals auf der Ranch gewesen. Auch hatte sie niemals in Mrs. Higgins' Auto gesessen oder etwa beobachten können, in welche Richtung meine Schwiegermutter mit den Jungen abgefahren war; am Tage der Abfahrt hatten wir sie im Keller eingeschlossen. Trotzdem hatte sie, zehn Kilometer weit, unbeirrt den Weg zu ihren Nachkommen gefunden!

Ich lernte bald, andern niemals von solchen Vorfällen zu erzählen. Unweigerlich wußte der Gesprächspartner nämlich Episoden zu berichten, vor denen meine eigenen verblaßten. Mit Hypnose hatten nur wenige Leute Erfahrung, aber mit Fällen von außersinnlicher Wahrnehmung war anscheinend jeder schon einmal in Berührung gekommen, mochte es sich nun um Tiergeschichten oder um den Tod eines Verwandten handeln – jedenfalls immer um Dinge, die auf natürliche Weise nicht zu erklären waren. Die Art, in der andere Leute solche Geschichten als fast selbstverständlich hinnahmen, hat mich immer erstaunt.

Der letzte Anstoß, der mich ernsthaft an das Problem der außersinnlichen Wahrnehmungen heranbrachte, war ein reiner Zufall, das Ergebnis einer hypnotischen Sitzung. Bill Moery und ich führten mit einem Medium in tiefer Trance eine Hypermnesie durch. Als wir nahezu fertig waren, jedoch kurz vor dem Erwachen des Mediums, spielte ich ganz in Gedanken mit einem Buch, das auf einem Regal hinter dem Rücken der Versuchsperson stand.

Während ich Anstalten machte, wieder das Wort zu ergreifen, nahm ich nun das Buch in die Hand.

»Sie haben ein Buch in der Hand.« Das war unser Medium. Und sofort gab es auch den Titel an.

Bill und ich waren verblüfft. Wer hatte den Mann denn gefragt und – vor allem! – wer hatte ihm die Antwort verraten? Da das Buch aber schon vor Beginn des Experiments im Regal gestanden hatte, versuchte ich es mit etwas anderem – mit etwas, das er

bestimmt nicht gesehen haben konnte.
»Was habe ich denn jetzt in der Hand?«
»Eine Zeitung«, kam prompt die Antwort.
»Wie heißt sie?« fragte ich. Ich stand hinter ihm; seine Augen waren natürlich geschlossen, und es schien ganz unwahrscheinlich, daß er die Zeitung vor der heutigen Sitzung oder anläßlich eines seiner früheren Besuche gesehen hatte.
Nach kurzem Zögern erwiderte er: *»Wall Street Journal.«*
Ich schaute zu Bill hinüber und sagte dem Medium: »Bill wird jetzt die rechte Hand heben; sagen Sie mir, wie viele Finger er ausstreckt!«
Bill folgte meiner Aufforderung, hob die rechte Hand (die das Medium nicht sehen konnte) und streckte vier Finger aus.
»Vier!« rief das Medium.
Nachdem es noch ein paar erstaunliche Proben vorgeführt hatte, verkündete es unvermittelt: »Mehr weiß ich nicht!«
Ich fragte, was es damit meine. »Wenn ich etwas weiß, dann weiß ich es eben«, erwiderte es. »Und dann auf einmal merke ich, daß es aus ist.«
Gnadenlos drangen Bill und ich in ihn; wir wollten wissen, wie so etwas funktionierte. »Was für ein Signal gibt Ihnen an, daß Sie etwas wissen? Beschreiben Sie, was dabei vorgeht! Können Sie regelrecht ›sehen‹, oder lesen Sie nur unsere Gedanken? Wie könnte man den Geist dazu erziehen, so etwas zu leisten? Welches Gefühl haben Sie, wenn die Fähigkeit Sie verläßt?« Mit aller Macht versuchten wir, wichtige Hinweise aus ihm herauszuquetschen.
Aber für diesen Abend war der Redefluß unseres Mediums verebbt. Und während der wenigen Sitzungen, die wir später noch mit ihm veranstalteten, war es nie wieder in der Lage, das Erstaunliche zu wiederholen. »Wenn ich etwas weiß, dann weiß ich es einfach. Und dann auf einmal ist es aus.«
Auch wenn ich alle diese Erlebnisse und Erfahrungen zusammenfaßte, sah ich keineswegs, was sich daraus ergeben konnte. Andererseits war buchstäblich mit den Händen zu greifen, daß hier etwas war, womit man sich ernsthaft beschäftigen sollte.
In der Tat: Wenn diese Phänomene wirklich auftreten – ganz gleich, wie selten oder wie schwierig einzuordnen sie sein mögen –, dann könnten sie unsere Anschauung der menschlichen Natur völlig verändern. Wenn es sich hier um Tatsachen handelt, die man nur deshalb übersehen oder gar unterdrückt hat, weil sie nicht in das Lehrgebäude der modernen Wissenschaft

passen, dann sollte man lieber die Konstruktion dieses Gebäudes überprüfen. Vielleicht hat das Bauwerk so blankgeputzte Fenster, daß wir davon geblendet und halbblind geworden sind!
Ich jedenfalls wollte nun kein blinder Skeptiker mehr sein. Wahre Wissenschaft unterzieht alle Hypothesen strenger Prüfung, und sie klammert Gedanken, die auf den ersten Blick nicht in ihr Schema passen, nicht einfach aus.
Außerdem war mir klar, daß die Wissenschaft, die inzwischen so manches Geheimnis, angefangen vom Aufbau des Alls bis zur Zertrümmerung der Atome, entschleiert hat, nach wie vor ratlos vor dem erstaunlichsten aller Rätsel steht: Was ist der Geist des Menschen?
Der Gong für die zweite Runde war erklungen. Die erste Runde hatte der Hypnose gegolten. Nun war die außersinnliche Wahrnehmung an der Reihe. Hierbei handelt es sich, wie schon der Name sagt, um die Fähigkeit, Dinge wahrzunehmen, ohne die normalen fünf Sinne dafür zu benutzen.
Zunächst stellte ich mir zwei Fragen: Gab es Forscher, die sich mit diesem Problem bereits befaßt haben? Und wenn ja: Was hatten sie bisher entdeckt?
Da fiel mir ein, was ich vor Jahren in den ersten Wochen auf dem College gehört hatte: Einer unserer Dozenten hatte kurz von einem Wissenschaftler an der Duke-Universität berichtet, der mit einigen Studenten Versuche anstellte, um herauszubekommen, ob Telepathie wissenschaftlich nachweisbar ist. Er hatte eigens gezeichnete Karten benutzt und geprüft, ob die Versuchspersonen die Karten erkennen konnten, ohne sie wirklich zu sehen. »Die Ergebnisse scheinen darauf hinzudeuten«, meinte unser Dozent, »daß der normale Mensch tatsächlich telepathische Kräfte besitzt. Interessant!«
Jetzt, nach vierzehn Jahren, war ich bereit, meinem alten Lehrer recht zu geben. Das war wirklich interessant. Aber ich glaubte, der Wissenschaftler an der Duke-Universität hätte vermutlich nur ein paar vereinzelte Untersuchungen angestellt, um seine eigene Neugier zu befriedigen oder Material für einen Zeitschriftenaufsatz zu sammeln. Ich hielt es für völlig unwahrscheinlich, daß der Mann sich immer noch mit dem gleichen Problem abgibt.
Trotzdem machte ich mich auf die Suche nach dem »Mann mit den Karten«, der damals diese telepathischen Experimente veranstaltet hatte. Niemand wußte etwas davon, bis ich zu meinem Freund, dem jungen Arzt, kam.

»Du meinst Professor J. B. Rhine«, sagte er.
Ich hörte den Namen zum erstenmal. Aber von diesem Augenblick an war Joseph Banks Rhine eine der wichtigsten Persönlichkeiten in meinem Leben. Er gilt bereits seit Jahrzehnten unbestritten als höchste Autorität auf dem Gebiet der Parapsychologie, die die sogenannten außersinnlichen Wahrnehmungen (ASW) erforscht.
Während ich nun mein Interesse von der Hypnose auf die außersinnliche Wahrnehmung ausdehnte, bemerkte ich erstaunt, daß viele andere den gleichen Weg gegangen waren. Tatsächlich kann man von einer historischen Verwandtschaft dieser beiden Komplexe reden. Sie war so eng, daß die ASW viele Jahre lang als »Abfallprodukt« der Hypnose galt. Franz Anton Mesmer, der Vater der modernen Hypnose, hat einmal geschrieben, daß Medien in tiefer Trance zuweilen ganz deutlich in die Vergangenheit und in die Zukunft schauen können.
Und so steht, zumindest historisch, fest, daß die Hypnose eng verwandt ist mit Gedankenübertragung und Hellsehen. Aber seit jenen ersten Tagen, da Hypnotisierte ganz zufällig auf außersinnliche Phänomene stießen, hat die Forschung einen weiten Weg zurückgelegt.
Folgende drei Begriffe sind in diesem Zusammenhang wesentlich, und sie tauchen in dem vorliegenden Buch immer wieder auf:
ASW: Außersinnliche Wahrnehmung bedeutet das Wahrnehmen äußerer Ereignisse ohne Hilfe der uns bekannten Sinnesorgane.
Telepathie: Gedankenübertragung ist das Übertragen eines Gedankens von einer Person zum Geist einer anderen ohne Benutzung der Sinne.
Hellsehen: Das Wahrnehmen von Gegenständen oder Ereignissen ohne Benutzung der Sinne – jedes Wahrnehmen eines äußeren Objektes.
(Telepathie ist also Beziehung von Geist zu Geist, Hellsehen hingegen Beziehung zwischen Geist und Gegenstand).
Einige Beispiele sollen dazu dienen, den Unterschied zwischen Telepathie und Hellsehen klarzumachen und gleichzeitig einige andere Begriffe einzuführen, auf die wir später noch stoßen werden.
Wenn eine Person eine Zahl zwischen eins und fünf denkt, und eine andere Person diese Zahl aufnimmt – und wenn dieses Experiment ohne Fehler (und ohne Trick!) etwa hundertmal

durchgeführt wurde –, dann darf man von einem Musterbeispiel von Gedankenübertragung reden.
Derjenige, der sich bei einem solchen Experiment auf die Zahl konzentriert, ist der »Sender«. Die Person, die sich bemüht, die Zahl wahrzunehmen, ist der »Empfänger«, und die Zahl selbst nennt man »Signal«. Wenn der Empfänger versucht, das richtige Signal zu benennen, spricht man vom »Ruf«, sei er nun schriftlich fixiert oder nur mündlich gegeben. Jeder richtige Ruf ist ein »Treffer«.
In diesem Beispiel, wie bei aller Telepathie, ist das Signal ein Gedanke oder eine geistige Aktivität. Hellsehen jedoch ist das Wahrnehmen von Gegenständen oder gegenständlichen Vorgängen. Ein gutes Beispiel ist folgender Fall eines zehnjährigen Mädchens:
Als das Kind einen Feldweg entlangging, sah es plötzlich in einer »Vision« seine Mutter zu Hause auf dem Fußboden liegen. Der Eindruck war besonders klar und scharf – so klar, daß das Mädchen sogar ein Spitzentaschentuch erkannte, das neben der Mutter auf dem Boden lag. So felsenfest überzeugt war das Kind von dem Geschehen, daß es einen Arzt holte, ehe es noch nach Hause lief.
Es war gar nicht so einfach, den Doktor zum Aufbruch zu bewegen; die Mutter hatte sich augenscheinlich bester Gesundheit erfreut, und überdies hatte sie an diesem Tag gar nicht zu Hause sein wollen. Aber der Arzt ließ sich doch breitschlagen, und tatsächlich lag die Mutter auf dem Boden, genauso, wie das Kind es beschrieben hatte. Jede Einzelheit stimmte, sogar das Spitzentaschentuch fehlte nicht.
Der Arzt stellte einen Herzanfall fest; nach seiner Meinung wäre die Frau gestorben, wenn er auch nur eine Stunde später bei ihr eingetroffen wäre.
Hier handelt es sich um ein besonders gutes Beispiel für Hellsehen. Von Telepathie kann man nicht sprechen, denn niemand hatte den Unfall der Mutter mit angesehen oder konnte ihn auch nur ahnen.
Dennoch hatte das Mädchen das Ereignis irgendwie »gesehen«, während es über Land ging.
Ähnliche Phänomene sind inzwischen an zahlreichen Universitätsinstituten in den USA, Europa und Ostasien von parapsychologischen Forschungsteams untersucht worden. Prof. Thouless von der Cambridge-Universität, Massachusetts, sprach für viele Wissenschaftler, als er erklärte: »Die Wirklichkeit dieser

Phänomene muß als erwiesen gelten, soweit wissenschaftliche Forschung überhaupt etwas erweisen kann.« Und der Physiker Dr. Raynor C. Johnson bemerkte: »Es ist ... von kaum zu überschätzender Tragweite, daß Telepathie, Hellsehen und Präkognition als unbezweifelbare, harte Tatsachen angesehen werden müssen; sie sind so sicher und zuverlässig bewiesen wie die Grundlagen von Physik und Chemie.«*

Für diejenigen, die trotz aller Beweise noch immer Schwierigkeiten haben, außersinnliche Wahrnehmung als Tatsache anzuerkennen, mag ein Vergleich mit der Hypnose zur Unterstützung angeführt werden. Beide Phänomene zeichnen sich durch einen gewissen Unsicherheitsfaktor aus: Es ist ganz unmöglich, mit aller Sicherheit vorherzusagen, daß ein bestimmter Versuch gelingt. Obwohl zum Beispiel die Hypnose heute eine allgemein anerkannte Wissenschaft ist, wird auch der erfahrenste Hypnotiseur nie sicher sein, daß ein Experiment, mit dem er etwas beweisen will, positiv ausfällt. Dieser Unsicherheitsfaktor ist es, der die Anerkennung der Hypnose lange Zeit behindert hat und sich jetzt auf die außersinnliche Wahrnehmung ähnlich störend auswirkt.

Es gibt noch weitere Ähnlichkeiten zwischen beiden Phänomenen: Beide haben sich unter heftigen Kämpfen durchsetzen müssen. Beide fielen zunächst Außenseitern in die Hände und kamen erst später unter die scharfen Augen des ernsten Forschers. Die ärgsten Feinde der medizinischen Hypnose waren die Ärzte selbst; und die schwersten Streiche gegen die Parapsychologie werden wahrscheinlich von Psychologen geführt.

Dennoch wurde der Widerstand gegen die Hypnose schließlich durch die Tatsache gebrochen, daß überzeugende, unbestreitbare Beweise zuweilen tatsächlich erbracht werden. Ebenso kann die allgemeine Anerkennung der außersinnlichen Wahrnehmung auf die Dauer nicht ausbleiben.

Das nächste Problem, vor dem die Parapsychologen standen, war die Frage, ob Gedankenlesen und Hellsehen auf physischer oder nicht-physischer Grundlage vor sich gehen. Wäre die außersinnliche Wahrnehmung eine rein physische Funktion – und somit der Geist etwas Mechanisches –, dann müßten Raum und Entfernung irgendeinen meßbaren Einfluß ausüben. Der nächste Schritt bestand folglich darin, durch Experimente zu

* R. C. Johnson, *Imprisoned Splendour*, New York 1954.

untersuchen, ob der Geist wirklich den Raum überwindet. Und das Ergebnis dieser Versuche war eindeutig: Die Entfernung hat auf die ASW keinerlei Einfluß.

Wenn aber der menschliche Geist den Raum überwinden kann, dann führt das logischerweise zu einem Schluß, den ich lange als glatte Unmöglichkeit angesehen hatte: Der Geist muß ebenso die Zeit überwinden können, denn wir wissen ja, daß die Zeit eine Funktion des Raumes ist. Jede Bewegung durch den Raum braucht Zeit. Und wenn nun der Geist die Zeit überwindet, dann besitzt er eine ungeheure Macht: die Prophetie.

Lange hatte ich alle Leute ausgelacht, die behaupteten, der menschliche Geist könne ein zukünftiges Ereignis ganz genau vorhersagen. Geoffrey Gorer, ein bekannter englischer Anthropologe, schreibt in seinem Buch *Africa Dances:* »Ich bin der Überzeugung, daß afrikanische Neger, ohne die Hemmungen, welche die Zeit und der Glaube an ein kausales Universum uns auferlegen, regelmäßig die Zukunft nicht weniger lebhaft träumen als die Vergangenheit, mit dem Erfolg, daß Vergangenheit, Gegenwart und Zukunft für sie keinerlei Bedeutung haben.«*

Für mich war das einfach unannehmbar. Vielleicht hätte ich mich eingehender mit der »Geschichte des Unmöglichen« beschäftigen sollen. Noch in jeder Generation hat man Ideen als unmöglich beiseite geschoben, die später selbstverständliches Allgemeingut wurden. Und dabei ist zu bedenken, daß die Spötter oft berühmte Wissenschaftler, beileibe keine Laien, sind. Simon Newcomb, ein bekannter amerikanischer Naturwissenschaftler der Jahrhundertwende, hat erklärt, es sei unmöglich, daß sich eine Maschine über lange Strecken durch die Luft bewegen könne. Und im Leitartikel einer großen Zeitung heißt es über das Telefon:

> In New York wurde ein sechsundvierzigjähriger Mann verhaftet, weil er versuchte, unwissenden und abergläubischen Leuten Geld aus der Tasche zu locken, indem er eine Anlage vorführte, die mit Hilfe eines metallischen Drahtes angeblich die menschliche Stimme über weite Entfernungen tragen soll. Er nennt seinen Apparat »Telefon«, womit er zweifellos das Wort »Telegraf« nachahmen und das Vertrauen derjenigen erringen will, die den Nutzen der Telegrafie kennen. Fachleute wissen, daß es unmöglich ist, die Stimme über einen Draht zu führen, und daß, falls dies auch wirklich möglich wäre, die

* Geoffrey Gorer, *Africa Dances*, London 1935.

Anlage ohne jeden praktischen Wert sein müßte.*
An diese Dinge hätte ich mich erinnern sollen, aber solche Überlegungen waren offenbar nie bis in mein Inneres gedrungen. Auch hatte ich die Berichte über Leute, die urplötzlich in die Zukunft geschaut hatten, nie recht ernst genommen. Es gibt zahlreiche solcher Berichte, und viele stammen von angesehenen, sehr vorsichtigen Leuten. Ich gebe ein Beispiel aus *Some Cases of Prediction***, einem Buch, in dem Edith Lyttleton, ehemalige Präsidentin der British Society for Psychical Research, eine Reihe solcher Fälle und die dazugehörigen Berichte über die später tatsächlich eingetretenen Ereignisse gesammelt hat:
... Wenige Wochen vor dem Wettflug um den Schneider-Pokal 1931 ... ging ich mit meinem Mann und einer Freundin abends ins Kino; in der Wochenschau wurden die Bilder der englischen Mannschaft gezeigt ... Zuerst standen die Männer in einer Gruppe zusammen, dann wurde jeder einzeln gezeigt. Ich muß bemerken, daß alle mir völlig unbekannt waren ... Der Wettflug interessierte mich nicht im geringsten ... In diesem Jahr bestand die Mannschaft aus Fliegern der RAF und einem einzigen Marineflieger; in seiner andern Uniform stach er natürlich von den Kameraden ab ... Dann sah man jeden Mann einzeln. Als der junge Marineflieger auf der Leinwand erschien, fühlte ich plötzlich eine tiefe Erschütterung, einen Schock wie unter einem schweren körperlichen Schlag. Ich fuhr so heftig auf, daß meine Freundin neben mir flüsterte: »Was ist los?« Ich erwiderte gequält: »Der Mann da muß sterben; er wird abstürzen.« Das war alles. Aber nach zwei oder drei Wochen stand es in den Schlagzeilen der Zeitungen: »Unfall beim Luftrennen um den Schneider-Pokal.« Und darunter hieß es, das einzige Mannschaftsmitglied, das der Marine angehörte, sei während eines Übungsflugs ins Meer gestürzt und auf der Stelle getötet worden. Das ist die reine Wahrheit. Meine Freundin ... kann sie bestätigen ...
Viele Leute bedürfen solcher Beispiele nicht; die meisten Leser werden eigene Erfahrungen beisteuern können. Häufig handelt es sich dabei um Wahrnehmungen vor Zusammenstößen, Unglücks- und Todesfällen. Ich persönlich hatte für so etwas immer die flinke Erklärung »Zufall« bereitgehalten.
Für die Parapsychologen handelte es sich hingegen um Phänomene, die man unbesehen weder akzeptieren noch ablehnen

* A. M. Low, *What's the World Coming to?*, Philadelphia 1951.
** Edith Lyttleton, *Some Cases of Prediction*, London 1937.

durfte. Es mußten Versuche angestellt werden. Wieder traten die ASW-Karten in Aktion, aber diesmal fragte man die Versuchspersonen, in welcher Reihenfolge die Karten liegen würden, sobald man das Häufchen eine bestimmte Anzahl von Malen gemischt hatte; das Mischen wurde erst nach einer gewissen Zeit vorgenommen. Später wurden die Bedingungen verschärft, sogar eine Mischmaschine wurde eingesetzt. Das Ergebnis: Es gibt sichere Beweise für Präkognition, für Vorhersagen, die auf andere Weise völlig unerklärlich sind.
»Dieser Rhine mauschelt immerzu mit Karten herum«, sagte mein Vater, der den Bericht über ein Buch von Rhine im *Reader's Digest* gelesen hatte. »Dabei möchte ich wetten, daß er nicht einmal spielen kann.«
»Denke nur nichts Falsches!« wehrte ich ab. »Er hat nicht vor, die Bank von Monte Carlo zu sprengen. Sein Kartenversuch beweist, daß der Geist eine Macht hat, die von der Wissenschaft seit Jahren übersehen worden ist. Und laß dich nicht dadurch beirren, daß diese Macht sich bisher nur in ganz engen Grenzen äußert. Zu Franklins Zeiten bestand die Sensation der Elektrizität in der Tatsache, daß Franklin beobachtet hatte, wie der Blitz in seinen Drachen schlug. Aber als man mehr darüber entdeckte, wurde die Elektrizität eine Macht, die unser ganzes Leben revolutionierte. Und als die Brüder Wright ihren neuen Flugapparat ausprobierten, da waren sie stolz, als sie neunundfünfzig Sekunden in der Luft blieben! Unsere modernen Stratokreuzer halten es ein bißchen länger oben aus.
Und so ist es auch mit der Wissenschaft vom menschlichen Geist: Wenn wir forschend tiefer in sie eindringen, mag hier die allergrößte Kraft frei werden, die wir uns vorstellen können.«
Mein Vater schwieg; er schien über meine Worte nachzudenken. Ich war einigermaßen stolz auf mich, daß ich ihn mit meiner Verteidigung der Pionierarbeit sichtlich beeindruckt hatte – und auf ihn war ich auch stolz, daß er so ernsthaft darüber nachdachte.
Dann schaute er mich plötzlich an und schüttelte in deutlichem Widerwillen den Kopf. Schließlich wandte er sich ab und verließ das Zimmer, nicht ohne mich über die Schulter anzuknurren: »Der Mann wird nie einen Groschen damit verdienen!«
Es ist wahr: »Den Pionieren der Parapsychologie wurde kein klingender Lohn zuteil. Aber der Beweis dafür, daß der Mensch nicht nur ein kompliziertes mechanisches Gerät ist, hat enorme Bedeutung. Der richtige Umgang mit der Welt um uns herum

hängt davon ab, wie weit wir ihre wahre Natur erkennen. Wir mögen einen Baum zersägen, ihn in Scheite spalten und die Stücke ins Feuer werfen – ohne alle Gewissensbisse. Wir sind ja überzeugt davon, daß der Baum von der Verstümmelung absolut nichts merkt. (Das sei keineswegs sicher, behauptet Sir Jagadis Chandra Bose, der große indische Wissenschaftler. Seine erstaunliche Erfindung, der Crescograph, registriert krampfartige, schmerzähnliche Zuckungen, sobald ein Baum oder Farn mit einem scharfen Instrument geritzt wird.) Wir zögern nicht, einen scharfen Haken mit großer Kunstfertigkeit im Maul eines Fisches zu placieren, weil wir überzeugt davon sind, das zappelnde Wesen merke gar nicht, was vorgeht. Bei einem Hund sieht die Sache schon ganz anders aus: Wir wissen sehr wohl, daß der Hund Gefühle und Gemütsbewegungen kennt, daß er der Zuneigung und Treue fähig ist.

Und wie steht es mit dem Menschen? Wie sollen wir einander behandeln?

Die Wissenschaft beweist eindeutig, daß der Mensch mehr ist als sein Körper, daß er einen Geist hat und daß dieser Geist schöpferische Kräfte besitzt, die über die Raum-Zeit-Relation der Materie weit hinausreichen. Man hat entdeckt, daß der Geist eigenen Gesetzen folgt und nicht einfach eine Funktion der grauen organischen Masse Gehirn ist.

Vor seinem Tode (1923) hat Charles Steinmetz, der bedeutende Mathematiker und Elektroingenieur, gesagt, die Naturwissenschaft werde, sobald sie sich endlich den Entdeckungen auf dem Gebiete des Geistes zuwende, in fünfzig Jahren bedeutendere Fortschritte machen als in ihrer ganzen bisherigen Geschichte. Wäre dieser weise Mann heute noch am Leben, so wäre er vielleicht auch der Ansicht, daß der Gong endlich erklungen und das schicksalsschwere halbe Jahrhundert angebrochen ist.

Die Literatur über Parapsychologie bereitete mir jedoch in *einer* Hinsicht eine Enttäuschung. Sie betraf die Hypnose. So gut wie nichts wurde getan, um sie bei den wissenschaftlichen Experimenten anzuwenden. Um nur eines der Bücher zu zitieren: »Bis heute ist nicht erwiesen, ob die Hypnose bei der Erforschung außersinnlicher Phänomene von Nutzen sein kann. Man hat nur festgestellt, daß man Ergebnisse ohne sie schneller erzielt.«*
Das machte mich nachdenklich. Ich sah nicht ein, warum die

* J. B. Rhine, *Neuland der Seele*, Berlin 1938.

Trance nicht in der Lage sein sollte, die Versuchsbedingungen zu verbessern. Die historische Entwicklung der Telepathie und des Hellsehens hatte sich doch, wie wir gesehen haben, immer wieder mit der Hypnose berührt. Allein der Zustand der Entspannung, den die Trance herbeiführte, mußte den Versuch begünstigen! Und dann hatte ich doch meine eigene Erfahrung mit einem hypnotischen Medium gemacht. Wenn solche Ergebnisse ganz ohne Absicht erzielt wurden, dann mußte man zumindest die Möglichkeit anerkennen, ähnliche Resultate herbeizuführen, wenn man es ausdrücklich darauf anlegte.

Auf der Stelle schrieb ich an Dr. Rhine, welcher Gedanke mir gekommen sei. Ich wies darauf hin, daß ich weder in einem seiner Bücher noch in den Büchern von anderen Forschern jemals etwas über einen Versuch unter *beiderseitiger* Hypnose gelesen hätte. Mit anderen Worten: Immer war nur die Person, deren telepathische oder hellseherische Kräfte erprobt werden sollten, hypnotisiert worden. Warum, fragte ich, sollte man nicht ein paar Experimente machen, bei denen sich sowohl Sender als auch Empfänger in Trance befanden? Ich regte an, ich wolle eine Person in einem Zimmer hypnotisieren, während mein Freund Bill Moery die zweite Person in einem andern Zimmer in Trance versetzte; dann wollten wir in einem streng kontrollierten Experiment feststellen, in welchem Umfange die beiden hypnotisierten Medien miteinander in Verbindung treten könnten.

Statt den Sender im Wachzustand zu lassen und nur den Empfänger zu hypnotisieren, schiene es doch viel logischer (wenn man die Wirkung der Hypnose erproben wollte), *beide* Personen in Trance zu versetzen. Auf diese Weise konnte man, sobald sich der Geist beider Medien auf der gleichen Stufe des Unterbewußtseins befände, vielleicht die Verbindung zwischen ihnen erleichtern.

Dr. Rhine antwortete postwendend. »Ich kann mich nicht erinnern, jemals von einem Experiment gelesen zu haben, bei dem sich Sender und Empfänger im Zustand der Hypnose befanden.« Er fügte hinzu, daß auch er von der Hypnose noch sehr viel mehr erwarte, als sich bisher ergeben habe. Und auf jeden Fall riet er uns, unsere Versuche mit beiderseitiger Hypnose unbedingt zu unternehmen.

Also gingen Bill Moery und ich ans Werk. Wir beschlossen, fünf Gegenstände auszuwählen: ein Glas, ein Messer, ein Stück Seife, ein Geldstück, eine Zigarette. In jeder »Runde«, das heißt in jeder Serie von fünfundzwanzig aufeinanderfolgenden »Rufen«, sollte jeder dieser fünf Gegenstände fünfmal auftauchen. Das bedeutete, daß wir vor Beginn des Versuches eine Liste von fünfundzwanzig Gegenständen vorbereiten mußten. Damit weder der Sender noch der Empfänger ahnen konnte, in welcher Reihenfolge die Gegenstände kamen, wollten wir die Zuschauer des Experimentes auffordern, eine ganz willkürliche Ordnung herzustellen. Wir verlangten nur, daß jeder der fünf Gegenstände fünfmal erschiene. Wie diese »Signale« angeordnet wurden, war uns völlig gleichgültig. Eine solche Liste sah dann etwa so aus:

1. Messer
2. Seife
3. Zigarette
4. Glas
5. Geld
6. Zigarette
7. Geld
8. Glas
9. Messer
10. Seife
11. Seife
12. Zigarette
13. Geld
14. Zigarette
15. Glas
16. Geld
17. Seife
18. Glas
19. Zigarette
20. Messer
21. Messer
22. Geld
23. Glas
24. Messer
25. Seife

Während die Zuschauer diesen Plan in einem Zimmer aufstellten, hypnotisierte Bill in der Küche den Sender. In einem dritten Zimmer hypnotisierte ich den Empfänger. Nachdem der Sender in Trance war, händigte einer der Zuschauer Bill die Liste aus. Ebenfalls im voraus hatten wir ein einfaches elektrisches Signalsystem gelegt. Mit Hilfe einer kleinen Lampe konnte Bill mir mitteilen, daß sein Medium bereit sei, den ersten Gegenstand der Liste geistig zu »senden«. Ich meinerseits konnte ihm durch ein Lämpchen übermitteln, daß mein Medium, der Empfänger, für den zweiten Gegenstand »auf Empfang« stehe. Auf diese Art war alle Unterhaltung zwischen den Hypnotiseuren und ihren Medien überflüssig; sogar die Lämpchen befanden sich außerhalb des Gesichtsfeldes der Versuchspersonen – die natürlich die Augen geschlossen hatten.

Da als Nr. 1 »Messer« auf der Liste stand, gab nun Bill seinem Medium ein Messer in die Hand und befahl ihm, sich ganz auf den Gegenstand zu konzentrieren – das Medium sollte ja dem Empfänger im andern Zimmer mitteilen, daß der Gegenstand, den es nun in der Hand hielt, ein Messer war. Im gleichen Augenblick drückte Bill auf den Knopf; bei mir flammte die Lampe auf, und ich forderte meinem Medium, dem Empfänger, seinen »Ruf« ab. Sobald es reagiert hatte, schrieb ich den

Gegenstand auf einen Notizblock und gab Bill das Zeichen, daß wir für Nr. 2 bereit seien.
So ging es weiter, bis der Sender alle fünfundzwanzig Gegenstände mitgeteilt hatte. Während des Experiments wurde dem Empfänger nie gesagt, ob er richtig oder falsch gerufen habe. Ich konnte das auch gar nicht verraten, weil ich selbst keine Ahnung hatte, was auf der Liste stand, die man Bill gegeben hatte. Nach dem letzten Ruf wurden beide Medien aufgeweckt und dann verglichen wir die beiden Listen.
So also sollte das Ganze vor sich gehen. Das erste »Versuchskarnickel« war meine Frau. Bill hypnotisierte sie – sie sollte Sender sein –, während ich eine andere Versuchsperson als Empfänger in Trance versetzte. Als Hazel und das andere Medium hypnotisiert waren, überreichte einer der Anwesenden Bill die Liste mit den fünfundzwanzig Gegenständen. Bei mir flammte das Lämpchen auf zum Zeichen, daß Bill das erste Signal veranlaßt hatte. Es ging los!
Ich erklärte meinem Medium, Hazel hielte nun einen der Gegenstände in der Hand, und fragte, welcher es sei.
»Zigarette« war die Antwort. Und ich schrieb als Nr. 1 auf meinen Block: »Zigarette.« Dann drückte ich auf den Knopf, damit Bill wußte, daß wir auf Nr. 2 warteten. Nach einer Minute ging bei mir die Lampe an: Hazel hielt den zweiten Gegenstand in der Hand. So forderte ich Walter den zweiten Ruf ab.
Wir machten das zum erstenmal, und natürlich hatte das Verfahren noch einige Mängel.
Die erste Panne passierte bei Nr. 5. Ich fragte Walter, und er rief: »Seife.« Ich schrieb es auf.
Ich wartete auf die Lampe, die mir zeigte, daß Bill Nr. 6 senden ließ. Es dauerte viel länger als gewöhnlich. Endlich nahm ich an, ich hätte das Lichtzeichen übersehen, und fragte mein Medium nach Nr. 6.
»Seife«, sagte er wieder.
Jetzt hielt ich es für richtig, kurz mit Bill zu sprechen, um zu klären, ob ich eben etwa einen Fehler gemacht hätte.
Ich rief ihn also beiseite (in Anwesenheit eines Zeugen) und fragte, was denn Nr. 5 in Wirklichkeit gewesen sei. »Seife«, war die Antwort.
Nun fragte ich nach dem sechsten Gegenstand. Bill war überrascht und erwiderte, er sei doch noch bei fünf. Tatsächlich hielt Hazel, der hypnotisierte Sender, noch immer die Seife in der Hand. Bill meinte, ich hätte ihm ja kein Zeichen gegeben, daß ich

für Nr. 6 bereit sei.
Es stimmte: Ich war der Übeltäter gewesen! Nun schlug ich vor, er möge dem Sender die Seife in der Hand belassen und sie Nr. 7 nennen, da ja mein Empfänger schon auf sieben warte; dann wollten wir normal weitermachen.
Ich ging zu meinem Medium und fragte, was Nr. 7 sei. »Seife!« antwortete es ohne Zögern. Nun ging es weiter, ohne daß neue Störungen auftraten.
Nachher fragte ich mein Medium, warum es so hartnäckig dreimal hintereinander »Seife« gesagt habe. Es erwiderte, ganz deutlich das Stück Seife gesehen zu haben – während aller drei Rufe sei nichts als Seife in sein Bewußtsein geflossen. Der Ausdruck »fließen« stammt übrigens von ihm. Es berichtete, die einzelnen Gegenstände schienen auf so etwas wie einer Welle in sein Bewußtsein zu fließen, und dabei beschrieb es mit der Hand eine sanfte Wellenlinie.
Nun prüften wir sein Ergebnis, wobei wir den dreimaligen Ruf »Seife« als nur einen zählten. Obwohl er mit Recht dasselbe Signal dreimal benannt hatte, war es ja doch immer das gleiche Signal gewesen, denn das Stück Seife hatte sich während aller drei Rufe ununterbrochen in der Hand des Senders befunden. Also zählten wir die drei Rufe als einen und kamen auf neun Treffer.
Das Ergebnis war gewiß nicht erschütternd, aber wenn wir es wiederholen konnten, schien es doch höchst bedeutsam. Es kam hinzu, daß der Seifenzwischenfall uns sehr gestört hatte. So beschlossen wir, die Experimente fortzusetzen, sobald wir Medien – und genügend Zeit fanden.
Im Laufe eines Monats hatten wir mit sechs verschiedenen Versuchspersonen sechs Runden oder hundertfünfzig Rufe absolviert. Unser Erfolgsdurchschnitt war ein wenig gesunken, aber er war noch immer hoch. Und selbst wenn diese Methode beiderseitiger Hypnose nicht zu einem wunderbaren geistigen Radiosystem geführt hatte, so hatten wir doch einige sehr wichtige Entdeckungen gemacht. Besonders erstaunlich war das Resultat, wenn wir den »Überzeugungs-Test« miteinbezogen.
Darunter verstanden wir ganz einfach, daß das Medium unmittelbar nach seinem Ruf sagte, ob in diesem speziellen Fall seine Wahrnehmung »klar« oder »matt« gewesen war. Es rief also zum Beispiel bei Nr. 7: »Zigarette – klar« oder: »Messer – matt«. Auf diese Weise registrierten wir die persönliche Überzeugung

des Mediums im Hinblick auf die Deutlichkeit der Wahrnehmung. Seltsamerweise waren die ergänzenden Angaben der Sender in den meisten Fällen erstaunlich zutreffend.
Und noch etwas kam hinzu: Verblüffend oft nannte der Empfänger den betreffenden Gegenstand *im voraus.** Und diese »Voraus-Rufe« hatten sogar noch die Neigung, ganze Gruppen zu bilden. Wenn die Versuchsperson etwa nach Nr. 11 gefragt wurde, nannte sie vielleicht den Gegenstand, der als Nr. 12 auf der Liste stand. Fragte man dann nach Nr. 12, rief sie Nr. 13. Und so ging es weiter, bis sich ein ganzes Bündel von Voraus-Rufen ergab. Wenn auch diese Rufe als Fehler und nicht als Treffer registriert wurden, so brauchte man doch kein Einstein zu sein, um diesen Verschiebungen mathematische Bedeutung beizumessen. Aber wir hatten zu wenige Experimente gemacht, als daß wir für diese Entdeckung ernsthafte Beachtung verlangen konnten.

Über unsere Arbeit hielt ich Dr. Rhine auf dem laufenden, und unsere Korrespondenz nahm einen gewaltigen Umfang an. Rhine stellte außergewöhnlich viele Fragen: War während des Experiments die Tür zwischen den beiden Zimmern geschlossen? Konnte man Zusammenhänge zwischen den einzelnen Versuchen feststellen? Glich das Ergebnis eines Versuches etwa in irgendeiner Weise dem des vorletzten? Ob wir nicht zwei Serien von Versuchen machen wollten, bei denen zwar der Empfänger immer, der Sender jedoch nur während einer Serie unter Hypnose stehe? Ob wir auch vorhätten, Versuche zu veranstalten, bei denen sich der Sender in Trance, der Empfänger jedoch im Normalzustand befinde? Noch vieles mehr wollte der Forscher wissen, und die meisten Fragen betrafen Vorsichtsmaßregeln, durch die man die Zuverlässigkeit der Ergebnisse steigern könnte.
Wir machten weiter, bis wir vierzehn Versuche zu je fünfundzwanzig Rufen, insgesamt also dreihundertfünfzig Rufe hinter uns hatten. Dann faßten Hazel und ich den Entschluß, Dr. Rhine in seinem Institut zu besuchen. Wir hatten ihm manche Frage zu stellen, und außerdem wollten wir den mutigen Wissenschaftler gern einmal persönlich kennenlernen.
Schon am folgenden Tag befanden wir uns in einem hohen, ringsum mit Bücherregalen ausgestatteten Zimmer in Durham,

* Vgl. dazu Upton Sinclair, *Radar der Psyche*, Bern/München/Wien 1973.

North Carolina, fast viertausend Kilometer von Pueblo entfernt. Während wir uns noch in Dr. Rhines Bibliothek umschauten, kam er herein. Groß, gutaussehend, entsprach er kaum dem Bild, das man sich von einem College-Professor zu machen pflegt. Nicht einmal eine Brille trug er! Über seinen scharfen Augen wuchsen buschige schwarze Brauen, die verrieten, daß auch sein dichtes weißes Haar einst schwarz gewesen war.

Ich hatte eine Liste von Fragen vorbereitet, und nun überfiel ich ihn sofort damit. Der Doktor antwortete ohne Zögern; es war, als hätte er seinerseits eine Liste mit Antworten parat. Auch Hazel hatte einiges zu fragen, und da wir fast eine Woche bei Rhine blieben, fielen uns im Laufe der Zeit noch allerlei Fragen ein.

Eine Frage, die unweigerlich auftaucht, wenn zwei an der Parapsychologie interessierte Leute zusammen sind, lautet: »Wie sind *Sie* denn auf dieses Phänomen gestoßen?« Natürlich stand auch sie auf meiner Liste, und als wir eines Abends zusammen aßen, berichtete Rhine eine Episode, die nicht unerheblich zu seinem Entschluß beigetragen hatte, sich in den Strudel der Geheimnisse des Geistes zu stürzen: »Als ich Student an einer großen Universität war, berichtete einer unserer angesehensten Professoren von einem typischen Vorfall, dessen Augenzeuge er zum Teil gewesen war:

›Eines Nachts wurden wir zu Hause von einem Nachbarn geweckt, der unbedingt Pferd und Wagen leihen wollte, um fünfzehn Kilometer weit ins Nachbardorf zu fahren. Zu seiner Entschuldigung meinte der Mann, seine Frau sei von einem schrecklichen Traum aufgeweckt worden, der ihren Bruder in jenem Dorf betraf. Sie war so außer sich, daß sie darauf bestand, ihr Mann müsse sofort hinfahren und sehen, ob das Geträumte etwa stimme. Sie hatte nämlich im Traum gesehen, wie ihr Bruder heimkehrte, sein Gespann in den Stall brachte, die Pferde abschirrte und dann auf den Heuboden stieg, um sich dort mit einer Pistole zu erschießen. Er hatte den Abzug betätigt und war über das etwas schräg geschichtete Heu in eine Ecke gerollt. Vergeblich hatte ihr Mann sie zu überzeugen versucht, das alles sei nur ein Alptraum gewesen. So lieh ihm mein Vater den Einspänner (Telefon gab es damals noch nicht), und sie fuhren auf das Gehöft des Bruders. Dort trafen sie die Frau an, die nichtsahnend auf die Heimkehr ihres Mannes wartete.

Als sie in den Stall gingen, sahen sie die abgeschirrten Pferde. Nun kletterten sie auf den Heuboden, und fanden den Mann genau an der Stelle, die seine Schwester angegeben hatte. Die Pistole lag neben ihm im Heu. Anscheinend hatte die Frau wirklich den ganzen Vorfall mit fotografischer Exaktheit geträumt. Ich war damals noch ein Kind, aber den Eindruck, den dieses Erlebnis auf mich machte, konnte ich nie vergessen. Eine Erklärung weiß ich dafür nicht, und ich habe noch niemanden gefunden, der eine gewußt hätte‹, schloß der Professor.«

Rhine fuhr fort: »Der Bericht beeindruckte und verwunderte mich so sehr, daß ich noch daran dachte, nachdem ich das meiste von den Lehren dieses Professors längst vergessen hatte. Nicht nur die Geschichte als solche interessierte mich, sondern auch die Tatsache, daß der Erzähler, selbst wissenschaftlicher Lehrer von Rang, wohl sehr beeindruckt war, aber keine Erklärung suchte; daß er zwar seit vielen Jahren wußte, was sich da abgespielt hatte, ohne jedoch einen einzigen Schritt zur Erforschung des Phänomens zu unternehmen – und sei es auch nur, um seine Neugier zu befriedigen.«

Als er nun mich fragte, wie ich zu der Beschäftigung mit diesen Fragen gekommen sei, wurde mir auf einmal klar, daß ich eigentlich nie Zeit gehabt habe, mir Gründe für mein Interesse zu überlegen. Vermutlich ging es mir ähnlich wie dem Bergsteiger, der, als man ihn fragte, warum er unbedingt einen Gipfel ersteigen müsse, den bisher noch niemand bezwungen habe, antwortete: »Weil er da ist.«

Genauso kann auch ich nicht von der Parapsychologie lassen. Sie ist eben da.

Unser Besuch der Duke-Universität vermittelte uns die intime Bekanntschaft mit einem der bedeutendsten Wissenschaftler der Welt. Vermutlich ist es Joseph Banks Rhine mit mehr Erfolg als allen anderen gelungen, eine Bresche in den allerundurchdringlichsten Eisernen Vorhang zu schlagen – in den Vorhang, hinter dem sich die wahre Natur des Menschen verbirgt. Seine Forschungsergebnisse sind revolutionär. Sie fordern, ja, sie erzwingen die Revision so mancher wissenschaftlicher Grundanschauungen. Sie berühren Psychologie, Medizin, Philosophie und Religion; zum erstenmal eröffneten sie dem Menschen einen tiefen Einblick in sich selbst und in seinen Nächsten.

Und unter welchen Kämpfen hat Rhine mit seinen Weggenossen sich Meter um Meter erzwingen müssen! Warum sollte Dr. Rhine vor dem Lächerlich-gemacht-Werden und den Anwürfen sicher sein, denen noch jeder Pionier von Giordano Bruno bis zu Alexander Bell ausgesetzt war? Wie könnte der Mensch sein

Wesen so völlig ändern, daß er nicht einen Menschen belächelt, der einiges von dem, was uns seit drei Jahrhunderten als unumstößliche Wahrheit dargestellt worden ist, plötzlich in Frage stellt? Auch Wissenschaftler sind schließlich Menschen, Menschen genau wie die Gegner von Galilei, Mesmer, Newton, Pasteur und Semmelweis. Jeder Lehrsatz, der nicht in das herrschende System paßt, verfällt ungeprüft der Verachtung und Ablehnung.

Ein Professor der Yale-Universität, Dr. G. E. Hutchinson, Mitglied der National Academy of Sciences, hat die Lage wie folgt gekennzeichnet:

»Der Grund dafür, daß so viele Forscher die Resultate nicht anerkennen, ist einfach der, daß sie sie nicht wahrhaben wollen und daß sie der Anerkennung ausweichen, indem sie die eingehenden Berichte über die betreffenden Versuche nicht einmal prüfen.«

Eines der wichtigsten Wörter, die Rhine auf seine Fahne geschrieben hatte, lautete: »Vorsicht.« Immer wieder während unseres Besuches wies er uns darauf hin. Gerade auf dem Gebiet der Parapsychologie, meinte er warnend, müsse mit weit mehr Vorsicht ans Werk gegangen werden als bei jedem anderen Unternehmen. Über jedem Versuch und jeder Schlußfolgerung [illegible]rapsychologen müsse ehern die Mahnung zur Vorsicht stehen.

Den Beweis dafür, daß er selbst sich an dieses Gebot hielt, erbrachte er, als ich ihn über das Leben nach dem Tode befragte.

»Was meinen Sie, Doktor – gibt es einen Teil des menschlichen Wesens, der nach dem Tode weiterlebt?«

Ich bemerkte ein ganz feines Lächeln auf seinen Lippen, aber seine Worte drückten nichts als »Vorsicht« aus. Zuweilen, meinte er, sähen wir etwas, was wir gern besitzen möchten; aber wir müßten uns immer klarmachen, daß wir es erst dann wirklich besitzen könnten, wenn wir es erworben hätten. Da gab ich auf.

In dem Augenblick, da ich von Dr. Rhine etwas über das Leben nach dem Tode wissen wollte, hatte ich nicht die leiseste Ahnung, daß schon bald eines meiner eigenen hypnotischen Experimente – die Entdeckung von Bridey Murphy – mich in den Besitz einiger höchst interessanter Erkenntnisse gerade auf diesem Gebiet bringen würde.

Nachdem wir einige Tage an der Duke-Universität verbracht und so unsere Pilgerfahrt zur Hochburg der Parapsychologie beendet hatten, kehrten wir nach Hause zurück. Mehr denn je warten wir entschlossen, unsere Versuche forzusetzen. Hazel hatte sich sogar Aufzeichnungen über einige Einrichtungen des Instituts gemacht; vielleicht, meinte sie, könnten wir uns ein eigenes Miniatur-Institut anlegen. Der Gedanke schien mir gar nicht so dumm. Voller guter Vorsätze kamen wir also nach Haus. Und vermutlich würden wir uns noch heute mit telepathischen Versuchen beschäftigen – wäre nicht etwas ganz Bestimmtes dazwischengekommen: Eines Tages betrat ein Mann mein Büro. Er sah nicht anders aus als andere Männer. Aber er war es, der mich buchstäblich über die geheimnisvolle Brücke jagte – in das größte Abenteuer meines Lebens.

Auf den Spuren der Reinkarnation

Ich hatte gerade die Post erledigt, als hinter mir eine Stimme ertönte: »Entschuldigen Sie bitte! Mein Name ist Weston. Ich komme von der Handelskammer.«
Ich schaute mich um. Der Mann war wohl fast zwei Meter groß und erinnerte an einen durchtrainierten Ringer. Er berichtete, seine Abteilung stelle eben eine Liste der Stahlprodukte zusammen, die bei jedem Grossisten des Kammerbereichs lieferbar seien. Da Stahl in der Nachkriegszeit noch knapp war, mochte eine solche Zusammenstellung gewiß wertvoll sein.
Ungefähr fünfzehn Minuten lang war er bei mir. Aber während dieser kurzen Zeit läutete das Telefon unaufhörlich, und meine Angestellten marschierten fast im Gänsemarsch zu mir herein und wieder hinaus. Trotzdem gelang es mir, ihm die gewünschten Auskünfte zu geben; als er sich verabschiedete, glaubte ich, seinen Anblick zum letztenmal genossen zu haben.
Fünf Minuten später hastete er bereits wieder in mein Büro; seine Augen sprühten vor Begeisterung. »Wie ich höre«, keuchte er fast, »beschäftigen Sie sich mit Hypnose und außersinnlicher Wahrnehmung.«
Ich fragte, wie er denn plötzlich darauf komme; und er erzählte, er habe, als er gerade das Haus verlassen wollte, meinen Vater getroffen und von ihm einiges über mein Hobby erfahren.
Ich gab zu, daß er recht informiert sei, und sofort entspann sich eine lebhafte Unterhaltung. Es ergab sich, daß Weston sich schon lange mit diesen Dingen befaßte. Und er hatte sich wirklich umgeschaut: Er war im Orient gewesen, hatte viel gelesen, und da er fünfzehn Jahre älter war als ich, hatte er mir einige Studien voraus. Bestimmt konnte ich allerlei von ihm erfahren. Aber in dem Tollhaus unserer Firma war es gar nicht so einfach, seinem ausführlichen Bericht aufmerksam zu folgen. Immerzu wurden wir unterbrochen, und schließlich gaben wir es auf – nicht jedoch, ohne uns für das nächste Wochenende zu verabreden.
Weston besaß ein Häuschen in Rye, einem malerischen Bergdorf im Greenhorn-Gebiet, eine Stunde Autofahrt von Pueblo entfernt. So fuhren Hazel und ich am kommenden Samstag hinaus, und wir nahmen unsere Unterhaltung an dem Punkt

wieder auf, wo wir sie wenige Tage vorher abbrechen mußten.
Mit Vornamen nannte Weston sich Val. In Wirklichkeit hieß er Percival, aber ich kann mir gut vorstellen, daß ein solches Riesenexemplar von Mann sich nicht gern so titulieren läßt. Er war in China und Indien gewesen und wußte allerlei von östlicher Philosophie und Religion. Er hatte mit Jogis und Fakiren gesprochen und ihren Vorführungen beigewohnt, die uns westlichen Menschen immer wieder ganz unglaublich vorkommen, wie oft man uns auch darüber berichten mag. Er hatte unendlich viel gelesen, wobei er augenscheinlich philosophische Werke bevorzugte.
Ich war tief beeindruckt. Val zeigte sich über die Dinge, mit denen ich mich beschäftigte, eingehend orientiert. Hazel und ich waren richtig gefangen; die Zeit verflog buchstäblich.
Und plötzlich kam der Knall.
Unvermittelt und ohne Warnung lenkte er die Unterhaltung auf ein lächerliches Thema: Reinkarnation (Wiedergeburt).
Ein paar Minuten lang hörte ich schweigend zu: Ich wollte wissen, ob er es ernst meinte. Er meinte es ernst.
Wiedergeburt - o nein!
Wie konnte dieser so kluge Mann, der offenbar in jeder Hinsicht geistig gesund war, in vollem Ernst etwas so Ungeheuerliches behaupten?
Ich unterbrach Weston mit dem Hinweis auf die schon sehr fortgeschrittene Stunde; Hazel und ich müßten nun heimfahren. Fast überstürzt verabschiedeten wir uns.
Immerzu während des Heimwegs murmelte ich vor mich hin: »... dabei machte er einen so intelligenten Eindruck ... man soll sich nie auf den ersten Blick verlassen ... in Zukunft muß ich doch vorsichtiger sein ...« Hazel hörte nicht zu, sie schlief fest.
Etwa einen Monat später führten die Geschäfte Weston erneut nach Pueblo. Aber ich schützte vor, zu viel zu tun zu haben, um ihn empfangen zu können.
Gewiß merkte er, daß ich ihm auswich. Und es konnte ihm nicht schwerfallen, darauf zu kommen, daß sein Geschwätz über Reinkarnation daran schuld sei. Er mußte doch gemerkt haben, daß ich ihm höchst interessiert zugehört hatte, bis er auf einmal auf sein Thema »Sie haben gelebt und werden wieder leben« zu sprechen kam.
Vermutlich gerade weil er wußte, weshalb ich mich vor ihm versteckte, schickte er mir zwei Bücher. Keines davon kannte ich

bisher. Das eine hieß *There is a River** von Thomas Sugrue, und das andere *Many Mansions*** von Dr. Gina Cerminara. Beide beschäftigten sich mit einem Mann namens Edgar Cayce, der 1945 gestorben war.

Ich ahnte es nicht: Aber als ich die Bücher in die Hand nahm, begann eine neue Phase meines Lebens. Ich geriet buchstäblich unter den Zwang, mich auf ein Gebiet zu begeben, das ich bisher stets als absolut lächerlich beiseite geschoben hatte.

Das Buch begann so vernünftig und interessant, daß ich – zumindest am Anfang – gar nicht merkte, wohin es mich lenkte.

Die Geschichte von Edgar Cayce unterschied sich zunächst kaum von den Lebensläufen Tausender seiner Zeitgenossen. Er wurde 1877 auf einer Farm in der Nähe von Hopkinsville, Kentucky, geboren. Obwohl seine Schulbildung recht dürftig war - er hatte nur die Dorfschule besucht –, gab es doch ein Buch, das er gründlich gelesen hatte: die Bibel.

Für die Landarbeit hatte er nichts übrig, so ging er im Alter von etwa fünfzehn Jahren in die Stadt, wo er sich in verschiedenen kaufmännischen Unternehmen, vom Einzelhandel bis zur Versicherungsgesellschaft, betätigte. Bis hierher verlief sein Leben also absolut alltäglich. Dann aber trat die entscheidende Wendung ein.

Eine schwere Kehlkopfentzündung, an der Cayce im Alter von einundzwanzig Jahren erkrankte, führte zum Verlust der Stimme. Kein Arzt konnte helfen; er konnte einfach nicht sprechen. So war seine kaufmännische Tätigkeit unmöglich geworden; monatelang blieb er zu Hause und grübelte über sein anscheinend unheilbares Leiden nach. Schließlich begab er sich zu einem Fotografen in die Lehre; dies schien ein Beruf, bei dem er seine Stimme nicht benötigte.

Eines Abends nun kam ein Hypnotiseur in die Stadt. Er hörte von Cayces Krankheit und wollte den Versuch wagen, ihn durch Hypnose zu heilen. Cayce willigte ein, und es stellte sich heraus, daß er in Trance einwandfrei sprechen konnte. Sobald er aber erwachte, war seine Stimme wieder fort. Immer und immer wieder bemühte sich der Hypnotiseur, er versuchte Cayce mit Hilfe posthypnotischer Suggestionen beizubringen, daß er wieder normal sprechen könne. Aber es half nichts: Cayce konnte unter Hypnose sprechen, im Wachzustand aber nicht.

Der Hypnotiseur reiste weiter. Am folgenden Tag jedoch kam

*Thomas Sugrue, *There is a River,* New York 1945.
**Gina Cerminara, *Many Mansions,* New York 1950.

ein Mann namens Al Layne, der in der Stadt ansässig war und sich aus Liebhaberei mit Hypnose beschäftigte, mit einem Vorschlag zu ihm: Wenn er in Trance sprechen konnte, warum sollte man ihn nicht nochmals hypnotisieren und ihn dann auffordern, die Ursache seiner Sprachstörung nach Möglichkeit zu beschreiben? Vielleicht konnte er einen Hinweis auf die Wurzel des Leidens geben, irgendein Gefühl, ein Empfinden beschreiben, aus dem man auf die Ursache schließen konnte. Nachdem alle Mittel versagt hatten, war Cayce zu jedem Versuch bereit. Er sank in Trance, wurde aufgefordert, seine Sprachstörung zu beschreiben, und gab Antwort. Das sind seine Worte: »Ja, wir sehen den Körper. Im Normalzustand kann dieser Körper nicht sprechen, weil die unteren Muskeln des Stimmbandes teilweise gelähmt sind. Die Lähmung ist nervösen Ursprungs ... Heilung ist möglich, wenn man durch *suggestive* Anregung des Kreislaufs im Zustand der Trance eine stärkere Durchblutung der betreffenden Partien hervorruft.«

Layne nahm die von Cayce angedeutete Suggestion vor, das heißt, er sagte dem schlafenden Cayce, der Blutandrang zum Stimmband würde zunehmen und die Lähmung somit behoben werden. Cayces Brust und Kehle wurden rot und immer röter. Nach wenigen Minuten sagte er: »Nun ist es gut. Die Lähmung ist fort. Sagen Sie, der Blutkreislauf soll wieder normal werden, und dann wecken Sie den Körper auf!«

Layne gehorchte. Cayce erwachte. Und zum erstenmal seit vielen Monaten konnte er wieder richtig sprechen.

Layne war außer sich vor Begeisterung. Bald entwickelte er einen neuen Gedanken. Wenn Cayce sich selbst eine Diagnose stellen konnte, dann bestand doch immerhin die Möglichkeit, daß er dasselbe auch für den jungen Hypnotiseur tun konnte, der seit langem über ein Magenleiden klagte. Cayce war einverstanden und ließ sich wieder hypnotisieren; diesmal beschrieb er Laynes Krankheit, und er empfahl ihm Diät, bestimmte Übungen und einige Medikamente.

Layne folgte den Anweisungen, und nach wenigen Wochen ging es ihm erheblich besser. Er war buchstäblich aus dem Häuschen. Nicht nur war er gesund, er war nun auch sicher, daß Cayce eine ganz seltene Veranlagung besaß. Unter Hypnose sprach er wie ein Arzt, wobei er eine einwandfreie medizinische Terminologie benutzte. Und außerdem hatten in beiden Fällen seine Verordnungen Maßnahmen eingeschlossen, die vorher nicht angewandt worden waren, sich aber als höchst wirksam erwiesen.

Layne wollte nun unbedingt herausbekommen, ob sie etwa auch andern Kranken helfen könnten. Aber Cayce mochte sich darauf zunächst nicht einlassen. Er verstand doch gar nichts von Medizin! Noch nie hatte er ein medizinisches Buch gelesen. Er begriff einfach nicht, wie seine Aussagen zustande kamen. (Dabei muß man bedenken, daß sich Cayce während der vollen Dauer der Trance im Zustand völliger Bewußtlosigkeit befand; nach dem Aufwachen mußte man ihm berichten, was er gesagt hatte.) Außerdem mochte der Erfolg in seinem eigenen Fall doch nur Zufall sein; und Laynes Gesundung konnte einfach auf Einbildung beruhen; und schließlich: Da Cayce offenbar keinerlei Einfluß auf das hatte, was er in Trance aussagte, bestand die Gefahr, daß er Ratschläge gab, die eher gefährlich als hilfreich waren.

Aber gegen Laynes Beredsamkeit schien kein Kraut gewachsen. Unter Hinweis darauf, daß Cayce doch schon immer den Wunsch gehabt hätte, andern Menschen zu helfen – Cayce wollte ursprünglich Prediger werden, konnte dieses Vorhaben aus Geldmangel aber nicht verwirklichen –, rang Layne ihm das Versprechen ab, wenigstens ein paar Versuche zu machen. Aber Cayce betonte ausdrücklich, daß er sich nur bemühen wolle, Leuten zu helfen, die Hilfe erbaten und wirklich brauchten.

Und das war der Anfang der etwa dreißigtausend »Krankheitsdeutungen« von Edgar Cayce. Die Bezeichnung stammt von Layne, der jetzt alle Äußerungen Cayces in Trance *wörtlich* registrierte. Sehr bald schon war nicht mehr daran zu zweifeln, daß der »schlafende Doktor« in der Tat unheimliche Fähigkeiten besaß.

Am erstaunlichsten war es, daß die Leute, die eine Deutung verlangten, nicht einmal anwesend zu sein brauchten. Cayce mußte nur den genauen Namen und den Aufenthaltsort im Augenblick der Deutung wissen. Wenn also zum Beispiel jemand, der in New York wohnte, eine Krankheitsdeutung von Edgar Cayce erbat, brauchte er nur Namen und Adresse mitzuteilen und angeben, er werde sich an einem bestimmten Tage um 14 Uhr in seiner Wohnung aufhalten.

Im verabredeten Augenblick band Cayce den Schlips ab, zog die Schuhe aus und legte sich auf die Couch. Er war nun schon in der Lage, sich selbst in Trance zu versetzen; so schloß er die Augen und bewegte die verschränkten Hände, Innenflächen nach oben, über der Stirn. Und dann empfing er offenbar einen unbewußten Impuls; er senkte die Hände und kreuzte sie über dem Magen. Er

atmete ein paarmal sehr tief, seine Augen begannen zu flackern: Er versank in Trance. In diesem Augenblick las dann Layne (oder Mrs. Cayce oder irgend jemand anders) folgendes vor, was als generelle Eröffnung ausgearbeitet worden war:
»Du wirst nun ... (Name) vor dir sehen; er (sie) wohnt in ... (genaue Adresse). Untersuche den Körper ganz genau, sage mir, in welchem Zustand er sich befindet, nenne die Ursachen seiner Erkrankung und gib Ratschläge, wie man helfen kann. Wenn ich dir Fragen stelle, dann wirst du antworten.«
Nach wenigen Minuten begann Cayce zu sprechen. Gewöhnlich fing er mit den Worten an: »Ja, wir haben den Körper.« Und dann beschrieb er die Person, diagnostizierte das Leiden und gab therapeutische Ratschläge. Wenn man dabei bedenkt, daß in den Briefen der völlig fremden Leute auch nur die geringste Andeutung über ihre Krankheit fehlte, dann muß man Cayces phantastischer Fähigkeit einfach fassungslos gegenüberstehen.
Interessant ist folgendes: Befand sich die Person, die eine Deutung schriftlich erbeten hatte, nicht am angegebenen Ort, dann sagte Cayce: »Wir finden ihn nicht. Der Körper ist nicht da.« Zuweilen gab er dann ungefragt eine genaue Beschreibung des Zimmers und fügte etwa hinzu: »Ein großer Hund in der Ecke ... Der Körper verläßt gerade die Wohnung – er besteigt den Fahrstuhl ... Wir sehen die Mutter – sie betet.«
Am wichtigsten aber war die Tatsache, daß die Kranken nach Cayces Diagnose gesund wurden; dabei wurde manche Heilung bei Fällen erzielt, die als völlig aussichtslos galten. Ein junges Mädchen aus Alabama zum Beispiel war als hoffnungslos geisteskrank in eine Anstalt eingewiesen worden. Cayces Deutung nun wies darauf hin, daß ein verwachsener Weisheitszahn auf einen Nerv im Gehirn drückte. Der schlummernde Arzt riet, den Zahn ziehen zu lassen. Sofortige Behandlung gab der Deutung recht, und das Mädchen wurde vollkommen gesund.
Einer der berühmtesten und am gründlichsten untersuchten Fälle betraf die kleine Aime Dietrich aus Hopkinsville, Kentukky. Seit einer Grippe, an der das Kind im Alter von zwei Jahren erkrankt war, hatte sich sein Geist nicht weiterentwickelt. Außerdem wurde es seit seinem fünften Jahr täglich von schlimmen Zuckungen befallen. Zahlreiche Spezialisten waren konsultiert worden, und der letzte hatte den erschütterten Eltern gesagt, ihr Kind sei das Opfer einer sehr seltenen Gehirnerkrankung, die unbedingt tödlich ausgehen würde.
Die Eltern wollten sich aber nicht geschlagen geben; sie suchten

letzte Zuflucht bei Edgar Cayce. Der bescheidene, ungebildete Fotografenlehrling war fast zu schüchtern, um sich an einen Fall zu wagen, vor dem anerkannte Fachleute die Waffen gestreckt hatten. Aber schließlich erklärte er sich zu einer Deutung bereit. Sie ist absolut verbürgt.

Unter Hypnose sagt Cayce aus, das Kind sei vor der Grippe von einem Wagen gefallen, und die Grippebazillen hätten sich in der Wunde festgesetzt: Daher käme das ganze Leiden. Er gab genau an, wie durch einen operativen Eingriff zu helfen sei.

Tatsächlich erinnerte sich die Mutter des Kindes an den Sturz, aber sie begriff nicht, wie er etwas mit der Erkrankung zu tun haben könne. Jedenfalls wurde die Operation vorgenommen, und zum erstenmal seit drei Jahren schien die Genesung des Mädchens Fortschritte zu machen. Der Vater gab später vor einem Notar folgendes zu Protokoll:

Zu diesem Zeitpunkt wurden wir auf Mr. Edgar Cayce aufmerksam gemacht, und wir baten ihn um eine Diagnose. Durch Autosuggestion versetzte er sich in Schlaf und erklärte, die Ursache des Leidens sei eine Stauung im Gehirn, wobei er noch einige Einzelheiten angab. Er sagte Dr. A. C. Layne, wie er die Erkrankung beheben könne. Entsprechend behandelte Dr. Layne meine Tochter drei Wochen lang täglich, wobei er gelegentlich Mr. Cayce die Behandlung überprüfen ließ, als sich die ersten Wirkungen zeigten. Am achten Tage begann sich ihr Geist aufzuhellen, und nach drei Monaten war sie völlig geheilt; sie ist es bis auf den heutigen Tag. Als Zeugen kann ich viele der angesehensten Bürger von Hopkinsville benennen.

Eidesstattlich erklärt und unterzeichnet am
8. Oktober 1910. gez. D. H. Dietrich.
Gerrig Raidt, öffentlich bestellter Notar,
Hamilton County, Ohio.

Als die Fälle sich häuften, begannen viele Ärzte, sich für den Wundertäter von Virginia Beach zu interessieren. Einige gewöhnten sich an, ihn ihre schwierigsten Fälle diagnostizieren zu lassen. Ein Arzt aus Delaware, der Cayces Fähigkeit seit Jahren eingesetzt hatte, versicherte, die Diagnosen hätten in mehr als 90 % aller Fälle gestimmt. Ein New Yorker Arzt stimmte dem bei und war sogar bereit, einen noch höheren Prozentsatz anzuerkennen.

Man darf daraus nicht schließen, daß Cayce immer ins Schwarze traf. Er hatte seine Versager. Manche Deutungen trafen den

Kern nicht, einige Diagnosen gingen anscheinend völlig daneben. Aber alles in allem war das Ergebnis überwältigend.

Wenn ich bedachte, daß die Bücher mir von Val Weston gesandt worden waren, dann fragte ich mich bei der Lektüre des ersten, warum er mich über die medizinische Hellseherei von Edgar Cayce informieren wollte. Als ich aber weiterlas, wurde mir Westons Motiv klar. Anscheinend lenkte nämlich Cayce schließlich seine unglaubliche Fähigkeit schließlich auf ein anderes Problem, für das Weston meine Aufmerksamkeit wecken wollte.

Im dritten Kapitel des Buches *Many Mansions* stieß ich dann auf den fesselnden Bericht über Edgar Cayces Hinwendung zur Wiedergeburt. Vielleicht kann ich dem Leser am besten klarmachen, wie ich überwältigt wurde, wenn ich die betreffenden Absätze aus *Many Mansions* hier wiedergebe. Die Autorin, Dr. Gina Cerminara, überschreibt ihr drittes Kapitel: »Eine Antwort auf die Rätsel des Lebens.« Es beginnt:

»Während zwanzigjähriger helfender Tätigkeit erwies sich Edgar Cayces hellseherische Fähigkeit in buchstäblich Tausenden von Fällen als zuverlässig. An diese Tatsache muß man sich erinnern, wenn man den weiteren Verlauf seiner seltsamen Entwicklung verfolgen will.

Zunächst hatte er seine Fähigkeit der Wahrnehmung aufs Innere gerichtet, auf die verborgenen Schlupfwinkel des menschlichen Körpers. Erst nach Jahren fiel es jemandem ein, daß man diese Kraft auch aufs Äußere ansetzen könnte, auf das Universum selbst, auf das Verhältnis zwischen Mensch und Universum und auf das Problem des menschlichen Schicksals überhaupt. Das geschah auf folgende Weise:

Arthur Lammers, ein wohlhabender Drucker aus Dayton, Ohio, hatte durch einen Geschäftsfreund von Cayce gehört. Die Angelegenheit interessierte ihn so sehr, daß er eigens nach Selma, Alabama, fuhr, wo Cayce damals wohnte, um ihn bei der Arbeit zu beobachten. Lammers selbst war nicht krank, aber nachdem er das Deuten einige Tage lang beobachtet hatte, war er überzeugt davon, daß Cayce tatsächlich über hellseherische Fähigkeiten verfügte. Als gebildeter und interessierter Mann dachte er darüber nach, ob nicht ein Geist, der Dinge wahrnehmen könne, die sich dem normalen Auge entziehen, auch Licht auf Probleme von universellerer Bedeutung als die Funktion einer kranken Leber oder die Arbeit der Verdauungsorgane zu werfen vermöge. Welches philosophische System kommt der Wahrheit

am nächsten? Hat das Leben einen Sinn? Und welchen? Gibt es so etwas wie Unsterblichkeit? Wenn ja: Was wird aus dem Menschen nach dem Tode? Konnte Cayce Fragen wie diese beantworten?
Cayce wußte es nicht. Abstrakte Fragen nach den letzten Dingen waren ihm nie in den Sinn gekommen. Die Religion, die man ihn in der Kirche gelehrt hatte, hatte er als selbstverständlich hingenommen; irgendwelche Überlegungen über ihre Wahrheit im Vergleich mit Philosophie, Wissenschaft oder mit andern Religionen waren ihm völlig fremd. Nur im Bestreben, andern zu helfen, hatte er sich immer wieder in einen so ungewöhnlichen Schlaf versetzt. Lammers sah als erster andere Möglichkeiten, seine Fähigkeit anzuwenden. Cayce hatte in Trance nur selten vor Fragen versagt, die man ihm stellte; es schien kein Grund vorhanden, warum er nicht auch auf Lammers' Fragen antworten sollte.«
Und so nahm Cayce die Einladung Lammers' an, ihn in Dayton zu besuchen und festzustellen, was er in Trance auf jene philosophischen Fragen zu antworten hatte. Da Lammers sich in jüngster Zeit mit dem Wahrheitsgehalt der Astrologie beschäftigt hatte, beschloß man, den schlafenden Cayce nach Lammers' Horoskop zu fragen.
Die folgende Sitzung ergab, daß die Antwort auf Lammers' Fragen mit Astrologie nichts zu tun hatte; so hieß es zum Beispiel, gewisse Eigenschaften und Neigungen Lammers' hingen nicht mit irgendeinem Tierkreiszeichen zusammen. Vielmehr – und das war die Eröffnung, die mich wie ein Donnerschlag traf – konnten diese Faktoren ausschließlich von einem *früheren Leben* auf der Erde, als er »ein Mönch war«, beeinflußt sein.
O weh! dachte ich. Da ist es wieder. Als der hartnäckige Weston gemerkt hatte, daß ich seinen Ergüssen über Reinkarnation nicht mehr zuhören wollte, hatte er versucht, mir seine Propaganda in Form eines Buches unterzuschieben. Na, ich wollte ihm nicht auf den Leim gehen. Wütend schob ich das Buch beiseite. Solcher Unsinn ist nichts für mich! versicherte ich mir selbst.
Hazel gegenüber schimpfte ich auf die Wiedergeburt, auf das Buch und sogar auf Cayce persönlich. Aber Hazel schaute kaum von ihrer eigenen Lektüre auf; sie bemerkte nur, irgendwann würde ich doch wieder zu dem Buch greifen – und deshalb sollte ich es am besten sofort tun.
Ich folgte dem Rat.

Nach weiterem Lesen stellte ich erfreut fest, daß sogar Cayce selbst in Verwirrung geraten war. Er verstand die Sache mit der Reinkarnation einfach nicht. Zuerst fürchtete er sogar, die Idee könne unchristlich sein. Hören wir wieder *Many Mansions:*
»Es fällt nicht schwer, Cayces inneren Aufruhr zu verstehen. Er war in der Atmosphäre strengen, orthodoxen Christentums aufgewachsen und hatte keine Ahnung von den Lehren anderer großer Weltreligionen, vor allem nicht von jener zentralen Lehre des Hinduismus und Buddhismus: Reinkarnation.
Das bloße Wort stieß ihn ab, denn wie andere Leute verwechselte er Reinkarnation mit Transmigration der Seele – der Lehre nämlich, daß der Mensch nach dem Tode als Tier zur Erde zurückkehrt ... Die ›Deutungen‹ selbst waren es dann, die Cayces Verwirrung ein Ende setzten. Die Wiedergeburt, sagte Cayce unter Hypnose ausdrücklich, bedeute nicht die Wiederkehr des Menschen als Tier; sie ist kein Aberglaube von Dummköpfen. Sie ist eine unbedingt ernsthafte Lehre, sowohl vom religiösen als auch vom philosophischen Standpunkt aus. Millionen kluger Menschen in Indien und andern buddhistischen Ländern glauben ehrlich daran, und sie richten ihr Leben nach den ethischen Prinzipien der Reinkarnation ein. Gewiß gibt es in Indien und dem sonstigen Orient viele Sekten, die die Transmigration der menschlichen Seele in Tiere lehren; aber das ist nur eine falsche Auslegung des wahren Grundsatzes der Wiedergeburt. Man darf sich durch die vorhandenen Irrlehren aber nicht vor der Wahrheit verschließen, die in der Grundanschauung liegt, von der sie abgesplittert sind.
Eine ganze Reihe kluger Leute des Abendlandes haben sich zum Gedanken der Wiedergeburt bekannt und darüber geschrieben. Schopenhauer glaubte fest daran, ebenso Emerson, Walt Whitman, Goethe, Giordano Bruno, Plotin, Pythagoras und Plato.«
Bis zu einem gewissen Grade beruhigt, ließ sich Cayce überreden, die Erforschung dieser ganz neuen Dimension fortzusetzen – also in Hypnose mehr über das vergangene Leben auszusagen. Als diese neue Art von Deutungen zahlreicher wurde – mangels einer besseren Bezeichnung wurden sie »Lebensdeutungen« genannt und erreichten schließlich die Anzahl 2500 –, begannen Cayces Zweifel zu schwinden. Die Deutungen verkündeten Dinge, die den ungebildeten Cayce fast immer erheblich überraschten, wenn sie ihm nach dem Erwachen vorgelesen wurden. Einem Mann zum Beispiel sagte Cayce, er sei in einer früheren Inkarnation ein *»stool-dipper«* (Stuhl-Taucher) gewesen. Kei-

ner der Anwesenden hatte eine Ahnung, was ein Stuhl-Taucher war. Nachforschungen führten jedoch zu einem Ergebnis: In den längstvergangenen Zeiten amerikanischer Hexenverfolgungen hatte man angebliche Hexen auf Stühle gebunden und sie in Wassertümpel geworfen. Versehen wurde dieses Henkeramt vom *»stool-dipper«*.
In einem andern Fall wurde einem Mann gesagt, er habe in einer früheren Inkarnation als Soldat der Konföderierten am Bürgerkrieg teilgenommen; die Lebensdeutung gab den genauen Namen mit Adresse an. Natürlich brannte der Mann darauf, die Wahrheit dieser Aussage zu erfahren; seine Nachforschungen in der historischen Staatsbibliothek ergaben, daß es wirklich einen Mann dieses Namens gegeben hatte, daß er an dem von Cayce angegebenen Ort gelebt und 1862 als Fahnenträger in Lees Armee eingetreten war.
Neben diesen historischen Angaben gab Cayce psychologische Auskünfte, die in vieler Hinsicht außergewöhnlich überzeugend waren. In Fällen, die auch eine psychologische Analyse umschlossen, konnte die Genauigkeit der Aussagen durch eine Betrachtung der gegenwärtigen Inkarnation überprüft werden. Selbst an Leuten, die Cayce nie gesehen hatte, beschrieb er Charakterzüge, Talente und auch körperliche Mängel, deren Ursprung er in vergangenen Inkarnationen sah, als diese Menschen, nach Cayces Behauptung, ihren Entwicklungsgang begonnen hatten.

Aus diesem Bericht über Cayce darf man jedoch nicht schließen, daß ich das Ganze ohne weitere Prüfung akzeptierte. Weit gefehlt. Zugegeben, das Buch hatte vernünftig und beweiskräftig geklungen; aber jemanden, der so lange auf ganz anderen Geistesbahnen gewandelt war, schien es längst nicht überzeugen zu können. Ich war bereit zuzugeben, daß es einen Mann namens Edgar Cayce gegeben, und daß dieser Mann irgendwie höchst erstaunliche Dinge vollbracht hatte. Mehr nicht!
Allerdings stimmte ich mit dem Gedanken überein, den Dr. Cerminara auf der letzten Seite ihres Buches äußerte:
»Wenn die Reinkarnation wirklich das Lebensgesetz ist, nach dem der Mensch fortschreitet und vollkommen wird ... dann wäre es der mühevollen Forschung ernsthafter Menschen wert, ihre Möglichkeiten zu erkunden; der Nachweis wäre höchst klärend, belebend und verwandelnd. Wenn die Seele des Menschen wirklich viele Wohnungen hat, dann ist – wenn überhaupt

jemals – jetzt die Zeit gekommen, da wir die volle Wahrheit finden müssen ...«
Ja, ich wollte gern zugeben, daß hier weitere Überlegungen am Platze seien. Auch Hazel war dieser Meinung. So machten wir uns, mit drei Fragen bewaffnet, auf die erste Etappe unserer Forschungsreise: Wir wollten Cayces Geschichte nachprüfen und selbst erkunden, wieviel Wahrheit sie enthielt. Wir wollten Ärzte, Juristen und Kaufleute suchen – Leute, die uns über ihre eigenen Erfahrungen mit Cayce berichten konnten. Jede Unterredung würde mit diesen drei Fragen beginnen: 1. War es möglich, daß Cayce ein Scharlatan gewesen ist? 2. Wie stand es mit seinen medizinischen Diagnosen? Hatte er wirklich die Krankheitsbilder von Leuten beschrieben, die viele Kilometer entfernt waren? 3. Was ist von Reinkarnation zu halten?
Den ersten Halt machten wir in Virginia Beach, bei der Hauptgeschäftsstelle der Association for Research and Enlightenment, einer Organisation, die kurze Zeit vor Cayces Tod von einigen seiner Freunde gegründet worden war. Der Hauptzweck dieser Gesellschaft ist es, die Forschungen auf den Gebieten der Wissenschaft, Religion und Philosophie zusammenzufassen und dabei immer wieder darauf hinzuweisen, daß diese Disziplinen sämtlichst Speichen in demselben Rade sind.
Wir lernten dort Edgar Cayces Sohn, Hugh Lynn, kennen, der übrigens keine der Geisteskräfte seines Vaters geerbt hat. Der junge Cayce, Angestellter der Gesellschaft, bewahrt alles Material auf, gibt eine Zeitschrift heraus, welche die Verbindung mit den Mitgliedern der Gesellschaft herstellt, und hält Vorträge über verschiedene Aspekte der Arbeit seines Vaters.
Wenn ich mir mein erstes Zusammentreffen mit Hugh Lynn Cayce ins Gedächtnis zurückrufe, dann wundere ich mich heute noch, daß er mich nicht sofort hinausgeworfen hat. Mein offener Zweifel, meine plumpen Vorwürfe, einiges, was man für seinen Vater in Anspruch nähme, sei gewaltig übertrieben – alles das konnte auch einen gutmütigen Menschen aus der Fassung bringen. Aber Hugh Lynn blieb immer freundlich; offenbar hatte er sich an den Umgang mit Menschen gewöhnt, die in sein Büro stürmten und ihm vorwarfen, blanken Unsinn zu verzapfen.
Bereitwillig beantwortete uns Hugh Cayce alle Fragen, und auf unsere Bitte hin führte er uns in einen großen Kellerraum, in dem alle Deutungen seines Vaters aufbewahrt wurden. Hazel und ich studierten die Protokolle, Prüfungsberichte, Zeugen-

aussagen und andere Dokumente, wobei wir hin und wieder eine Pause einlegten, um Hugh Lynn mit weiteren Fragen zu überschütten. Dann flogen wir nach New York; dort sollte unsere entscheidende Untersuchung stattfinden. Wir wollten einigen Leuten, deren Adressen wir uns bereits notiert hatten, unsere drei Grundfragen vorlegen.

Die Antwort auf unsere erste Frage war völlig eindeutig: Nichts an Edgar Cayce hatte auf einen Scharlatan hingedeutet. Im Gegenteil, er ist ein frommer, ehrlicher Christ gewesen, der an seine eherne Pflicht glaubte, nach allen Kräften andern Menschen helfen zu müssen.

Meine Frage, ob Cayce womöglich ein Betrüger gewesen sei, wurde verschieden beantwortet – vom Gelächter über meine Unwissenheit bis zum fassungslosen Ärger über meine Arroganz. Ein Fabrikant aus Manhattan wurde bei meiner Frage bleich vor Wut, sprang auf und wies mich aus seinem Büro. »Wie können Sie es wagen, das Wort ›Scharlatan‹ in Verbindung mit dem Namen Edgar Cayce nur auszusprechen?« brüllte er. »Er hat mir das Leben gerettet; immer wieder hat er meinen Verwandten und Freunden geholfen, und Tausenden andern. Was fällt Ihnen ein, eine solche Frage zu stellen?«

Aus sicherer Entfernung entschuldigte ich mich eiligst und versicherte ihm, ich wolle keine Vorwürfe erheben, sondern nur einige Punkte klären. Es gelang mir tatsächlich, den rasenden Sturm zu besänftigen. Und dann berichtete der Fabrikant von seinen erstaunlichen Erfahrungen mit Cayce. Es war begreiflich, daß manche Berichte, obwohl genau aufgezeichnet und durch Zeugenaussagen belegt, in keines der Bücher über Cayce gelangt waren. Sie waren einfach zu phantastisch! Vermutlich hatten sich die Autoren gesagt, die Leser würden schon Mühe genug haben, die weniger ungewöhnlichen Leistungen von Cayce zu glauben.

Als wir unsere Liste abgeklappert hatten, stand eines jedenfalls unumstößlich fest: Cayce ist auf gar keinen Fall ein Betrüger gewesen.

Mit der zweiten Frage, die Cayces diagnostische Fähigkeiten betraf, wollte ich klären, ob es sich dabei um echte Hellseherei gehandelt hatte. Es wollte mir einfach nicht in den Kopf, daß irgendwo in Virginia ein Mann auf der Couch lag und bis ins einzelne ein Geschehen beschrieb, das im gleichen Augenblick in New York stattfand. Es gibt genug Leute, die Hellsehen für unbedingt möglich halten. Mir hingegen war dieser Gedanke –

vor meiner Beschäftigung mit außersinnlicher Wahrnehmung – stets als völlig unglaublich erschienen. Und noch immer war ich nicht davon überzeugt, daß es möglich sei, tatsächliches Hellsehen in einer ganzen Reihe exakter Versuche nachzuweisen.

Zunächst untersuchten Hazel und ich, was die Ärzte über Cayce zu sagen hatten. Dabei erwies sich der Bericht von Sherwood Eddy* als besonders aufschlußreich. Außerdem nahmen wir auch eigene Befragungen vor; erfreut stellten wir dabei fest, daß Ärzte, die Cayce gekannt und seine einzigartige Fähigkeit genutzt hatten, stets gern bereit waren, den Fall ausführlich zu besprechen. Diese Ärzte, die Eddys Bericht unbedingt stützten, bestätigten, daß Cayces Zuverlässigkeit bei Patienten, die er nie im Leben gesehen hatte, zwischen 80 und 100 % lag. Ein Arzt behauptete, Cayce habe nicht eine einzige falsche Diagnose gestellt; er hatte viele Jahre lang Cayce um Hilfe bei seinen schwierigsten Fällen gebeten. Aber die Auskunft der Ärzte genügte uns noch nicht. Wir wollten einige Leute sprechen, denen geholfen worden war. Aber wohin wir auch kamen – zu Rechtsanwälten, Schriftstellern oder Arbeitern –, überall erhielten wir die gleiche Antwort: Cayce hat Wunder gewirkt.

Ein Rechtsanwalt gab uns ein Beispiel für Cayces Treffsicherheit. Einer seiner Freunde hatte sich das Bein gebrochen. Damit sah er die Möglichkeit, Cayces Fähigkeiten zu erproben, und erbat telegrafisch eine Deutung, wobei er fragte, was mit dem komplizierten Bruch am rechten Bein geschehen solle. Nach der Deutung erhielt er ein Telegramm von Cayce: Das rechte Bein sei völlig gesund. Cayce schien sich geirrt zu haben – aber plötzlich fiel dem Rechtsanwalt ein, daß er nach dem rechten Bein gefragt hatte, während in Wirklichkeit das linke Bein gebrochen war. Das Mißverständnis wurde aufgeklärt, eine zweite Deutung folgte, und diesmal beschrieb der schlafende Hellseher die Verletzung in allen Einzelheiten, und er gab auch ganz genau an, wie man den Bruch am besten heilte. »Bemerkenswert!« schloß der Rechtsanwalt, und nachdenklich schüttelte er den Kopf.

Wir entdeckten weitere Fälle, die vermutlich niemals in einem Buch zitiert werden. Aber sie belegten ganz zweifelsfrei und völlig eindeutig, daß Cayce hellseherische Fähigkeiten gehabt hatte.

Als wir zu unserer letzten Frage – der nach der Wiedergeburt –

* Sherwood Eddy, *You Will Survive after Death*, New York 1950.

kamen, wurde unser Vorhaben etwas schwieriger. Wir sahen ein, daß die Frage reichlich unklar gestellt war; deshalb verbanden wir sie mit der Bitte um weitere Auskünfte: »Hat Cayce Ihnen eine Lebensdeutung gemacht? Wenn ja, traf sie Ihrer Meinung nach zu? ... War einiges etwa absolut lächerlich? ... Kamen Ihnen die Lebensdeutungen ebenso überzeugend vor wie die Krankheitsdeutungen? ... Welche Beweise ergaben sich für Ihre Lebensdeutung oder für die irgendeines Ihrer Bekannten? ... Können Sie uns etwa an jemand anders verweisen?«

Hierbei waren natürlich eindeutige Urteile nicht ohne weiteres zu erwarten. Während man die Wahrheit der Krankheitsdeutung stets überprüfen konnte, sah der Beweis für eine Lebensdeutung einigermaßen anders aus. Wurde etwa eine Existenz vor einigen Jahrhunderten behauptet, so war es gar nicht so einfach, die richtigen Einzelheiten für eine Nachprüfung auszuwählen. Tatsächlich jedoch wurden in historischen Berichten immer wieder Personen oder Einzelheiten, von denen in den Deutungen die Rede gewesen war, aufgefunden.

Ein vielbeschäftigter Direktor sagte: »Nein, hieb- und stichfeste, untrügerische Beweise habe ich nicht. Aber meine eigene Deutung hat mich tief beeindruckt. Cayce hat mir einiges über meine Persönlichkeit und meinen Charakter gesagt und auch mehrere Bemerkungen gemacht, die nicht nur absolut zutrafen, sondern mir auch sehr geholfen haben. Ich glaube an den Sinn von Cayces Deutungen, und ich versuche, mein Leben entsprechend einzurichten.«

Dann sprachen wir mit einer reizenden Dame. Sie berichtete, sie habe für ihre beiden Söhne kurz nach der Geburt Lebensdeutungen von Cayce erbeten. Die Deutungen für beide Söhne waren vor ungefähr zwanzig Jahren aufgestellt worden, aber die genauen Vorhersagen, die Cayce aufgrund ihrer früheren Erdenleben gemacht hatte, waren erstaunlich zutreffend gewesen, nicht zuletzt in bezug auf Fertigkeiten, Veranlagungen, Charakterzüge, Interessen und Berufswünsche.

Für mich war jedoch das erstaunlichste Ergebnis unserer Umfrage, daß ich unerwartet viele vernünftige, klar denkende Menschen fand, die fest an die Wiedergeburt glaubten. Während ich mich noch hinter verschämten Ausdrücken wie »Reinkarnationsgeschwätz« versteckte, konnte man die Leute, mit denen wir sprachen, solcher vorsichtigen Zurückhaltung gewiß nicht zeihen. Im Gegenteil, kraftvoll, ohne Zögern und Verlegenheit, betonten sie, daß intensives Nachdenken fast notwendigerweise

zur Anerkennung dieser fremden Dimension führen müsse. Tatsächlich fing auch ich nun an, ein wenig klarer zu sehen. Ein Ingenieur zum Beispiel drückte seine Überzeugung so aus:
»Wir wissen mit wünschenswerter Sicherheit, daß die Sehfähigkeit des menschlichen Auges begrenzt ist. Die Luft ist buchstäblich voll von Dingen, die wir nicht sehen können. So wissen wir etwa, daß dieses Zimmer hier mit Radio- und Fernsehwellen angefüllt ist. Diese Wellen dringen durch alle Wände, durch jede Materie und auch durch unsere Körper. Dennoch sind sie für Ihr Auge unsichtbar. Dasselbe gilt für Röntgenstrahlen, Ultraviolettstrahlen, Alpha-, Beta- und Gammastrahlen sowie für atomare Strahlungen. Niemand bestreitet das Vorhandensein dieser Kräfte – Röntgenstrahlen können uns verbrennen, atomare Strahlungen uns töten. Trotzdem ist das menschliche Auge blind gegenüber all diesen Energien; seine Möglichkeiten sind sehr begrenzt.
Scheint es somit nicht möglich, daß die Kraft, die unsern Körper belebt, etwas Ähnliches wie eine elektromagnetische Ladung von hoher Frequenz ist – eine Ladung, die sich unserm Sehvermögen entzieht?
Nennen Sie sie, wie Sie wollen: Psyche, Geist oder Seele. Der Tatsache, daß wir sie nicht sehen können, sollten wir jedenfalls kein allzu großes Gewicht beimessen.
Edgar Cayce – und Millionen vor ihm – haben einfach eine neue Dimension hinzugefügt. Er hat gesagt, daß diese Hochfrequenzladung nach dem Tode des materiellen Körpers nicht zerstört wird. Der physische Stoff, der Körper, ist abgenutzt, und deshalb wird er fortgetan, begraben. Aber die innere Ladung – die Psyche, wie ich sie nenne – bleibt, und sie ist es, die Bewußtsein, Erinnerung und Eindrücke eines Lebens trägt.
Weiter behauptete Cayce, diese ›elektrische‹ Ladung könne später Besitz von einem Embryo ergreifen, der kurz vor der Geburt steht.
Vielleicht hilft uns folgendes Beispiel: Wenn mein Fernsehgerät eingeschaltet ist, sehe und höre ich Personen und Szenen. Die Energie, die all das bewirkt, ist nichts als eine unsichtbare Welle. Wir sehen die Hochfrequenzwellen nicht; trotzdem wissen wir, daß sie da sind.
Wenn nun mein Apparat alt wird – wenn die Röhren abgenutzt, die Transformation mürbe geworden ist –, dann wird niemand daran zweifeln, daß die Wellen nach wie vor existieren. Und wenn ich mir einen neuen Apparat aufstelle, können die unsicht-

baren Wellen wiederum so umgewandelt werden, daß Augen und Ohren sie wahrnehmen. Die Energie war ständig da, aber von einem verschlissenen Gerät werden sie nicht zur Wirkung gebracht.
Um die Analogie noch ein wenig weiterzutreiben, stellen wir uns einen ganz neuen, tadellos intakten Fernsehempfänger vor. Er mag so vorzüglich sein wie er will – solange ihn keine Welle trifft, wird er weder Bild noch Ton senden.«
Die Analogie des Ingenieurs gefiel mir. Diese Art der Darstellung erleichterte mir die Erkenntnis mehr als Ausführungen in exakter metaphysischer Terminologie, die mir nie sehr behagte.
Nach all den Untersuchungen über den Fall Cayce lag mir nun daran, mich wieder meinen geschäftlichen Angelegenheiten zu widmen. Unter anderem hatte ich mit einem der tüchtigsten und erfahrensten Börsenfachleute New Yorks zu tun. Er, so glaubte ich, würde mich von den Gedanken über die Reinkarnation losreißen und meinen Geist wieder in die irdischen Gefilde der Börsenkurse und Dividende zurückführen. Ja, in dieser Besprechung würde alles, was mit Edgar Cayce zusammenhing, tief versinken.
Weit gefehlt!
Kaum eine halbe Stunde hielt ich mich bei dem Fuchs von der Wallstreet auf, da erblickte ich auf seinem Schreibtisch einen Band Kurzgeschichten von Kipling. Als nun eine kurze Gesprächspause eintrat, ließ ich ein Wort darüber fallen, eigentlich nur, um das Schweigen zu überbrücken. Ich gab einen Gemeinplatz von mir – daß nämlich Kipling ein Meister der Kurzgeschichte sei. Natürlich gab mir mein Gesprächspartner recht. Und dann fügte er hinzu, gerade habe er eine besonders spannende Geschichte gelesen: »The Finest Story of the World.«
»Sie handelt von Reinkarnation«, bemerkte er.
Es geht schon wieder los! dachte ich.
Natürlich bedurfte es keines weiteren Anstoßes, und ich berichtete ihm von meinen eigenen augenblicklichen Studien. Und zu meiner großen Überraschung stellte ich fest, daß dieser Financier keineswegs nur das *Wall Street Journal* gelesen hatte. Das Problem der Wiedergeburt fesselte ihn seit langem, und er war schnell bei der Hand, mir einige Literatur anzugeben, die ich unbedingt einmal lesen müsse.
Ich verließ das Börsenviertel und sauste mit der U-Bahn zur New Yorker Staatsbibliothek.
Während ich noch in der Bibliothek war, kam mir der gute

Gedanke, im Katalograum nachzusehen, ob sich wohl noch ein weiteres interessantes Werk über das bewußte Thema finden ließe. Und bald stieß ich in einem Buch auf eine hervorragende Definition: »Die Wiedergeburt ist eine Konzeption, nach der unvergänglichen, ihrer selbst bewußten Wesen diejenige leibliche Hülle verliehen wird, die ihrem Entwicklungsgrad angemessen ist.«

Ich suchte weiter; was ich fand, überwältigte mich buchstäblich. Die Forscher, die sich mit der Reinkarnation befaßten, hatten ja direkt zum Sturm angesetzt! Hunderte von Äußerungen gab es da – Bücher, Gedichte, Abhandlungen, Anthologien. In fast jeder nur denkbaren literarischen Form hatten sich die Jünger der Wiedergeburt zu Wort gemeldet. Und eine der ersten Äußerungen, die ich las – sie stammt von Professor T. H. Huxley –, schien ausgesprochen auf mich gemünzt: »Man muß schon überaus oberflächlich denken, wenn man die Reinkarnation als in sich absurd verwerfen will.«

Hier in der New Yorker Staatsbibliothek begann für mich ein umfassendes Studium, das bis heute nicht beendet ist. Voller Staunen traf ich immer und immer wieder auf große Namen, von denen ich im Leben nicht erwartet hätte, sie im leisesten Zusammenhang mit der Wiedergeburt zu finden. Sogar der Erzzyniker Voltaire hatte etwas dazu zu sagen: »Es ist nicht erstaunlicher, zweimal geboren zu werden, als einmal; alles in der Natur ist Auferstehung.«

Ein anderer höchst erdverhafteter Mann, nämlich der genial vielseitige Benjamin Franklin, äußerte sich mehrfach zum Prinzip der Wiedergeburt; und im Alter von nur dreiundzwanzig Jahren entwarf er für sich folgenden Grabspruch:

Hier liegt
der Leib des Buchdruckers
Benjamin Franklin
den Würmern zum Fraße;
wie der Einband eines alten Buches:
Die bedruckten Seiten sind zerfleddert,
die Goldprägung abgeblättert.
Aber das Werk ist nicht verloren,
denn es wird, wie er glaubte, wieder aufgelegt werden,
in neuer, schönerer Ausgabe,
durchgesehen und korrigiert
vom Verfasser.

Was die Dichter anging, so schienen sie sich buchstäblich wie ein Mann den Scharen der Gläubigen eingereiht zu haben. Die lange Liste umfaßte Namen wie Tennyson, Browning, Swinburne, Rossetti, Longfellow, Whitman, Donne, Goethe, Milton und Maeterlinck.

Auch die Schriftsteller, Philosophen und Denker zollten ihren Tribut: Cicero, Vergil, Plato, Pythagoras, Caesar, Bruno, Victor Hugo, Thomas Huxley, Sir Walter Scott, Ibsen, Spinoza, Schopenhauer – sie alle waren vertreten (s. Anhang J).

Eines der interessantesten Werke, das ich dort fand, war eine gelehrte, gedankenreiche Abhandlung von Ralph Shirley: *The Problem of Rebirth.* In dieser umfassenden Arbeit wird die Frage von allen Seiten gründlich beleuchtet; der Verfasser führt eine Reihe höchst eindrucksvoller Beispiele an.

Am außergewöhnlichsten erschien mir der Fall der kleinen Alexandrina Samona, Töchterchen eines Arztes, das im Alter von nur fünf Jahren starb (15. März 1910). Die Mutter war über den Verlust der Tochter völlig verzweifelt, und ihr Leid wurde noch durch das Bewußtsein vergrößert, daß sie aller Wahrscheinlichkeit nach nie mehr Kinder zur Welt bringen konnte. Sie hatte – noch vor Alexandrinas Tod – eine Fehlgeburt mit anschließender Operation durchgemacht, und die Ärzte hegten ernste Zweifel, daß sie noch einmal Mutter werden könnte.

Drei Tage nach Alexandrinas Tod hatte die Mutter einen Traum. Ganz deutlich und lebhaft sah sie ihr Kind, wie es sich bemühte, ihren Kummer zu lindern. »Mutti, hör doch auf zu weinen!« flehte es. »Ich bin nicht für immer von dir gegangen. Ich komme wieder – so klein.« Und dabei zeigte das Kind mit den Händchen, daß es offenbar als Baby wiederkehren wollte.

Die Mutter, die dem Traumbild nicht glaubte, fühlte sich kaum getröstet. Die Ärzte hatten keinen Zweifel gelassen, daß neue Mutterschaft so gut wie unmöglich sei. Und außerdem hielt sie nicht das geringste von Wiedergeburt, ohne die doch der Traum nicht in Erfüllung gehen konnte. So blieb sie in ihrem Schmerz ohne Tröstung.

Aber die Träume wiederholten sich. Und zu ihrer größten Überraschung stellte die Frau am 10. April fest, daß sie ein Kind trug. Trotzdem glaubte sie nicht an die Worte ihres toten Töchterchens. Sie fühlte sich körperlich so elend, daß weder sie selbst noch die Ärzte es für möglich hielten, das Kind lebend zur Welt zu bringen. Aber Alexandrina (wiederum im Traum) beteuerte: »Nicht weinen, Mutti. Ich werde noch einmal zur

Welt kommen, und du wirst wieder meine Mutter sein. Noch vor Weihnachten bin ich bei dir.«

Und dann, etwas später, sagte das Kind etwas, was die Mutter noch ungläubiger machte: »Mutti, du trägst noch ein anderes Kind in dir.« Ganz fest behauptete die Kleine, sie würde diesmal zusammen mit einem Schwesterchen geboren werden. Natürlich kam dies der kränklichen Mutter einfach lächerlich vor. Sie traute es sich nicht einmal zu, *ein* Kind auszutragen, geschweige denn zwei. Außerdem waren in der Familie noch niemals Zwillinge aufgetreten.

Am 22. November jedoch schenkte Mrs. Samona einem Zwillingspärchen, zwei Mädchen, das Leben. Das eine hatte keinerlei Ähnlichkeit mit Alexandrina, das andere jedoch, dem die Eltern wieder den Namen Alexandrina gaben, glich in ganz erstaunlicher Weise dem verstorbenen Kind, sowohl körperlich als auch geistig.

Alexandrina II war wie ihre Vorgängerin linkshändig, und sie hatte die gleichen Neigungen, Vorlieben und sprachlichen Eigenheiten. Außerdem hatte sie, genau wie die erste Alexandrina, Hyperämie im linken Auge, Seborrhoe am rechten Ohr und eine leichte Asymmetrie des Gesichts.

Ein noch eindrucksvollerer Vorfall trat ein, als die Zwillinge zehn Jahre alt waren. Man hatte einen Familienausflug nach Monreale vor, und die Mutter sagte: »In Monreale werdet ihr schöne Dinge sehen, die ihr euch noch gar nicht vorstellen könnt!«

»Aber, Mutter, ich kenne Monreale«, rief Alexandrina. »Ich habe es doch schon gesehen.« Mrs. Samona widersprach, aber das Kind blieb bei seiner Behauptung. »Doch, ich bin schon dort gewesen. Erinnerst du dich nicht mehr daran, daß dort eine riesige Kirche steht mit einer ganz großen Statue eines Mannes, der die ausgebreiteten Arme zur Decke emporstreckt? Und weißt du nicht mehr, daß wir zusammen mit einer Frau fuhren, die Hörner hatte? Und daß wir in der Stadt ein paar kleine rote Priester gesehen haben?«

Endlich fiel der Mutter ein, daß die Familie wenige Monate vor dem Tode der ersten Alexandrina den Ausflug gemacht hatte, und zwar in Begleitung einer Dame, die unter entstellenden Auswüchsen an der Stirn litt. Und kurz bevor sie die Kirche von Monreale betraten, hatten sie einige griechische Priester getroffen, deren Gewänder mit roten Ornamenten bestickt waren. Plötzlich erinnerten sich die Eltern auch daran, daß gerade

diese beiden Dinge auf Alexandrina I einen besonders tiefen Eindruck gemacht hatten.
Ferner führte Ralph Shirley eine beachtlich umfangreiche Liste von bedeutenden Persönlichkeiten auf, die mit dem Fall und den näheren Umständen besonders vertraut waren und die Wahrheit der Vorkommnisse in vollem Umfang bestätigten. Abschließend bemerkte er: »Es besteht kein Zweifel, daß der Arzt größte Sorgfalt aufwandte, um ein absolut sicheres Zeugnis abzulegen; genügt es auch vielleicht dem verbohrten Skeptiker nicht, so muß sich ein kluger wissenschaftlicher Forscher davon doch gewiß überzeugen lassen.«
Ich grub Fälle über Fälle aus, von denen einer immer unglaublicher schien als der andere. Ein Beispiel, das noch immer nicht befriedigend geklärt ist, findet sich in einem Buch* des Professors Flournoy von der Universität Genf. Vor mehr als einem halben Jahrhundert lenkte dieser Psychologe die Aufmerksamkeit auf ein Schweizer Mädchen, das im Zustand der Trance behauptete, im fünfzehnten Jahrhundert im Königreich Kanara schon einmal gelebt zu haben. Außerdem sprach das Mädchen, das die Elementarschule nicht bis zu Ende geschafft und den Kanton Genf niemals verlassen hatte, fehlerfrei Wörter und Sätze in Hindustani, und es wußte eine Fülle von Einzelheiten über Kanara und einen ganz unbekannten Prinzen namens Sivrouka zu berichten; ein Forscher aus Kalkutta bestätigte die Exaktheit des politischen und historischen Wissens, das offenbar nur aus einem wenig bekannten Buch über die Geschichte Indiens, das in Sanskrit geschrieben und unbedingt außer Reichweite des Schweizer Mädchens stand, bezogen sein konnte.
Mein Kopf wirbelte unter den schweren Streichen, die die Verteidiger der Reinkarnation mir versetzt hatten, als ich mich wieder meinen geschäftlichen Anliegen in New York zuwandte. Aber wohin ich auch ging, der Gedanke verfolgte mich unerbittlich.
Kurz bevor ich die Rückreise nach Pueblo antrat, ging ich noch schnell in eine Buchhandlung, um mich mit etwas Lesestoff zu versorgen. Ich griff nach dem Buch eines sehr bekannten englischen Psychiaters**. Während ich das Inhaltsverzeichnis überflog, blieb mein Blick auf Kapitel XVI haften. Da hieß es: »Die Lehre von der Reinkarnation führt weiter als Freuds Psychoanalyse.«

* Théodore Flournoy, *Spiritismus und Experimentalpsychologie*, Leipzig 1921.
** Sir Alexander Cannon, *The Power Within*, New York 1953.

In aller Eile las ich ein wenig in diesem Kapitel herum. Der Seelenarzt berichtete, daß er seit vielen Jahren Hypermnesien mit Hunderten von Medien durchgeführt habe. Aber anstatt haltzumachen, sobald die Versuchsperson in der frühen Kindheit oder gar bei der Geburt angekommen war, *hatte der Arzt die Hypermnesie fortgesetzt.* Er war in eine noch fernere Vergangenheit gedrungen, um dem Geheimnis der Erinnerung auf die Spur zu kommen.
Dieser Gedanke war mir noch niemals gekommen. Mit Dutzenden von Medien hatte ich hypnotische Rückführungen vorgenommen, aber natürlich hatte ich immer aufgehört, sobald das Stadium der frühesten Kindheit erreicht war. Selbstverständlich mußte damit doch auch das Ende der Zeitlinie erreicht sein! Aber nun stellte ich fest, daß manche Hypnotiseure an diesem Punkt keineswegs haltmachten; sie setzten die Rückführung einfach fort!
Nun, auch ich war Hypnotiseur. Ich kannte einige ausgezeichnete Medien, die in Hypnose ohne weiteres zur Hypermnesie fähig waren. Worauf wartete ich denn noch?
In diesem Augenblick beschloß ich, die Erinnerung an den Zustand vor der Geburt zu erforschen.

Damals in Irland...

Wieder in Colorado, bewies mir ein kurzer Blick auf meinen Schreibtisch, daß es vermutlich Wochen dauern werde, bis ich Zeit finden würde, mich mit weiteren hypnotischen Versuchen zu beschäftigen. Bergeweise türmten sich Briefe, Berichte, Anfragen, Reklamationen, Anzeigenentwürfe, Visitenkarten und Kataloge. Ich stürzte mich in die Arbeit, und nach und nach schrumpfte das unübersehbare Gebirge zusammen. Und dann, endlich, konnte ich mich an die Ausführung meiner Pläne machen und daran denken, hypnotische Experimente über das »Gedächtnis vor der Geburt« durchzuführen.

Zunächst mußte ich mir ein Medium auswählen. Nur diejenigen schienen mir in Frage zu kommen, die somnambuler Trance fähig waren, das heißt, in Hypnose völlig das Bewußtsein verloren und sich nach dem Erwachen an nichts mehr erinnern konnten. Ich überlegte, wer wohl im letzten Jahr mein bestes Medium gewesen sei – und sofort dachte ich an Milton Colin. Er war zweiundzwanzig Jahre alt, intelligent und umgänglich – und er fiel regelmäßig wenige Minuten nach Beginn der Hypnose in tiefe Trance.

Aber er war gerade zur Marine gegangen.

Dann war da meine Frau. Aber Hazel wußte schon viel zuviel von der ganzen Sache. Sie hatte mir geholfen, dem Fall Cayce auf den Grund zu kommen, hatte viele der Bücher gelesen, die auch ich studiert hatte, und ohne Zweifel würde sie schon im voraus wissen, welchen Zweck ich mit dem Experiment verfolgte. Nein, sie war im vorliegenden Fall ungeeignet.

Endlich dachte ich an Ruth Simmons. Ich kannte sie und ihren Mann Rex nur flüchtig, aber ich wußte, wie schnell sie während zweier früherer Sitzungen in tiefe Trance gesunken war – lange bevor ich etwas von der Erinnerung an die Zeit vor der Geburt geahnt hatte. Außerdem hatte sie sich nachher stets an absolut nichts mehr erinnern können, was während der Hypnose geschehen war – sie war also ein somnambules Medium. Ferner schien es mir zweifelhaft, daß sie irgend etwas von Seelenwanderung und Reinkarnation wußte, und von meinen jüngsten Forschungen hatte sie ganz bestimmt keine Ahnung. Ohne Zweifel: Ruth Simmons war das geeignetste Medium!

Es erwies sich jedoch als nicht so einfach, sie in mein Haus zu

lotsen. Erstens mußte ich mit einer Flut von Bridge-Abenden, Cocktail-Parties und Hausbällen in Konkurrenz treten, die gerade damals ihr ganzes Leben auszumachen schienen. Und zweitens war Rex, der so gut wie nichts von Hypnose verstand und keine Lust verspürte, etwas darüber zu lernen, von dem Gedanken keineswegs begeistert, seine Frau in tiefe Trance versetzen zu lassen. Und als ich ihn einlud, hatte ich ihm in aller Offenheit gesagt, daß ich Ruth hypnotisieren wolle.
Endlich wurde, buchstäblich eingequetscht zwischen einen Hausball und einen Bridge-Abend, ein Besuch festgesetzt – für den 29. November.
Kaum war das Ehepaar Simmons da, machte ich mich ans Werk. Ins Mikrofon des Tonbandgeräts sprach ich folgende Einleitung: »Heute ist Samstag, der 29. November 1952. Es ist 22 Uhr 35. Ein klarer, sehr kalter Abend. Anwesend sind Mr. und Mrs. Rex Simmons und Mr. und Mrs. Morey Bernstein. Hypnotiseur ist Morey Bernstein, Medium Mrs. Ruth Simmons, neunundzwanzig Jahre alt. Ich habe das Medium im Laufe des vergangenen halben Jahres zweimal hypnotisiert, und während einer der Sitzungen nahm ich mit ihr eine Hypermnesie bis in ihr erstes Lebensjahr vor.«
Ruth legte sich bequem auf die Couch. Ich entzündete eine Kerze und löschte alle übrigen Lichter mit Ausnahme einer einzigen Lampe.
Ich forderte Ruth auf, siebenmal tief zu atmen, so tief sie nur konnte, und dann beim Ausatmen die Lunge völlig zu entleeren. Nach dem siebenten Zug hielt ich die brennende Kerze im Winkel von 45 Grad über ihr Gesicht, etwa einen halben Meter von ihren Augen entfernt.
Während sie in die Flamme starrte, so sagte ich ihr, würde ich zu zählen beginnen. Bei »Eins« sollte sie die Augen schließen und sich einbilden, die Kerzenflamme mit dem »geistigen Auge« sehen zu können. Bei »Zwei« sollte sie die Augen öffnen und wieder in die Flamme schauen. Währenddessen würde die »Drei« kommen – dann sollte sie wieder die Augen schließen und die Flamme mit dem geistigen Auge suchen.
Eine Aufnahme dieses Teils der Sitzung würde wie folgt lauten: »Blicken Sie fest auf die Kerze. Sie sehen, daß ein Teil der Flamme besonders hell ist, wie ein glühendes Herz der Flamme. Konzentrieren Sie Ihre Aufmerksamkeit ganz auf das helle, glühende Herz der Flamme, und in wenigen Augenblicken werde ich anfangen zu zählen.

Wenn ich ›Eins‹ sage, werden Sie die Augen schließen, aber Sie werden weiterhin die Kerzenflamme vor sich sehen. Sie werden auch Ihr geistiges Auge ganz auf den hellsten Teil der Flamme konzentrieren. Und während ich zu Ihnen spreche, werden Sie schläfrig und immer schläfriger werden, denn die Flamme wird Ihnen zu einem Symbol des Schlafes werden. Die Flamme bedeutet Schlaf; die Flamme bedeutet Schlaf. Schon jetzt beginnt Ihr Unterbewußtsein, das Bild der Flamme mit dem Schlafen zusammenzubringen. Die Flamme wird in Ihrem Unterbewußtsein zu einem Zeichen des Schlafes, des tiefen Schlafes. Ob Sie wirklich in die Flamme schauen oder die Flamme nur vor Ihrem geistigen Auge sehen – Sie werden müde werden. Ihre Glieder werden schwer, Ihre Augenlider werden schwer und schwerer, und Sie sehnen sich danach, in erquickenden Schlaf zu versinken. Die Flamme bedeutet Schlaf. Flamme und Schlaf. Flamme und Schlaf.

Wenn ich ›Zwei‹ zähle, werden Sie wieder die Augen öffnen und in die Flamme schauen. Und während Sie das tun, werden Sie bemerken, daß der Blick in die wirkliche Flamme Sie noch müder macht; noch tiefer wird in Ihr Unterbewußtsein dringen, daß die Flamme Schlaf bedeutet, daß die Flamme das Symbol des Schlafes ist, daß die Flamme ein Zeichen für Sie ist, müde zu werden und in einen sanften, erquickenden Schlaf zu sinken.

Und dann werde ich ›Drei‹ zählen. Sie werden wieder die Augen schließen und Ihr geistiges Auge auf die Flamme konzentrieren. Nun werden Sie sehr, sehr müde sein. Sie werden die Augen geschlossen halten und in tiefen, sanften, erquickenden Schlaf versinken, während ich weiter zu Ihnen spreche.«

Ich fragte Ruth Simmons, die offenbar schon sehr müde wurde, ob sie meine Anweisungen deutlich verstände. Mit schläfriger Stimme bestätigte sie es.

So fing ich an zu zählen. Nach jeder Zahl wiederholte ich monoton meine Suggestion, die das Ziel hatte, eine feste Verbindung zwischen »Flamme und Schlaf« herzustellen. (Ich bin keineswegs überzeugt, daß diese monotone Wiederholung für das Hypnotisieren von Bedeutung ist, aber sie gehört zum festen Programm fast aller Hypnotiseure, und diesmal sah ich nicht den geringsten Anlaß, von der allgemeinen Methode abzuweichen.) Endlich, nachdem ich »Drei« gezählt hatte, fiel Ruths Kopf zur Seite auf das Kissen; sie atmete tief und regelmäßig.

Jetzt wandte ich eine bestimmte Technik zur Vertiefung der Trance an. Dann folgte die eigentliche Hypermnesie. Das Tonband gibt die Sitzung folgendermaßen wieder (meine gelegentlichen Kommentare stehen in Klammern):

Band 1

... Tief schlafen ... tief und tiefer schlafen ... tiefer und tiefer schlafen. Nun wollen wir zurückwandern. Wir wollen zurückwandern durch Zeit und Raum, genauso, als blätterten wir die Seiten eines Buches zurück. Und wenn ich wieder zu Ihnen spreche ... wenn ich wieder zu Ihnen spreche ... wenn ich wieder zu Ihnen spreche, dann werden Sie sieben Jahre alt sein, und Sie werden meine Fragen beantworten können. Jetzt. Jetzt bist du sieben Jahre alt. Gehst du zur Schule?
Ja.
Gut. Wer sitzt vor dir?
Eh ... Jacqueline.
Und wer sitzt hinter dir?
Verna Mae.
Verna Mae – und weiter?
Booth.
Kennst du auch ein paar Jungen aus der Klasse?
Hmhm.
Nenne einen bei Namen!
Donald.
Donald – und weiter?
Barker.
Was tust du am liebsten?
Eh ... Lesen. Lesen.
Kannst du gut lesen?
Einigermaßen.
Gut?
Einigermaßen.
Gut. Nun ruh dich aus. Sei ganz ruhig! Wir wollen noch weiter zurück, zurück durch Zeit und Raum. Wir gehen nun zurück, und du wirst fünf Jahre alt sein. Wir gehen zurück in die Zeit, als du fünf Jahre warst. Wenn ich wieder zu dir spreche, dann wirst du fünf Jahre alt sein. Jetzt bist du fünf Jahre alt und kannst meine Fragen beantworten.
Gehst du zur Schule?
Hmhm ... ja.
In welcher Stadt wohnst du?
Chikago.
In welcher Klasse bist du?

Kinder . . . garten.
Gut. Wer sitzt vor dir?
Niemand.
Wie kommt das?
Oh . . . wir sitzen an langen Tischen . . . Niemand sitzt vor mir.
Wer sitzt links von dir?
Eh . . . Violet.
Violet – und weiter?
Crosby.
Und wer sitzt rechts von dir?
David.
David – und weiter?
Daniels.
Gut. Was spielst du am liebsten?
Emmm . . . emmmmmmmmm . . . Himmel und Hölle.
Wer ist deine beste Freundin?
Jacqueline.
Gut. Und dein liebstes Spielzeug?
Bubbles.
Gut.
Puppe. Puppe.
Aha: Bubbles ist eine Puppe.
Hmhm.
Welches ist dein liebstes Kleid? Hast du ein Kleid, das dir besser gefällt als alle andern?
Hmm*hm*!
Was für eins ist das?
Ein schwarzes Samtkleid . . . mit klitzekleinen Schleifchen auf den Taschen . . . schwarzes Samtkleid mit großen Taschen . . . ich kann die Hände hineinstecken, mit Schleifchen darauf.
Gut. Sehr gut. Und nun ruh dich aus, ganz entspannt, denn nun wirst du noch weiter zurückgehen durch Zeit und Raum. Wenn ich wieder zu dir spreche, dann wirst du drei Jahre alt sein; du wirst drei Jahre alt sein. Jetzt, jetzt bist du drei Jahre alt. Nun, gehst du zur Schule?
Nein.
Du gehst nicht zur Schule?
Nnnn.
Was ist dein Lieblingsspielzeug?
Emmmm . . . Hund.
Ein Spielzeughund oder ein richtiger?
Ein richtiger.

Wie heißt er?
Buster.
Gut. Hast du auch Puppen?
Eine kleine bunte Puppe.
Weißt du, wie sie aussieht?
Hmhm.
Nun, wie sieht sie aus?
Sie ist bunt wie ein bunt angezogenes Baby ... schwarze Haare auf den Kopf gemalt ... und ein getupftes Kittelchen. Keine Schuhe. Ein Lätzchen hat es um ... es ist schmutzig ... habe es nicht gewaschen, niemand hat das Lätzchen gewaschen ...
Gut, schon gut.
Schmutzig.
Hast du Spielkameraden?
Nur meine Schwester.
Wie heißt deine Schwester?
Helen ... Helen.
Gut. Hast du noch andere Spielkameraden?
Nein.
Kein kleiner Junge, kein Mädchen, etwa im Nachbarhaus?
Nein.
In welche Kirche gehst du?
Keine Kirche.
Gut. Nun werde ich in wenigen Augenblicken wieder zu dir sprechen. Wenn ich wieder zu dir spreche, wenn ich wieder zu dir spreche, wirst du nur ein Jahr alt sein. Jetzt, jetzt bist du ein Jahr alt, und du kannst meine Fragen beantworten. – Nun, wie alt bist du jetzt?
Ein Jahr.
Hast du Spielsachen?
Ja ... Klötzchen und eine ... äh ... Stoffpuppe, und ich habe sie zerrissen und an ihr gelutscht ... da sah sie ganz komisch und verschrumpelt aus.
Wie heißt sie?
Einfach Baby.
Was sagst du, wenn du Wasser trinken möchtest?
Wa ... Wa.
Und was sagst du, wenn du Milch willst?
Eh ... kann ich nicht sagen.
Ruh dich aus, entspanne dich! Jetzt werde ich eine Zeitlang keine Frage mehr stellen. Aber du mußt über alles nachdenken, was ich dir sage. Ich will, daß du über meine Worte nachdenkst. Du wirst

zurückgehen ... zurück, immer zurück durch Zeit und Raum. Jetzt zum Beispiel bist du sechs Jahre alt. Denke an die Zeit, als du sechs Jahre alt warst. Denke an die Zeit, als du sechs Jahre alt warst. Und nun gleite noch weiter zurück, bis du fünf Jahre alt bist. Denke daran. Sieh dich selbst. Sieh irgendeine Szene. Sieh irgendeine Szene, in der du fünf Jahre alt bist. Du brauchst mir nichts davon zu berichten, nur daran denken sollst du und die Szene vor dir sehen. Jetzt geh weiter zurück. Vier Jahre alt. Sieh dich, sieh irgend etwas, was sich zutrug, als du vier Jahre alt warst. Und nun geh weiter zurück, immer weiter. Drei Jahre alt. Sieh dich im Alter von drei Jahren. Und nun noch weiter zurück. Zwei Jahre alt, zwei Jahre alt, zwei Jahre alt. Und nun noch weiter zurück. Ein Jahr alt, ein Jahr alt. Sieh dich im Alter von einem Jahr. Sieh irgendeine Szene. Sieh dich selbst. Schau dich selbst an im Alter von einem Jahr. Und nun geh noch weiter zurück. Es ist seltsam, aber du kannst noch weiter zurück.
Ich will, daß du im Geiste immer weiter und weiter zurückgehst. Und so überraschend es sein mag, so seltsam es sein mag, du wirst entdecken, daß du noch andere Szenen in der Erinnerung hast. In deinem Gedächtnis finden sich andere Szenen aus fernen Ländern und fremden Orten. Ich werde wieder zu dir sprechen. In wenigen Augenblicken werde ich wieder zu dir sprechen. In wenigen Augenblicken werde ich wieder zu dir sprechen. Inzwischen wird dein Geist zurückwandern, zurück, zurück und immer zurück, bis er eine Szene entdeckt, bis du dich seltsamerweise selbst in irgendeiner andern Situation, an einem andern Ort, in einer anderen Zeit wiedersiehst, und wenn ich wieder zu dir spreche, dann wirst du mir davon erzählen. Du wirst mir davon erzählen. Du wirst mir davon erzählen und meine Fragen beantworten können. Und nun sei ganz ruhig, entspanne dich, während diese Szenen vor dir aufsteigen ...
Jetzt wirst du mir erzählen, jetzt wirst du mir erzählen, was für Szenen du siehst. Was hast du gesehen? Was hast du gesehen?
... Eh ... die Farbe von meinem ganzen Bett gekratzt. Gerade neu und ganz schön gestrichen. Es war ein Metallbett, und ich habe alle Farbe davon abgekratzt. Mit den Fingernägeln habe ich alle Pfosten bearbeitet, ganz kaputtgemacht. Schrecklich.
Warum hast du das getan?
Ich weiß nicht. Ich war einfach wütend. Ich habe fürchterliche Prügel bekommen.
Wie heißt du?
... Eh ... Friday.

Was? ... Wie heißt du?
Friday.
(Ich hatte »Friday«, Freitag, verstanden. Und alle andern Anwesenden hatten, wie sie mir später sagten, ebenfalls »Friday« gehört. Aber wir sollten bald eines andern belehrt werden.)
Hast du noch einen anderen Namen?
Hm ... Friday Murphy.
Und wo wohnst du?
... Ich wohne in Cork ... Cork.
Dort also wohnst du?
Hmhm.
Und wie heißt deine Mutter?
Kathleen.
Und der Name deines Vaters?
Duncan ... Duncan ... Murphy.
Wie alt bist du?
Hm ... vier ... vier Jahre alt.
Und du hast die Farbe an deinem Metallbett abgekratzt?
Ja ... alle Farbe abgekratzt.
Gut. Jetzt versuche, dich ein wenig älter zu sehen. Versuche, dich im Alter von fünf oder sechs oder sieben Jahren zu sehen; oder versuche dich als größeres Mädchen zu sehen. Bist du ein Mädchen oder ein Junge?
(Da ich der Meinung war, der von ihr angegebene Name habe wie Friday geklungen, kam mir plötzlich der Gedanke, dieses Wesen Friday Murphy könne auch männlichen Geschlechts sein.)
Ein Mädchen.
Gut. Siehst du dich nun schon älter?
Jawohl.
Was tust du gerade?
Ich spiele ... spiele Vater und Mutter ... mit meinem älteren Bruder.
Wie heißt dein Bruder?
Duncan.
Und der Name deines Vaters?
Duncan.
Aha. Wie alt bist du jetzt, wo du Vater und Mutter mit deinem Bruder spielst?
Acht.
In was für einem Haus wohnst du?
Eh ... es ist ein hübsches Haus ... ein Holzhaus ... weiß ... es

hat ... hat zwei Stockwerke ... hat ... ich habe ein Zimmer oben ... die Treppe hinauf und dann links. Es ist sehr hübsch.
Wie heißt das Land, in dem du wohnst?
Irland.
Aha. Hast du noch andere Brüder oder Schwestern?
Ich habe einen Bruder, der gestorben ist.
Woran ist er gestorben?
Er war krank. Hatte irgend etwas Schwarzes ... etwas Schwarzes. Ich weiß es nicht.
Wie alt warst du, als er starb?
Ich war vier ... gerade vier. Er war noch ein Baby.
Aha. Hast du auch Schwestern?
Nein.
Weißt du, wie alt dein Bruder war, als er starb?
Nein. Er war noch ein ... noch kein Jahr alt. Ich weiß nicht.
Jetzt also bist du acht Jahre. Weißt du, in welchem Jahr du lebst?
Nein.
Du weißt nicht, in welchem Jahr du lebst?
Achtzehnhundert und etwas. Achtzehn ... oh ... 1806.
Achtzehnhundertundsechs?
Hmhm.
Was bekommst du zum Frühstück? Was ißt du am Morgen?
Oh...äh ... essen ... Milch ... Milch ...
Und sonst noch?
Semmeln.
Semmeln?
Semmeln. Ich esse Semmeln (*muffins*) und Marmelade und Milch und Obst. Meistens Semmeln.
Wo arbeitet dein Vater. Wo arbeitet dein Vater?
Er ist *barrister* (Rechtsanwalt) ... in der Stadt ... Rechtsanwalt ... in der Stadt und im Dorf.
In welcher Stadt?
In Cork ... in Cork.
(Der Ausdruck *»barrister«* für »Rechtsanwalt« versetzte uns alle in Erstaunen. Dieses im modernen Amerikanisch ungebräuchliche Wort mußte uns aus dem Munde von Ruth Simmons, die wir so gut kannten, höchst seltsam klingen.)
Gut. Du sagst, er fährt in die Stadt. Und?
Er ist Rechtsanwalt. Er ist ein kluger Mann.
Was spielst du gewöhnlich?
Verstecken. Duncan muß mich suchen.
Duncan sucht dich.

Hmhm. Ich finde Duncan nie. Er kennt bessere Verstecke als ich.
Duncan ist doch älter als du, nicht wahr?
Ja.
Wieviel älter?
Er ist zwei Jahre älter als ich.
Jetzt erzähle von deinem Vater! Ist er groß oder klein?
Groß.
Welche Farbe hat sein Haar?
Etwas rötlich, wie meines.
Du hast rotes Haar?
Richtig rot. (Ruths Haar ist zweifellos nicht rot, sondern braun.)
Und wie heißt du?
Friday.
Warum hat man dich Friday genannt?
Bridey . . . Bridey.
Ach so: Bridey. Warum hat man dich so genannt?
Nach meiner Großmutter, Bridget . . . Und ich bin Bridey.
Aha. Gut, und nun erzähle von deiner Mutter! Ist sie groß oder klein?
Mittelgroß . . . ist sie.
Welche Farbe hat ihr Haar?
Schwarz.
Groß oder klein?
Mittelgroß.
Und wie heißt sie?
Kathleen.
Hmm. Kennst du die Namen von einigen Nachbarn?
Wir haben keine Nachbarn . . . wohnen draußen vor dem Ort.
Gut. Und jetzt versuche dich zu sehen, wie du ein wenig älter bist. Älter als acht Jahre. Versuche, dich älter werden zu sehen. Versuche, dich im Alter von ungefähr fünfzehn Jahren zu sehen. . . . Kannst du das?
Hmhm.
Hast du irgendeinen Beruf, eine Stelle, im Alter von fünfzehn Jahren? Arbeitest du irgendwo?
Nein.
Bist du immer zu Hause?
Nun, ich gehe in Mrs. . . . Mrs. . . . Mrs. . . . äh . . . Strayne's Internat, und ich bin die ganze Woche von zu Haus fort.
(Tatsächlich klang der Name wie »Mrs. Drain«. Während einer späteren Bandaufnahme erfuhren wir hingegen die obige Schreibweise: *Strayne*.)

Ah, du gehst zur Schule.
Hmhm.
Was lernst du denn da?
Ach, eine Dame zu sein ... Haushalt ... und Benehmen.
Aha. Wirst du einmal heiraten?
Ja.
Wie heißt der Mann, den du heiratest?
Heiraten ... Brian.
Wen?
Brian.
Ist das der Vor- oder Zuname?
Vorname.
Und der Zuname?
MacCarthy.
(Die Schreibweise »Brian« und »MacCarthy« ergab sich erst während einer späteren Sitzung.)
Gut. Was tut er?
Sein Vater ist ebenfalls Rechtsanwalt, und er geht in die Schule. Und wir werden heiraten. Er geht in Belfast in die Schule.
Hmm. Ist es eine glückliche Ehe?
Ja.
Ihr streitet euch niemals?
Oh, doch, manchmal. Aber meist ... aber meist waren es nur kleine Zänkereien.
Aber du liebst Brian?
Oh, ja.
Habt ihr Kinder?
Nein.
Du hast niemals ein Kind bekommen?
Nein. Keine Kinder.
Aha. Bleibst du immer in Cork wohnen?
Nein ... ich ziehe nach Belfast.
(Gerade hier trat der irische Tonfall deutlich hervor. Das »ziehe nach Belfast« klang so, als käme die Sprecherin soeben aus Irland.)
Du ziehst nach Belfast?
Hm. Brian geht in Belfast zur Schule. Seine Eltern wohnen in Cork, aber seine Großmutter wohnt in Belfast, und wir wohnen in einem Häuschen hinter ihrer Villa, und er geht in die Schule.
Er sorgt also gut für dich?
Ja.
Aber ihr habt keine Kinder?

Keine Kinder.
Wohnst du in Belfast?
Ja.
Hast du Belfast ebenso gern wie Cork?
Nein.
Hast du gute Bekannte in Belfast?
Ja.
Wie heißen sie?
Mary Catherine und ihr Mann ... er heißt Kevin. Sie haben Kinder, und wir besuchen sie gern.
In welche Kirche gehst du?
St. Theresa-Kirche.
Aha.
Hmhm ... in Belfast.
Wie heißt der Pfarrer? Kennst du den Namen des Priesters?
Father John. Father John.
Kennst du deinen Katechismus?
Oh ... oh ... habe einen Katholiken geheiratet ... weiß nicht so gut Bescheid, wie ich sollte. Ich glaube nicht ...
Du warst also nicht katholisch, als du klein warst?
Nein.
Was warst du dann, als du klein warst?
Ich war protestantisch.
Welches protestantische Bekenntnis?
Ich ging in eine kleine Kirche ... Es war eine ... es war ... jedenfalls keine Sekte.
Gut. Kennst du ein paar irische Wörter? Irische Wörter?
Oh ... oh ... was wollen Sie wissen? Ja ... z. B. *colleen* (Mädchen) ... und ... oh ... wie heißt noch der Geist ... Was nennt man denn einen Geist? Oh, ich glaube ... *mother socks* ... oh. Und dann noch ... oh ... *brate.*
(Zwischen »*colleen*« und »*brate*« sagte sie ein anderes Wort. Aber das Tonband gibt es nicht genau genug wieder, um es halbwegs sicher niederschreiben zu können. Der Ausdruck »mother socks« war allem Anschein nach eine Art Verwünschung, die sie in der Erregung hervorstieß, während sie krampfhaft in ihrem Gedächtnis nach andern Wörtern suchte.)
Was war das für ein Wort?
Brate.
Was heißt denn das?
Äh, das ist ein ... kleiner Becher ... aus dem trinkt man, und man wünscht sich etwas dabei. Ganz ... ganz typisch irisch ist

das. Immerzu denken wir daran ... sich etwas dabei wünschen. Trinke aus dem *brate* und wünsche dir etwas dabei! ... Oh, ich kann an nichts denken.
Kennst du Gebete ... irische Gebete ... mit irischen Wörtern?
Wir sprechen immer die Gebete aus der Bibel ... zu Haus.
Kannst du eins aufsagen? Kannst du uns jetzt sofort ein Gebet aufsagen?
Ja, das Gebet, das wir vor dem Essen sprechen.
(Hier sagte Ruth ein vierzeiliges, in Amerika unbekanntes Tischgebet auf. Es wird später zitiert.)
So beten wir vor dem Essen.
Gut. Und nun – kannst du uns noch etwas von irischen Bräuchen sagen, von Bräuchen und Sitten in Irland, von denen du erzählen kannst? Warst du vielleicht einmal auf einem Leichenschmaus?
O ja, ich war mal da ... vor der Beerdigung. Ja, es war ... es war mit Brian und seinem Onkel und ... sie blieben wach ... und sie alle sind schrecklich traurig. Das ist nämlich immer am Abend vorher. Am Abend, bevor man sie hinausfährt, um sie zu verscharren (*ditch*) ... in die Erde, und sie sitzen alle herum und weinen und trinken Tee, und alle sind traurig. Und am nächsten Tag verscharrt man sie.
Was heißt das: Man verscharrt sie?
Man legt sie in die Erde ... für immer.
(Wieder war der irische Akzent besonders deutlich.)
Aha. Und gibt es vielleicht noch andere irische Bräuche oder Sitten, von denen du uns erzählen kannst?
Oh ... man tanzt bei der Hochzeit.
Wie nennt man das?
Oh, irgendso ein irischer *jig* (Gigue – schneller Tanz); die Braut tanzt, und die andern stecken ihr Geld in die Tasche ... damit sie sich etwas kaufen kann ... auf dem Fest gibt nämlich jeder Geld, und so bekommt die Braut ein Geschenk. Es sind Leute, die sonst kein Geschenk schicken würden.
Aha. Möchtest du uns vielleicht sonst noch etwas über Irland erzählen?
Es ist schön.
Gut. Sei ganz ruhig, entspanne dich. Ruhe deinen Geist vollkommen aus. Geh noch weiter zurück. Geh wieder zurück in die Zeit, als du ein kleines Mädchen in Irland warst, und immer weiter zurück, noch weiter, weiter, immer weiter, zurück, zurück, zurück und weiter zurück. Gehe zurück in ein anderes Leben, vor dem Leben in Irland. Du wirst zurückgehen, zurück,

immer weiter zurück, immer weiter zurück, und merkwürdigerweise, seltsamerweise wirst du irgendeine Szene sehen. Wenn ich wieder zu dir spreche, dann wirst du dich an eine Szene erinnern, die dich selbst betrifft. Auch wenn du ganz anders aussiehst, wirst du genau wissen, daß du es bist, und du wirst imstande sein, mir davon zu erzählen. Nun denke etwas nach, und du wirst überrascht sein, wie einfach es ist, die Szene vor dir zu sehen. Jetzt! Gleich werde ich wieder zu dir sprechen.
(Nun gab ich ihr drei oder vier Minuten Zeit zum Nachdenken. Ich weiß nicht, ob sie diese Pause wirklich brauchte. Aber ich gab sie ihr. Während der ganzen Sitzung hatte ich das kleine Mikrofon gehalten und es von Zeit zu Zeit, immer dicht an Ruths Mund, aus einer Hand in die andere getan. Ich muß gestehen, daß ich von allem sehr erregt war.)
Jetzt erinnerst du dich an eine Szene. Du siehst eine Szene vor dir. Erzähle davon! Erzähle davon!
Es stirbt ... ein kleines, ganz kleines Kind.
Es stirbt?
Hmhm.
Wer stirbt?
Ich.
Wo bist du? Hast du eine Ahnung, wo du bist?
In einem Haus, und mein Kopf ... Krankheit.
In welchem Land? Weißt du das?
In ... Amerika.
Weißt du, wie du heißt?
Nein.
Weißt du, wie alt du bist?
Ein kleines Kind ... ein ganz kleines Baby.
Wie heißt deine Mutter?
Eh ... Vera.
Und dein Vater?
John.
Weißt du seinen Nachnamen?
Jamieson.
(Ich habe keine Ahnung, wie sich dieser Name schreibt; meine Wiedergabe ist bloße Vermutung.)
In welchem Staat wohnst du?
... New Amsterdam.
Weißt du zufällig, in welchem Jahr du lebst?
Nein.
Aber du bist in Amerika?

Ja.
Woher weißt du das?
Es ... ich weiß es ganz bestimmt.
Und bist du gestorben?
Ja.
Gut. Nun ruhe dich wieder aus. Sei ganz ruhig, vergiß alles. Die Erinnerung daran soll dich nicht aufregen. Und wirst noch weiter zurückgehen. Du wirst noch weiter zurückgehen, zurück, zurück, zurück, zurück. Und du wirst eine andere Szene sehen. Und sobald du eine Szene siehst, wirst du mir darüber berichten.
(Keine Antwort.)
Siehst du eine andere Szene?
Nein ... nein.
Erinnerst du dich an nichts?
Nein.
Schön. Kehren wir in die Zeit zurück, als du in Irland warst. Siehst du dich wieder in Irland und Cork?
Ja.
Gut. Wie heißt du?
Bridey.
Und dein Zuname?
Murphy.
Wie heißt der Mann, den du geheiratet hast?
Brian.
Brian – und weiter?
MacCarthy.
(Ihre Antworten klangen ausgesprochen patzig, als sei sie ehrlich wütend, daß ich diese alten Fragen noch einmal stellte.)
Gut. Nun sieh dich in deinem Leben in Irland, beobachte dich bis zum Zeitpunkt deines Todes. Und erzähle, erzähle wie ein unbeteiligter Zuschauer, damit du dich nicht aufregst, erzähle mir, wie du gestorben bist.
Ich fiel ... fiel auf der Treppe, und ... ich muß mir wohl auch irgendwelche Knochen in der Hüfte gebrochen haben. Und ich war eine schreckliche Last.
Warst du schon alt?
Sechsundsechzig.
(Der erste Teil ihrer Antwort – *sixty* – kam blitzschnell, als wisse sie ohne jede Überlegung, daß sie bei ihrem Tode in den Sechzigern gewesen war. Aber die *six* kam nur zögernd, als sei es nicht ganz so einfach, sich an ihr genaues Alter zu erinnern.)
Wie bist du schließlich gestorben?

Ach, ich ... dämmerte einfach hinüber.
Du wolltest nicht mehr weiterleben?
Nein ... Ich war eine solche Last. Mußte herumgetragen werden.
War Brian noch am Leben?
Ja ... er war auch da.
Sorgte er gut für dich?
Ja. Dabei war er immer so müde.
Wirklich?
Ja.
In welcher Stadt wohntest du, als du starbst?
In Belfast.
Weißt du, an welchem Tag du gestorben bist?
Hmhm. An einem Sonntag.
Und du erinnerst dich noch daran?
Ja, Brian war in der Kirche, und er war schrecklich aufgeregt, weil er nicht bei mir gewesen war. Er verließ mich, ließ mich allein. Aber er dachte doch nicht, daß es so schnell zu Ende gehen werde. Eine Dame kam und blieb bei mir, damit er zur Kirche gehen konnte ... und ich starb.
(Diese Antwort schob meine Befragung auf ein völlig unvorhergesehenes Gleis. Niemals hatte ich auch nur daran gedacht, Erinnerungen an das, was nach ihrem Tode geschehen war, aus ihr herauszulocken. Aber Brideys eigene Bemerkung schien mir einen Vorstoß in diese Richtung direkt aufzuzwingen.
Sie hatte gesagt: »Brian war in der Kirche, und er war schrecklich aufgeregt, weil er nicht bei mir gewesen war.« Diese Feststellung gab mir zu denken. Wenn Brian bei ihrem Tode nicht anwesend gewesen war – wenn er in der Kirche gewesen war –, woher konnte Bridey dann wissen, daß er sich »aufregte«, als er erfuhr, sie sei in seiner Abwesenheit gestorben?
Es gab nur eine Möglichkeit: Die Bemerkung wurde verständlich, wenn Bridey in irgendeiner Weise wußte, was nach ihrem Tode geschehen war. Ich wollte der Sache nachgehen.)
Wie alt warst du?
Sechsundsechzig.
Littest du Schmerzen, als du starbst?
Nein. Ich war nur müde.
Aha, nur müde. Du wolltest sterben?
Ja.
Glaubtest du, daß du nach dem Tode weiterleben würdest?
Ja.

Kannst du uns berichten, was nach deinem Tode geschah? Kannst du uns sagen, was vor sich ging, nachdem du gestorben warst?

Ich tat nicht, was Father John gesagt hatte ... Ich schwebte nicht ins Fegefeuer.

(Wenn ich zurückschaue, scheint mir diese Antwort besonders bedeutsam. Anstatt all das aufzuzählen, was sie getan hatte – oder überhaupt von ihrem Tun zu berichten – sagte Bridey gewissermaßen in einem Gefühlsausbruch, fast aggressiv, was sie *nicht* getan hatte.

Man hat den Eindruck, so behaupteten einige Leute, die sich die Bandaufnahmen anhörten, als habe sich Bridey mit dem Problem des Fegefeuers besonders herumgeschlagen. Es ist gut möglich, daß sie sich auf ihrem Sterbebett ausgesprochen furchtsame Gedanken gerade darüber gemacht hat. Daher rührt wohl diese Reaktion auf ihre gestaute Angst: »Ich tat nicht, was Father John gesagt hatte. Ich schwebte nicht ins Fegefeuer.«)

Wohin hast du dich begeben?

Ich blieb einfach im Hause ... bis auch Father John starb.

Und konntest du ihn während dieser ganzen Zeit sehen?

Hmhm.

War Father John auch tot?

Oh, er starb ... Ich sah ihn. Ich sah ihn, als er starb.

Und da hast du mit ihm gesprochen?

Ja.

Aha. Nun, und als Brian starb, kam er da zu dir?

Nein ...

Er kam nicht zu dir?

Nein. Ich sah ihn nicht ... beobachtete ihn ... oft und oft, bis Father John starb. Dann verließ ich das Haus.

Aha. Als Father John starb, verließest du das Haus.

Ja.

Aber bis Father John starb, bliebst du im Haus?

Ja, er kam Brian besuchen, und ich blieb.

Gut. Und als du dann das Haus verließest – wohin bist du da gegangen?

Ich ging ... heim nach Cork ... und ich ... sah meinen Bruder.

Welchen Bruder?

Duncan. Und er lebte noch! ... Aber er war sooo alt.

(Duncan mußte tatsächlich alt gewesen sein, vermutlich über siebzig. Und da Bridey ihn wohl seit vielen Jahren nicht mehr gesehen hatte – sie hatte ja in Belfast gewohnt –, scheint es

verständlich, daß sie zuerst einmal äußerst überrascht war über die Veränderung, die mit Duncan vorgegangen war.)
Er lebte noch?
Ja.
Und da bliebst du in seinem Haus?
Ja, ich blieb in Duncans Haus.
Ließest du Duncan irgendwie wissen, daß du da warst?
Nein, er . . . er antwortete mir nicht.
Wie versuchtest du denn, mit ihm zu sprechen?
Ich . . . ich stellte mich neben sein Bett und sprach zu ihm, aber er sah mich nicht.
Er sah dich nicht. Nun, und starb er schließlich auch?
Ja, er starb.
Und dann kam er zu dir?
Nein. Es waren eine Menge Leute da, die ich nicht kannte.
Eine Menge Leute, die du nicht kanntest?
Ja, aber ich sah nicht alle, die ich gekannt hatte. Father John aber sah ich! . . . Und meinen kleinen Bruder, der als Baby gestorben war, sah ich auch.
(Brideys kleinen Bruder hatte ich fast vergessen. Er war ja, wie sie gesagt hatte, in frühester Jugend gestorben.)
Ah, den hast du gesehen?
Ja.
Hast du mit ihm gesprochen?
Ja, er sprach mit mir, aber er wußte nichts; ich mußte ihm sagen, daß ich wußte, wer er war.
(Es leuchtete ein, daß das Baby diese sechsundsechzigjährige Frau nicht erkannt hatte; gewiß mußte sie ihm sagen, wer sie war. Bridey ihrerseits erkannte ihn sofort; offenbar hatte er sich nicht verändert.)
Ach, er wußte nichts?
Nein.
Aber dann erkannte er dich?
Ja, er sagte, er könne sich an mich erinnern, an einiges, was mit mir zu tun hatte. Aber von meiner Mutter oder unserm Haus wußte er nichts mehr, oder . . . Aber an einiges, was Duncan anging, erinnerte er sich doch: Duncan hatte ihn oft vom Rand der Wiege geschubst und sie umgestoßen, und dann war er gefallen. Und an einige Gegenstände erinnerte er sich auch noch.
Wie war es denn da? Gefiel es dir dort, wo du warst?
Ja.
War es angenehmer als ein irdisches Leben?

Nein.
Es war nicht angenehmer?
Nein, es war nicht ... erfüllt genug ... eben ... ich konnte nicht alles tun ... konnte nichts schaffen und ... konnte mit niemandem lange sprechen. Sie gingen fort ... blieben nicht sehr lange.
(Hier wurde Brideys Stimme traurig, fast klang es, als litt sie Schmerzen. Zahlreiche Hörer des Bandes sind dabei auf den Gedanken gekommen, daß Bridey vielleicht doch im Fegefeuer war, ohne es selbst zu wissen.)
Littest du jemals Schmerzen?
Nein.
Keine Schmerzen. Gut. Hattest du etwas zu essen?
Nein.
Du brauchtest nie zu essen?
Nein. Nicht essen, nicht schlafen, niemals schlafen ... niemals wurde ich dort müde.
Gut. Und nun erzähle mir, wie du jene Welt verlassen hast.
Oh ... ich ... verließ sie und wurde ... geboren ... und ich wohnte wieder in Amerika. Ich wurde in Wisconsin geboren ...
In Wisconsin?
Ja ... Ich wurde ...
(Jetzt sprach sie von ihrer Geburt im Jahre 1923.)
Erinnerst du dich, wie du geboren wurdest? Erinnerst du dich, wie es möglich war, noch einmal geboren zu werden? Erzähle uns davon!
Ich wurde ... ach, ich wurde einfach ... Ich weiß nicht, wie es vor sich ging, aber ich erinnere mich, daß ich plötzlich nicht war ... hm, einfach in einem ... in einem Zustand ... und dann war ich ein Baby.
Wählte irgend jemand den Leib aus, den du bezogst? Wählte jemand den Leib aus?
Davon weiß ich nichts.
Woher wußtest du, in welchem Leib, woher wußtest du, in welches Land du zu gehen hattest? Woher wußtest du das alles? Wer bestimmte das?
Ich weiß nicht ... Anscheinend geschieht es einfach ... und man kann sich an nichts erinnern und ... man erinnert sich an fast alles und dann ... ganz plötzlich ... Ich erinnere mich einfach, daß ich wieder ein Baby war.
(Bridey war nie in der Lage, Einzelheiten des Vorgangs ihrer Wiedergeburt zu berichten – und obwohl ich späterhin außer

Bridey noch andere interessante Medien gehabt habe, hat doch keines über diese Frage Aufklärung geben können. Andere Hypnotiseure behaupten allerdings, da bessere Erfolge erzielt zu haben.)
Und dann also erinnerst du dich, daß du noch als Baby gestorben bist?
... Nein ... nicht, als ich in Wisconsin war.
(Das war ganz einfach eine Falle; ich wollte das Medium in die Irre führen. So etwas habe ich in allen Sitzungen immer wieder versucht. Aber ich hatte keinen Erfolg: sie widersprach sich nie.)
Nicht in Wisconsin?
Nein.
Was hast du dann getan?
Ich habe gelebt.
So? Und was hast du getan?
Oh ... ich wohnte eben da, ein Jahr lang.
Wie war dein Name? Ruth.
Ruth – und weiter?
Ruth Mills. (Ihr Mädchenname.)
Aha. Gut. Dann mußt du doch eine lange Zeit im Geisterreich verbracht haben.
Em ... oh ... ich weiß nicht.
Und während dieser ganzen Zeit warst du niemals imstande, mit irgend jemandem auf der Erde zu sprechen?
Nein. Ich habe es versucht.
Gut. Konnte irgend jemand aus dieser Geisterwelt, konnte irgend jemand aus dieser Geisterwelt mit irgend jemandem auf der Erde sprechen?
Das weiß ich nicht.
Du hast so etwas nie beobachtet?
Nein ... Ich habe es versucht. Viele Leute wollten mit Menschen sprechen, aber die wollten nicht hören.
Aha. Und nun erzähle mir von der Zeit, als du ein Baby in New Amsterdam warst.
Ja.
Das war doch vor diesem Leben, nicht wahr?
Ja.
War das nach dem Leben in Irland oder vor dem Leben in Irland?
Vorher!
Es war vor dem Leben in Irland?
Ja.

Ehe du Ruth Mills warst, hast du also in Irland gelebt. Ist das richtig?
Ja.
Du hast in Irland gelebt und Brian MacCarthy geheiratet. Im Alter von sechsundsechzig Jahren bist du gestorben, dann hast du eine lange Zeit in der Geisterwelt verbracht, und schließlich bist du in Amerika als Ruth Mills geboren worden. Ist das richtig?
Ja, das stimmt.
Reden wir nochmals von der Zeit, als du in Irland gelebt hast. Wir wollen von der Zeit sprechen, als du in Irland gelebt hast und krank geworden bist. Du hast dich verletzt; du bist gefallen und hast dich verletzt, und schließlich bist du im Alter von sechsundsechzig Jahren gestorben. Du erinnerst dich doch, nicht wahr?
(Mir wurde nun klar, wie schrecklich es war, daß ich für die erste Sitzung keinen festen Plan aufgestellt hatte. Ich sprang von einer Phase ihrer Geschichte zur andern, bog von einem Gleis ab, wenn ich plötzlich nichts mehr zu sagen wußte, und kam dann wieder darauf zurück, sobald mir neue Fragen einfielen.)
Ja.
Gut. Nun sage mir noch einmal, was dir nach deinem Tode geschah. Was geschah dir nach deinem Tode? Wohin begabst du dich?
Ich blieb in meinem Haus ... bei Brian.
Konntest du zusehen, wie man dich beerdigte? Sahst du zu, wie man deinen Leib begrub?
Ja, ich sah zu, wie man meinen Leib verscharrte.
Wirklich?
Ja. Sie verscharrten ihn.
Sie verscharrten ihn? Fand auch ein Leichenschmaus für dich statt?
Nein. Ich hatte Brian gesagt, ich möchte nicht, daß jemand unglücklich sei und ... um mich trauerte ...
Ich verstehe.
Ich war eine Last ... und ich freute mich darauf einzuschlafen.
Und du sahst zu, wie man dich verscharrte?
Jawohl.
Hast du versucht, jemandem zu sagen, daß du zuschautest?
Nein, ich war zu müde.
Du warst immer noch müde?
Ja.

Ich wußte ja gar nicht, daß du in jenem Leben auch etwas fühltest.
Es dauerte nicht lange.
Es dauerte nicht lange?
Nein.
Du littest also nicht? Es gab kein Leid?
Kein Leid.
Und du brauchtest nichts zu essen?
Nein.
Und du schliefst nicht?
Nein, ich schlief nicht.
Wie verbrachtest du die Zeit?
Oh ... ich ... schaute einfach zu.
Kam dir die Zeit sehr lang vor? Hattest du überhaupt ein Gefühl für Zeit?
Nein ... Zeit bedeutet nichts.
Du achtetest gar nicht auf die Zeit?
Nein ... sie bedeutet nichts.
Du achtetest gar nicht auf die Zeit?
Nein ... es gab weder Tag noch Nacht ... wie bei euch ... Brian ...
Was hast du gesagt?
Weder Tag noch Nacht, wie für Brian.
Verheiratete sich Brian wieder?
Nein. Das wollte er nicht.
(Das war eine interessante Aussage. Sie antwortete nicht, Brian habe nicht wieder geheiratet; sie betonte entschieden, er habe nicht wieder heiraten wollen – eine Antwort, wie man sie von einer Frau, die ihren Mann sehr genau zu kennen meint, erwarten möchte.)
Erinnerst du dich, wann er starb?
Nein. Ich würde mich noch daran erinnern, aber ich ging ja fort, als Father John starb.
Du gingst fort, als Father John starb?
Ja, ich blieb, bis Father John starb, und dann ging ich nach Haus.
Und trafst du dann mit Father John zusammen?
Oh, ich traf kurz mit ihm zusammen – und sprach mit ihm.
Wo war er denn?
Er war im Haus. Er kam oft zu Besuch.
In Cork?
Nein ... bei Brian ... Da sah ich ihn ... und er kam wieder dorthin. Er besuchte uns gern, und er kam immer wieder.

Nun also, wer starb denn zuerst: du oder Father John?
Ich.
Und einige Zeit später starb er auch? Und unmittelbar danach trafst du mit ihm zusammen? Stimmt das?
Ja, er kam ins Haus . . . er kam, wohin er kommen wollte.
Aber Brian wußte nicht, daß ihr da wart, du und Father John? Stimmt das?
Ja.
Und du konntest es ihm nicht sagen?
Nein. (Gepreßtes Flüstern:) Er hörte ja nicht zu.
Schön. Begaben sich die andern Toten alle an verschiedene Orte?
Ja . . . es gab . . . nein, es war nur ein Ort, aber . . . er ist . . . sehr ausgedehnt.
Wie spracht ihr miteinander?
Genau wie . . . sonst immer.
Aha. Und die andern konnten dich hören?
Ja, sie konnten mich hören.
Aber die Menschen auf der Erde, Brian zum Beispiel, konnten dich nicht hören?
Sie hörten nicht hin!
Sie hörten nicht hin? Du meinst also: Wenn sie versucht hätten zuzuhören, hätten sie deine Worte vernehmen können?
Ich glaube schon.
Aber du weißt es nicht bestimmt?
Nein. Aber ich . . . wollte so . . . schrecklich gern, daß sie zuhörten.
Weiter! Brachte dir in der Geisterwelt jemand etwas bei? Hast du etwas gelernt? Gingst du zur Schule, oder belehrte dich irgend jemand auf irgendeine Weise?
Nein . . . Es war einfach . . . etwas wie ein Durchgang. Einfach eine Periode, nichts als ein Geschehen.
Aber du erinnerst dich jedenfalls, daß du selbst nicht starbst, als dein Leib starb?
Ich wollte es Brian immerzu sagen. Aber er hatte dauernd solche Angst.
Er hatte Angst?
Ja, er . . . fürchtete, nicht genug zu beten, oder . . . nicht genug in die Kirche zu gehen . . . oder so etwas . . . immerzu.
Aha. Ich verstehe. Und jetzt wollen wir noch einen Augenblick in die Zeit zurückgehen, als du ein Baby in New Amsterdam warst, als du als ganz kleines Kind in New Amsterdam starbst. Erinnerst du dich daran?

Jawohl.
Zu welchem Land gehörte New Amsterdam?
Zu Amerika.
New Amsterdam in Amerika.
Ja.
Hm. Weißt du, wie es heute heißt?
Nein...
Heißt es jetzt auch noch New Amsterdam?
Nein.
Wie heißt es jetzt?
New York.
Richtig.
Jetzt heißt es New York.
(Dies ist ein gutes Beispiel für den gleitenden Blickpunkt eines Mediums während der Hypermnesie. Dr. Lewis R. Wolberg, ein berühmter medizinischer Hypnotiseur und Psychiater, sagt dazu: »Die Hypermnesie ist nie stationär, sondern sie ändert sich ständig unter der Einwirkung der Geistestätigkeit eines andern Lebensalters.«
Im vorliegenden Fall gab das Medium zunächst an, den heutigen Namen von New Amsterdam nicht zu kennen. Nach einigen Augenblicken des Nachdenkens jedoch gab ihr gegenwärtiges Wissen die richtige Antwort.)
Wie alt warst du?
Ich weiß nicht... noch ein Baby.
(Alles, was mit New Amsterdam zusammenhängt, ist ohne jede Bedeutung für die Beurteilung der Frage, ob Ruth die Wahrheit sagt. Sie kann keinerlei Daten oder auch nur ihren eigenen Namen nennen. Die Aussagen sind also nur im Rahmen des gesamten Experiments von Belang.)
Gut. Und nun sei ganz ruhig, entspanne dich. Lösche alle Erinnerung vollkommen aus, denn du kehrst nun in die Gegenwart zurück. Jetzt bist du wieder in der Gegenwart. Du bist wieder in der Gegenwart. Du bist völlig entspannt, fühlst dich ganz wohl. Dir ist sehr, sehr wohl – du hast das Gefühl vollkommener Ruhe und Behaglichkeit. Ich werde nun bis fünf zählen. Wenn ich »Fünf« sage, wirst du aufwachen und dich ganz wohl fühlen. Eins... zwei...

Leben auf Abruf

Obwohl der folgende Tag ein Sonntag war, ging ich ins Büro, während Hazel noch den Frühstückstisch abräumte. Seit Jahren hatte ich die Angewohnheit, am Sonntag einige Stunden hinter dem Schreibtisch zu verbringen; nach sechs Tagen Tollhaus trieb mich wohl die ungewöhnliche Aussicht auf ungestörte Ruhe regelmäßig auch am siebenten an meine Wirkungsstätte. An jenem Tage nun genoß ich den Sonntagsfrieden ganz besonders: kein Telefon, kein Vertreter, kein Kunde, keine Panne – keinerlei Unterbrechung.

Da erklang ganz plötzlich vom Haupttor ein donnerndes Poltern. Ich wußte nur zu genau, was der Lärm bedeutete. Normalmenschen klopfen an. Aber dieses ohrenbetäubende Rütteln am Tor, das an ein Erdbeben denken ließ, war nicht das Werk eines Normalmenschen. Das konnte nur Stormy Sam MacIntosh sein. Er war es.

Es gelang mir, das Tor zu öffnen, ehe er es aus den Angeln hob. Und dann brach der Sturmwind Sam über mich herein, mit einem seiner typischen Grußworte auf den Lippen: »Nur ein Idiot arbeitet am Sonntag, du Idiot!«

Sam MacIntosh ist Ingenieur. Obwohl er in den Kreisen der Industrie des gesamten Südwestens bekannt ist – seit zwei Jahrzehnten ist er Oberingenieur in einem bedeutenden Werk, vor allem im Außendienst –, wohnt er doch in Pueblo. Er sieht gut aus, ist schlank und ausgesprochen groß, wohl mindestens 1,90 Meter.

Der stürmische Schotte raste durchs ganze Haus bis zur Abteilung der Elektromotoren. Zwischen zerknautschten Flüchen brachte er mir tatsächlich zur Kenntnis, daß er einen 25-PS-Motor suchte, der sich für einen Kran oder Flaschenzug eignete.

Unter völliger Mißachtung meiner Hilfsversuche suchte er sich den gewünschten Motor heraus, meldete ein Ferngespräch zu seiner Grubenleitung an und organisierte einen Lastwagen, der den Motor noch am gleichen Nachmittag abholen sollte. Mit einem wenig achtungsvollen Seitenblick auf mich und unter erneutem Knurren höchst lästerlicher Spezialworte im Hinblick auf das gesamte Menschengeschlecht marschierte er zur Rechnungsabteilung, schrieb Lieferschein und Faktur aus und legte die Kopien ordnungsgemäß für meine Buchhaltung ab.

Nach vollbrachtem Werk schenkte er mir wieder etwas mehr Aufmerksamkeit. »Hör mal, Dr. Saxon sagt, du hättest dich ein bißchen mit Hypermnesie beschäftigt. Das interessiert mich. Hast du etwa in letzter Zeit mal wieder experimentiert?«
Was sollte man da tun? Sogar zwischen Direktionsbüro und Motorenabteilung schlich das Thema herum!
Ich machte einige allgemeine Ausführungen, ohne mein neuestes Experiment mit einem einzigen Wort zu erwähnen. Aber sein Interesse wuchs von Minute zu Minute, und ganz offensichtlich verstand er mehr von den Dingen, als ich geahnt hatte. Und dann verkündete er ganz unvermittelt: »Heute abend komme ich mit Mary zu euch, um mir eines von deinen Bändern anzuhören.« Bums! MacIntosh gab sich mit leeren Formalitäten nicht ab; er verfügte einfach. Natürlich hatte er mit mir im Laufe der Jahre so manches Geschäft abgewickelt, und Mary, seine gartenbegeisterte Frau, war Hazel schon oft behilflich gewesen.
Als Sam und Mary am Abend eingetroffen waren, entschloß ich mich, keine der üblichen Hypermnesien vorzuführen, sondern das Bridey-Band vom Tag vorher aufzulegen. Während es sich unsere Gäste in ihren Sesseln bequem machten und zuhörten, beschäftigte sich Hazel damit, den Plan eines Landhauses zu entwerfen. Und ich arbeitete an der Satzvorlage für eine ganzseitige Anzeige in einer Fachzeitschrift. Wir hatten das Band ja schon gehört und verspürten keine Lust, ihm nochmals unsere volle Aufmerksamkeit zu schenken.
Nur einmal während des ersten Teils, der normalen Hypermnesie, blickte ich kurz auf. Mary und Sam schienen ernst, ruhig und gelassen wie immer. Später, als die Aufnahme vom Überschreiten der »Schwelle« berichtete – als also das Medium in die Zeit vor seiner letzten Geburt geführt wurde –, ließ ich es mir nicht nehmen, Sam und Mary erneut zu beobachten.
Beim Auftreten von Bridey Murphy beugten sich die beiden Zuhörer weit vor. Marys Kinn sank herab, und Sams Augen wurden schmal. Er sagte nichts. Hazel schien uns alle miteinander vergessen zu haben. Sie war eben mit der rohen Skizze des Erdgeschosses fertig und machte sich nun daran, das Obergeschoß des Landhauses zu entwerfen, das sie vermutlich nie besitzen würde.
Langsam drehte sich die Spule des Bandgerätes weiter und immer weiter, und bald erklang Bridey Murphys Erzählung von der Theresa-Kirche in Belfast.
Ich hörte nur im Unterbewußtsein zu, während ich der nun fast

fertigen Anzeige den letzten Schliff gab.
Plötzlich aber riß Sturmwind Sam die Aufmerksamkeit von uns allen an sich.
Er sprang auf und brüllte: »Stell das Ding ab!«
Erstaunt ging ich zum Apparat und schaltete ihn ab. Beim besten Willen sah ich keinen Grund für einen so rüden Befehl. Fühlte Sam sich irgendwie beleidigt? Ich schaute ihn an und erwartete eine Erklärung.
»Ihr beiden habt da wahrscheinlich etwas von epochaler Bedeutung vor euch«, rief Sam. »Aber ihr sitzt herum, als könntet ihr nur blöde in der Nase bohren!«
»Reg dich doch ab, Sam!« wehrte ich mich. »Wir haben das ja schon gehört.«
»Gehört! Gehört! Dornröschen, erwache. Ich rede nicht vom Zuhören! Ich rede vom Handeln, vom Tun!«
Als er sah, daß ich noch immer ziemlich verständnislos blieb – und nachdem er mir noch einige saftige Kosenamen verpaßt hatte –, fuhr er fort: »Ihr mögt so vorsichtig sein, wie ihr wollt – in aller Kürze wird man über das reden. Und dann werdet ihr vielleicht zum erstenmal merken, welches Unheil Gerüchte, Redereien und Getuschel anrichten können.
Einige Leute werden dich für einen harmlosen Irren erklären. Andere aber werden dich für einen Fanatiker, Unruhestifter, Spinner oder Besessenen halten. Du wirst mit Briefen und Anrufen überschüttet werden, von Medien, Hypnosebegeisterten und Steckenpferdreitern. Und zur Krönung des Ganzen werden eine Menge Leute den falschen Eindruck gewinnen, daß du ihren religiösen Gefühlen zu nahe treten willst.«
Ein kurzes Schweigen trat ein, und ich dachte angestrengt nach. Schließlich fragte ich: »Und was könnte ich tun?«
»Leider nicht viel. Aber einiges vielleicht doch. Zunächst einmal dürft ihr, Hazel und du, mit der Nachprüfung der Aussagen in Irland – z. B. mit der Suche nach den Personen, deren Namen hier genannt werden – absolut nichts zu tun haben. Überlaßt das einer neutralen Agentur. Und fangt nicht etwa an, jetzt allerlei über Irland zu lesen. Haltet euch von allem so fern wie nur irgend möglich. Du darfst nur der Mittelsmann sein, nichts als der Mann mit dem Tonband. Und dann: mache weitere Aufnahmen, mehr und immer mehr. Nimm die Frau ins Kreuzverhör, fühle ihr hart auf den Zahn. Sammle Fakten, Fakten und noch einmal Fakten!«
Während Sam mir leichtzüngig anriet, »mehr und immer mehr

Aufnahmen« zu machen, mußte ich daran denken, wie schwierig es gewesen war, eine einzige Sitzung zustande zu bringen. »Und wenn ich all deinen Ratschlägen folge«, fragte ich, »werde ich dann keinerlei Ärger haben?«
Sam zwang sich ein für ihn höchst seltenes Lächeln ab. »Das will ich nicht behaupten. Aber tu trotzdem, was ich dir sage.«
»Übrigens, Mac, ich hatte gar keine Ahnung, daß du dich für die Seelenwanderung interessierst.«
Sein Gesicht nahm einen verschlossenen Ausdruck an. »Das tue ich auch nicht.« Dann wurde er jedoch ein wenig zugänglicher und fügte hinzu: »Aber vor Jahren habe ich mich einmal mit Wunderkindern beschäftigt. Ganz bin ich nie darüber hinweggekommen. Mozart hat im Alter von vier Jahren eine Sonate geschrieben und mit sieben eine Oper. Und ein zwölfjähriger Junge wurde von der Regierung wegen seines technischen Genies zum Bauleiter eines wichtigen Kanals ernannt. Und Samuel Reschewsky, das Schachwunder? Mit nur fünf Jahren besiegte er in einer Simultanpartie drei der besten europäischen Spieler.
Ein zweijähriges Kind aus Massachusetts«, fuhr er fort, »konnte lesen und schreiben. Im Alter von vier Jahren beherrschte es vier Sprachen, und wenige Jahre später wurde es mit jeder beliebigen Geometrieaufgabe fertig. Und vor einiger Zeit wurde im *Reader's Digest* vom Blinden Tom, einem Negersklaven, berichtet, der hervorragend auf dem Flügel seines Herrn spielte, als er zum erstenmal die Finger auf die Tasten legte.
Wie kann ein Geist«, meinte Sam, »der erst vier Jahre ist, Sonaten komponieren, mathematische Probleme lösen und meisterhaft Schach spielen? Da muß doch etwas anderes am Werk sein – etwas, was wir nicht erkennen.«
Ich selbst hatte mir darüber auch schon oft Gedanken gemacht. Und ich hatte sogar festgestellt, daß in fast allen diesen Fällen Vererbung als Ursache der überragenden Fähigkeiten kaum in Frage kam. Und außerdem waren die Gebiete, auf denen sich die Wunderkinder betätigten, immer *alt*: Musik, Mathematik, Schach, Sprachen.
Vor dem Aufbruch half Sam mir noch, ein paar Fragen für die nächste Sitzung auszuarbeiten – wobei ich stillschweigend von der Voraussetzung ausging, daß es mir gelingen werde, mein Medium für eine zweite Sitzung einzufangen. Bei unsern Überlegungen machten wir uns klar, daß wir sicherlich nicht erwarten durften, daß Ruth sich an historische und politische Einzel-

heiten erinnerte.
Das Gedächtnis ist schließlich immer von Assoziationen abhängig. Und jede Assoziation ist unlöslich mit Gefühl und Neigung verbunden. So wird man zum Beispiel kaum Mühe haben, sich an sein Abitur zu erinnern, selbst wenn seitdem zwanzig oder mehr Jahre vergangen sind. Würde man jedoch gefragt, wer zu dieser Zeit Gouverneur des Heimatstaates gewesen ist, so käme man bestimmt in arge Bedrängnis. Obwohl in beiden Fällen die gleiche Zeit vergangen ist und man seinerzeit den Namen des Gouverneurs vielleicht täglich in der Zeitung lesen konnte, hat das Gedächtnis nur ein Faktum aufbewahrt und offensichtlich das andere völlig fallengelassen.
Ich wurde einmal gefragt, ob die Sechs auf meiner Uhr römisch oder arabisch geschrieben sei. Ohne nachzusehen konnte ich die Frage nicht beantworten, obwohl ich täglich mehrmals auf die Uhr schaute. Und verblüfft mußte ich schließlich feststellen, daß meine Uhr überhaupt keine Sechs aufweist: An ihrer Stelle befindet sich der Sekundenzeiger.
Das Gedächtnis ist also in der Hauptsache weder von der Häufigkeit der Beobachtung noch vom Lauf der Zeit abhängig. Wesentlich ist vielmehr das Interesse, dessen entscheidendes Moment wiederum das Gefühl ist. Kurz gesagt: je stärker der emotionelle Eindruck des Vorfalls, um so lebhafter die Erinnerung daran.
Genau dasselbe gilt nach meiner Erfahrung auch für hypnotische Experimente. Während die Hypnose das Erinnerungsvermögen gewaltig steigert, vollbringt sie keineswegs das Wunder, Bilder zu beschwören, die dem Medium gefühlsmäßig nichts bedeuten. Die Hypnose hebt einen Vorhang und erlaubt dem geistigen »Auge«, in Tiefen zu dringen, die dem Bewußtsein normalerweise unzugänglich sind. Aber selbst in dieser »Distanz« wird der Geist (in Hypnose) lebhaft und in allen Einzelheiten nur solche Vorfälle wiedererkennen, die zumindest bis zu einem gewissen Grad mit emotionellem Gewicht behaftet sind; auch in Hypnose neigt er dazu, Dinge ohne Gefühlswert einfach zu »vergessen«.
Wir gaben also acht, »Bridey Murphys« Gedächtnis nicht zu überfordern, während wir neue Fragen zusammenstellten. Es war keine lange Liste. Da »Bridey« nach der ersten langen Sitzung ziemlich erschöpft gewesen war, schien es mir unbedingt notwendig, die zweite Sitzung kürzer zu gestalten. Und da ich der Überzeugung war, daß eine normale Rückführung durch das gegenwärtige Leben ratsam war, um das Medium für den

Gang durch das vergangene Leben zu »erwärmen«, blieb für die Befragung nicht gerade viel Zeit.
Außerdem fiel mir nun ein, daß ich über die Verkürzung der Sitzung hinaus noch etwas tun konnte, um »Bridey« in weniger ermüdetem Zustand aus der Trance zu holen. Ich brauchte ihr in einer einfachen posthypnotischen Suggestion nur zu befehlen, sich nach dem Erwachen »besser als vor dem Einschlafen« zu fühlen, »völlig ausgeruht, wohl und entspannt«. Vielleicht war es sogar ein guter Gedanke, ihr vor dem Aufwecken eine Ruhepause von etwa fünf Minuten zu gewähren, wobei ich ihr suggerierte, daß dieser kurze Schlummer dieselbe Wirkung hätte wie ein einstündiger tiefer Schlaf.
Wie erwartet, war es kein Kinderspiel, Familie Simmons zu einer zweiten Sitzung zu bewegen. Aber endlich, acht Tage vor Weihnachten, rief Rex an. Er sagte mir, sie erwarteten an diesem Abend Gäste, aber wenn ich bereit sei, mein Aufnahmegerät mitzubringen und das Experiment bei ihnen durchzuführen, möge ich nur zu ihnen kommen.
Und ob ich kam!
Am 18. Dezember um 21.30 Uhr brachte ich, nachdem ich fiebernd eine Stunde lang plätschernde Konversation gemacht hatte, die zweite Sitzung vor Zeugen zustande. Das Hypnotisieren und die normale Lebensrückführung klappten einwandfrei. Und dann gibt das Band folgendes wieder:

Band II
Und nun wirst du noch weiter zurückgehen, du gleitest zurück, zurück, zurück. So erstaunlich es scheint, du kannst noch weiter zurückgehen. Du wirst feststellen, daß du noch weiter zurück kannst, zurück, zurück, zurück. Deine Erinnerung gleitet zurück, zurück, zurück. Und deine Erinnerung wird dich selbst finden; du wirst eine Szene vor dir sehen, an der du teilgenommen hast, vielleicht in einem andern Leben, in einem andern Zeitalter, an einem andern Ort. Du wirst diese Szene sehen. In wenigen Augenblicken werde ich wieder zu dir sprechen. Und wenn ich wieder zu dir spreche, wird irgendeine Szene, an der du teilgenommen hast, vor deinem geistigen Auge aufgetaucht sein. Ganz deutlich wirst du sie sehen, und du wirst imstande sein, mir darüber zu berichten. Jetzt, jetzt! Welche Szene steht vor dir? Erzähle, was du siehst!
Wir machen einen Ausflug.
Ihr macht einen Ausflug?

Hhm.
Wohin?
Nach Antrim.
Wohin?
Antrim.
Antrim?
Hmhm.
Wo ist denn das?
Am Meeresstrand.
Am Meeresstrand?
Hmhm. Da sind Klippen ... und ... weiße, glänzende Klippen ... und ein roter Stein ... und schwarze ... aus den Schluchten ... und andere ...
(Das Medium berichtete diesmal also von einer anderen Szene als zu Beginn der ersten Sitzung. Damals hatte es sich gesehen, wie es im Alter von vier Jahren die Farbe von seinem Bett abkratzte.)
Und mit wem machst du den Ausflug?
Mit meiner Mutter ... meinem Vater.
Wie heißt deine Mutter?
Kathleen.
Und dein Vater?
Duncan.
Und wie alt bist du?
Zehn Jahre.
Und du machst einen Ausflug?
Hmhm.
Einen Ausflug nach Antrim?
Antrim.
Hmmm ... und das liegt am Meer?
Ja.
Macht nur ihr drei den Ausflug?
Mein Bruder ist auch dabei.
Welcher Bruder?
Na, Duncan – mein Bruder Duncan.
Aha.
Hmhm.
Gut. Und nun erzähle mir von Antrim. Erzähle davon. Beschreibe es. Wie sieht es aus?
Es ist eine Stadt am Meer. Steile Felsen sind da, Klippen. Das Wasser fließt, kleine Ströme rauschen eilig hinunter und bilden ... graben sich schmale Bachbetten durch den Grund, um das

Meer zu erreichen ... und Klippen sind da ... ganz weiße Klippen ... und Vater sagt, das sei Sandsteinballast, schwarzer Ballast (»Basalt«?) ... aus den Glens (Schluchten) von Antrim.
Wo ist denn dein anderer Bruder?
Mein anderer Bruder ... mein kleines Brüderchen ... ist tot.
Tot?
Ja.
Wie alt war er, als er starb?
Ach, noch ein Baby ... ein ganz kleines Baby ... ich weiß nicht.
Woran ist er denn gestorben?
Er war ... krank ... er litt an ... ich weiß nicht, was für eine Krankheit er hatte. Er starb ... als ganz kleines ...
An welcher Krankheit litt er?
Er ... ich weiß nicht ... ich weiß nicht.
Gut. Wie heißt du?
Bridey.
Bridey – und weiter?
Bridey Murphy.
Ist das ganz bestimmt dein Name? Hast du etwa in Wirklichkeit einen andern Namen?
Ich wurde nach meiner Großmutter genannt.
Nach deiner Großmutter wurdest du genannt?
Hmhm.
Wie hieß sie denn?
Bridget.
Gut. Und nun sage mir, in welcher Stadt du wohnst.
Ich wohne in Cork.
In Cork. Weißt du, ob Cork nördlich oder südlich von Belfast liegt?
Südlich von Belfast.
Südlich von Belfast?
Hmhm.
Wie groß etwa ist die Entfernung von Cork nach Belfast?
Hm ... äh ... Belfast liegt in einer andern Provinz. Hm ... Belfast ist ... nein ... Belfast liegt ... hm ... äh ... in einer andern Provinz. Ich weiß nicht, wie weit es ist.
Kannst du mir sagen, kannst du mir sagen, durch welche Orte man kommt, wenn man von Cork nach Belfast reist? Kannst du mir den Namen von irgendeinem Dorf, irgendeiner Stadt nennen, durch die man kommt?
Man kommt durch Carlingford ... Carlingford.
Gut.

Da ist ... es gibt ... Carlingford ist auch ein See ... ein Lough ... Carlingford, in Carlingford.
Gut.
Da ist noch ein Lough ... ein Lough ... ein See ... eh ... wissen Sie ...
Schon gut! Gibt es wohl noch einen andern Ort außer Carlingford, den du uns nennen kannst; einen andern Ort, durch den man kommt, wenn man von Cork nach Belfast reist ... auf dem Wege von Cork nach Belfast ... noch ein anderer Ort?
... Man kommt durch die Glens (Schluchten) von Antrim, in nördlicher Richtung ...
Gut. Kannst du uns nun auch noch einige Flüsse in Irland nennen? Einige irische Flüsse?
Ja. Da ist der Lough Carlingford und der Lough Foyle ... Das sind zwei ... zwei ... sagen Sie nicht »Fluß«, sondern »Lough«.
Aha. »Lough« heißt also »Fluß«?
Hmhm.
Gut, also Lough. Und nun nenne uns noch ein Gebirge in Irland.
... Gebirge ... es gibt ein ganz bekanntes ... Wie heißt es noch? ... Oh ... Ich komme nicht auf den Namen, aber es ist ganz bekannt.
Ein ganz bekanntes Gebirge?
O ja, sehr bekannt. Es hat eine Menge – Irland hat eine Menge Berge. Es fällt mir nicht ein, aber es gibt ein ganz bekanntes Gebirge ...
Gut. Nenne uns einen bekannten See.
Foyle ... Foyle ist ein See ... ein Lough ...!
Ein Lough?
Ja, ein Lough.
Ist »Lough« ein Fluß oder ein See?
Sagen Sie nicht »Fluß«.
Sagen Sie nicht »Fluß«? Na schön, meinetwegen Lough. Und wie heißt nun das bekannte Gebirge?
... Eh ... es fällt mir nicht ein ...
Dir fällt der Name des Gebirges nicht ein?
Nein. Ich weiß ihn, aber er fällt mir nicht ein.
Du weißt ihn, aber er fällt dir nicht ein. Na, vielleicht kommst du später noch darauf. Worin besteht die Tätigkeit deines Vaters?
Mein Vater ist Rechtsanwalt (*barrister*).
Was hat ein Rechtsanwalt zu tun?
Er bearbeitet ... rechtliche ... Geschäfte.
Gut. Er erledigt Rechtsgeschäfte. Gut. Wann hast du Brian

kennengelernt? Kannst du uns sagen, wie alt du warst, als du Brian kennengelernt hast?
... Siebzehn Jahre alt.
Hast du ihn in Cork oder Belfast kennengelernt?
In Cork.
Gut. Wie kam er denn nach Cork?
Sein Vater ist auch Rechtsanwalt ... und sein Vater kam uns mit ihm besuchen.
Brian kam zu euch ins Haus?
Hmhm.
Als du siebzehn Jahre alt warst?
Hmhm.
Auf welche Schule gingst du, als du siebzehn Jahre alt warst?
Ich ging in ein Internat.
Und wie hieß dieses Internat?
... Mrs. ... Mrs. ... äh ...
Wie hieß das Internat? Mrs. – und weiter?
... Hm ... hm ... hm ...
(Während der ersten Bandaufnahme hatte sie den Namen des Internats genannt: Mrs. Strayne's Internat; hier aber kann sie sich daran nicht erinnern. Dieses Beispiel steht nicht allein; während der einzelnen Sitzungen zeigte sich immer wieder, daß das Erinnerungsvermögen keineswegs gleichmäßig stark ist. Das kann an verschiedener Tiefe der Trance liegen, an Gedächtnislücken oder auch daran, daß das Medium in den verschiedenen Stadien des Versuchs einen wechselnden Standpunkt einnimmt.
Meiner Ansicht nach – die von andern Zeugen geteilt wird – befand sich Ruth während Band I und Band V in der tiefsten Trance.)
Hattest du schon andere Schulen besucht, ehe du auf das Internat gingst?
Nein ... Ich war immer auf der Schule, und als ich größer wurde, blieb ich dort.
Du wohntest auch da?
Hmhm ... die Woche über.
Und zum Wochenende gingst du nach Haus?
Ja.
Gefiel dir Brian, als du ihn kennenlerntest?
Nein.
Wie alt war Brian?
Oh ... er war neunzehn Jahre alt.

Also zwei Jahre älter als du?
Hmhm.
Aha. Aber er gefiel dir nicht gleich, als du ihn kennenlerntest?
Oh, er war nett. Aber ich machte mir nichts aus ihm.
Nun, und wie kam es zu eurer Verlobung?
Im Sommer kam er wieder und arbeitete im Büro meines Vaters, und da ... hm, ich ging einfach mit ihm ... Ich glaube, es war einfach ausgemacht.
Aha. Hattest du schon einen andern jungen Mann gern gehabt, ehe du Brian kennenlerntest?
... Hm ... nein.
Gut. Wie hieß Brians Vater?
Brians ... er ... er hieß John.
John – und weiter?
MacCarthy.
Gut. Du hattest noch weitere Freunde – ein Ehepaar namens Mary Catherine und Kevin.
Ja.
Wo wohnten die?
In Belfast.
Und ihr Familienname?
... Ah ... Mary Catherine und Kevin ... *Moore* ...
Gut. Mary Catherine Moore, Kevin Moore. Stimmt's?
Ja.
Schön, sehr schön. Jetzt berichte uns von deinem Tod. Kannst du dich an deinen Tod erinnern?
Ja, ich erinnere mich ... es war ... ich schlief einfach ein ... ging einfach davon ... an einem Sonntag ... es war an einem Sonntag.
An einem Sonntag?
Hmhm.
Hmhm. Zu welcher Tageszeit war es?
Während Brian in der Kirche war.
Während Brian in der Kirche war. Wie alt warst du?
Sechsundsechzig.
Gut. Kannst du mir wohl sagen, kannst du mir sagen, welches die drei Hauptteile der katholischen Messe sind? Nenne die drei Hauptteile der Messe. Kannst du dich daran erinnern?
Nein.
(Diese Verneinung enttäuschte mich sehr. Ob Bridey nun katholisch gewesen war oder nicht – meiner Meinung nach mußte sie etwas so Grundlegendes wie die drei Hauptteile der Messe

kennen. Schließlich war sie doch lange mit einem Katholiken verheiratet gewesen, folglich hätte sie wohl die einfachsten religiösen Dinge mitbekommen müssen. Ich weiß selbst nicht warum, jedenfalls hatte ich als sicher angenommen, daß dies etwas ganz Elementares und allgemein Bekanntes sei.
Wenige Tage später belehrte mich MacIntosh in dieser Hinsicht eines Besseren. Um mir zu beweisen, wie sehr ich mich irrte, fragte er eine ganze Reihe von Leuten nach den drei Hauptteilen der Messe. Kein einziger brachte sie zusammen. Dann fragte ich den Betreffenden danach, der mir diese Frage vorgeschlagen hatte. Zu meiner grenzenlosen Überraschung konnte nicht einmal er voll befriedigend antworten.)
Kannst du dich daran erinnern, jemals die Messe gehört zu haben?
Nein.
Forderte dich Brian denn niemals auf, mit ihm zu kommen?
Nein.
Er wollte dich nie mitnehmen?
Nein.
Aha. Und nun wollen wir weitersuchen. Wir wollen irgend etwas suchen, irgendwelche Angaben oder Berichte, die uns beweisen, daß du wirklich in Irland, und zwar zu jener Zeit, gelebt hast. Kannst du uns sagen, irgend etwas berichten, womit du beweisen kannst, daß du zu jener Zeit in Irland gelebt hast?
... Hm ... Es müßten doch einige Zeitungsartikel in der *Belfast News-Letter* stehen.
In der *Belfast News-Letter*? Über Brian?
Ja. Und er hat einige Zeit an der Queen's University gelehrt ... an der Universität in Belfast, wissen Sie!
Aha. Und sein Name erschien in der Zeitung?
Ja, mehrmals.
Hmhm.
Belfast News-Letter.
Wo können wir wohl noch weiteres finden? Hattet ihr denn keinen Trauschein?
Oh ... ich glaube schon ... bestimmt ... das Aufgebot (banns) wurde doch ausgehängt. Es war ... Father John ließ das Aufgebot aushängen.
Hmhm. Was heißt »bands«?
(Ich glaubte sicher, sie hatte »bands« gesagt. Aber einer der Anwesenden buchstabierte mir das Wort sofort richtig.)
Oh, das ist etwas in der Kirche ... es wird getan, wenn jemand

heiraten will ... es ... es ... wissen Sie, das ist eine wichtige Bekanntmachung oder so etwas: Man teilt den Leuten mit, daß man heiraten will.
(Einer der Anwesenden: »B-a-n-n-s«).
Ach so. Gut.
In der Kirche ...
Wie lautete deine Adresse? Kannst du dich vielleicht an deine Adresse in Belfast erinnern?
Eh ... eh ... eh ... eh ...
Kannst du uns irgendwelche Angaben über die Lage machen? In welchem Stadtviertel usw.?
Es war ... ungefähr ... zwanzig Minuten von der Theresa-Kirche ... zu Fuß.
Wie war eure Anschrift in Cork? Kannst du dich vielleicht an diese Adresse erinnern?
Das war ... die Wiesen (*Meadows*).
Die was?
Einfach die Wiesen.
Hmhm. Schön. Und nun möchte ich, daß du dich an dein Leben in Irland erinnerst, als du siebenundvierzig Jahre alt warst. Hattest du zu dieser Zeit viel zu essen?
Da herrschte ... eine ... mir fällt ein ... wir hatten genug.
Ihr hattet genug?
Hm ... es herrschte Not.
Es herrschte Not?
Ja, es herrschte Not.
Was für eine Not denn?
Nun, die Leute im Süden ... äh ... sie wollten mit England nichts zu tun haben. Sie ... sie alle ... wollten keine Abgeordneten schicken, nichts mit ihnen zu tun haben. Wir ... die Leute mochten nicht Gälisch sprechen. Auch Großvater wollte nicht Gälisch sprechen, er sagte: ›Das Gälische taugt nur für Bauern. Sprich nicht Gälisch – das ist nur etwas für die Bauern.‹
Dein Großvater?
Ja.
Wie hieß er denn?
Er hieß ... auch Duncan.
Auch Duncan?
Hmhm.
Gut. Kannst du dich vielleicht an Kriege erinnern, an einen oder mehrere Kriege, an denen die Iren während deines Lebens beteiligt waren? Kannst du dich an Kriege erinnern?

Oh ... mir fällt etwas ein ... mit Cuchulainn.
(Es klang wie »Kuutschelen«. Ein Bekannter hat mir später die richtige Schreibweise gesagt.)
Womit?
Cuchulainn. Das war ein Held.
Wirklich?
Ja.
Ein Ire?
Ja ... er war der tapferste und stärkste Held, und als er sieben ... sieben Jahre alt war, schlug er große Männer nieder.
Ist das wahr?
Hmhm ... und als er siebzehn war, konnte er *ganze* Armeen aufhalten.
Hast du ihn einmal gesehen?
Nein.
Wer hat dir von ihm erzählt?
Meine Mutter.
Aha. Hast du auch etwas von Amerika gehört? Hast du während deines früheren Lebens jemals etwas von Amerika gehört?
Hm ... ja ... ein ... jemand reiste dorthin. Sie reisten nach ... Amerika.
Wer fuhr dorthin?
Bekannte meiner Eltern. Sie gingen nach Pennsylvania.
Für immer?
Ja.
Haben sie euch geschrieben?
Sie haben regelmäßig an meine Mutter geschrieben ... und an meinen Vater.
Wie hießen denn diese Bekannten?
... Hm ... Whitty.
Whitty?
Whitty.
(Ich habe nicht die leiseste Ahnung, ob diese Schreibweise richtig ist. Jedenfalls klang der Name so.)
War das der Zuname?
Hmhm.
Und sie gingen nach Pennsylvania?
Hmhm.
Gefiel es ihnen in Amerika?
Hm*hm*.
Sie schrieben deiner Mutter, es gefiele ihnen in Amerika?
Hmhm.

Aha. Und du hast gesagt, du seist sechsundsechzig Jahre alt gewesen, als du starbst?
Hmhm.
Und du starbst, während Brian in der Kirche war?
Ja. Ich starb, während Brian in der Kirche war. (Sehr schwach.)
Gut. Und nun wirst du dich ausruhen. Du wirst dich ausruhen und völlig entspannen. Du wirst dich sehr wohl und ganz behaglich dabei fühlen. Und jetzt kehren wir noch einmal in dein Leben in Irland zurück, zurück in dein Leben in Irland, zurück in dein Leben in Irland. Wie hieß doch das bekannte Gebirge in Irland?
(Keine Antwort.)
Kannst du dich an den Namen erinnern?
Er fällt mir einfach nicht ein.
Er fällt dir einfach nicht ein?
Nein, er ...
Gut. Nenne mir noch weitere Loughs.
Loughs! (Sie berichtigte meine Aussprache.)
Gut, also Loughs. Nenne einige, zwei oder drei!
Lough Munster.
Lough Munster? Schön, und noch andere?
Lough ... es gibt ein Lough in jeder ...
Was für ein Lough ist das?
In jeder ... Provinz. Vier Provinzen gibt es ... Munster ... Ulster ... Ulster ...
Ulster. Fällt dir noch eine ein?
Hm ... äh ... noch zwei.
Fallen dir die andern beiden nicht ein?
Nein.
Gut. Und nun wandern wir weiter zur Zeit deines Todes, weiter zur Zeit deines Todes. Wie alt warst du da?
Ich war sechsundsechzig, als ich starb.
Gut. Was geschah nach deinem Tod? Erzähle uns, was nach deinem Tod geschah. Hast du zugeschaut, wie man dich beerdigte?
Ja, ich schaute zu. Ich sah zu, wie sie meinen Leib verscharrten (ditch).
Du sahst zu, wie man deinen Leib verscharrte?
Ja.
Hast du auch Brian gesehen?
O ja, ich habe ihn gesehen. Er war auch da.
Wohin begabst du dich? Nachdem du gestorben warst?

Ich ging nach Haus. Ich blieb im Haus und schaute Brian zu.
Du schautest Brian zu?
Hmhm.
Gut. Wie starb Father John?
Father John ... er starb einfach, während er schlief.
Er starb, während er schlief?
Ja.
Du hast ihm doch nicht zugeschaut, als er starb, nicht wahr?
Nein, ich habe nicht zugesehen, wie er starb.
Aber nach seinem Tode kam er zu dir?
Jawohl, und wir redeten miteinander ... Er hatte einen leichten Tod.
Er hatte einen leichten Tod?
Hmhm.
Nun, und wohin begab sich Father John, nachdem er dich verließ? Als er das Haus verließ – wohin begab er sich da?
Er sagte, er ging in sein Haus.
Er sagte, er ginge in *sein* Haus?
Hmhm.
Hast du eine Ahnung, wo Father John heute sein könnte? Lebt er etwa auf unserer Erde?
Ich weiß nicht ... Er ist am Leben. Er lebt.
Er lebt?
Er lebt.
Woher weißt du das?
Ich weiß ... eben, daß er lebt.
Aber weißt du auch, *wo* er lebt? Hast du eine Ahnung, wo er lebt?
Nein ... das weiß ich nicht. Ich kehrte nach Cork zurück und habe ihn nicht wiedergesehen.
Aha. Nun, als du also in der Geisterwelt warst, als du in der Geisterwelt warst – hast du da je gehört, daß jemand sie »Astralwelt« nannte?
Astralwelt.
Hast du diesen Namen schon einmal gehört?
Ja, den habe ich schon gehört.
Gut. Dann wollen wir sie von nun an Astralwelt nennen. Von nun an wollen wir sie Astralwelt nennen. Hattest du in dieser Astralwelt irgendwelche Gefühle oder Gemütsbewegungen?
Man war einfach ... zufrieden; man kannte kein ... man ... ich fühlte mich elend, als ... als Father John starb; aber dann kam er zu mir, und wir redeten miteinander, und es war nicht die Trauer, die wir hier kennen.

Nicht die Trauer, die wir hier kennen?
Nein, es ist ... nichts, wovor man Angst haben müßte.
Littest du in der Astralwelt auch Schmerzen?
Nein. Nein.
Keine Schmerzen? Hattest du irgendwelche Beziehungen, Bekanntschaften, Familienbindungen, Verwandte?
Nein.
Keine Ehen?
Nein.
Aha. Bleiben Verwandte beisammen?
Nein. Nein ... wir ... es war ... nein, meine Mutter war niemals bei mir. Mein Vater sagte, er hätte sie getroffen; ich aber habe sie nie gesehen.
Oh, du hast deine Mutter nie gesehen?
Nein.
Aber dein Vater sagte, er hätte sie gesehen?
Ja.
Aha. Kanntest du auch so etwas wie Liebe und Haß?
Nein.
Du hast weder geliebt noch gehaßt?
Nein ... nur die geliebt, die zurückgeblieben waren.
Und gehaßt hast du niemanden?
Nein.
Du hast gesagt, du hättest in der Astralwelt nie sehr lange mit jemandem sprechen können, alle seien immer bald fortgegangen. Du hast gesagt, du hättest nie lange mit jemandem sprechen können, weil er bald fortging. Wohin gingen denn die andern?
Sie gingen einfach ... auf Wanderschaft ... bloß ein Durchgangsstadium ... man ... man fühlt eben keine Zeit ... Es gibt ... nichts Wichtiges ... man ...
Gut. Du hast gesagt, du seist in der Astralwelt aus deinem Haus in Belfast nach Cork zurückgekehrt. Wie kamst du von Belfast nach Cork?
... Ich wünschte mich einfach hin.
Was tatest du?
Ich wünschte mich hin.
Du wünschtest dich hin. Wie lange brauchtest du für die Reise von Belfast nach Cork?
Ich weiß nicht. Überhaupt keine Zeit.
Überhaupt keine Zeit? Mit andern Worten: Als du dir wünschtest, in Cork zu sein, warst du auch schon dort?
Fast sofort.

Hmhm. Gut. Während du nun in Cork warst, in diesem Astralleben, in dieser Astralwelt – wußtest du da, was in Belfast, in Brians Haus, vor sich ging? Hättest du jederzeit sagen können, was in Belfast, in Brians Haus, vorging?
Nein.
Das wußtest du nicht?
Ich ... schaute nicht hin. Man konnte es wohl.
Du konntest hinschauen?
Man konnte wohl ... aber ... ich schaute nicht hin. Ich blieb eben da ... man konnte sehen ... einfach *alles*.
Du konntest alles sehen, was du nur wolltest, indem du es einfach sehen wolltest?
Man brauchte es nur zu wünschen ... man dachte ... und schon sah man alles.
Aha. Konntest du, während du noch in Belfast warst, etwa auch sagen, woran Brian gerade *dachte*? Wußtest du, woran er *dachte*?
Oh, ich wußte, wenn ich ihm fehlte. Ich wußte, wenn er sich nach mir sehnte ... und ... er sehnte sich nach mir, als Father John nicht mehr zu ihm kam.
Da sehnte er sich nach dir?
Ja. Auch vorher war er schon einsam; aber dann sprachen sie miteinander, und er hatte jemanden ... Nachdem er gestorben war, war er ganz allein.
Er war gestorben?
Nachdem Father John gestorben war, war Brian allein.
Ach so. Konntest du da denn seine Gedanken lesen? Konntest du immer seine Gedanken lesen?
... Wenn ich daran dachte, konnte ich auch denken ... konnte ich wissen, was er wollte und dachte.
Als du deinen Bruder wiedersahst, deinen kleinen Bruder, der gestorben war – du hast uns gesagt, daß du dein verstorbenes Brüderchen wiedersahst, als du nach Cork zurückkehrtest.
Ja.
Wie sah er aus? Sah er wie ein kleines Kind aus, oder sah er groß und erwachsen aus?
Er war ganz klein.
Genauso wie bei seinem Tod?
Nein, er war ... er war noch ein Kind, aber er war nicht ... er konnte sprechen.
Aha. Konnte er sprechen, als er starb?
Nein, er war ... Nein, als er starb, konnte er es nicht ... er

war ja noch ein Baby.
Hmhm. Aber als du ihn wiedersahst, konnte er sprechen?
Ja, da konnte er sprechen.
Wie war er angezogen?
Er hatte nichts an.
Er hatte nichts an. Und du erinnerst dich daran, daß du mit deinem Brüderchen gesprochen hast. Weißt du noch, was er sagte?
Ja ... er erzählte, daß ... Duncan und ich durchs Zimmer gerannt waren und ... die Wiege umgestoßen hatten, und daß Duncan ihn hinausgeworfen hatte; dann hatte er geschrien, und Duncan war fortgelaufen und hatte sich versteckt, und meine Mutter hatte gemeint, ich hätte es getan.
Nun, tat er sich denn nicht weh, wenn ihr die Wiege umkipptet?
Sie stand ja direkt auf dem Boden. Es war ...
Ach so.
Eine ganz niedrige Wiege. Er rollte einfach heraus.
Hattet ihr euer Brüderchen denn nicht lieb?
O doch, wir hatten ihn lieb, aber er ... war immer krank, und nach seiner Geburt war meine Mutter immer bei ihm.
Woran ist dein Brüderchen denn gestorben?
... Das weiß ich nicht ... daran kann ...
Woran ist er gestorben?
... Ich weiß es nicht mehr ... ich weiß nur, daß er noch ein Baby war, aber ...
Gut. In der Astralwelt, in der Astralwelt – gab es da auch Temperaturwechsel? Fühltest du Hitze oder Kälte?
Nein.
Weder Hitze noch Kälte. Gab es da etwa auch Kriege oder Kämpfe irgendwelcher Art?
Nein.
Weder Kriege noch Kämpfe?
Nein.
Gut. Und in der Astralwelt, konntest du da deine Sinne gebrauchen? Konntest du riechen, fühlen, hören, sehen? Hattest du diese Sinne überhaupt? Konntest du in der Astralwelt Dinge berühren, fühlen?
Nein.
Konntest du riechen?
Nein. Man konnte sehen ...
Sehen konnte man?
Und man konnte ...

Riechen und fühlen konnte man nicht?

Man konnte hören.

Aber man konnte hören. Schön. Nun, du hast uns gesagt, in der Astralwelt sei immer eine Art Licht gewesen, es sei immer irgendwie hell gewesen, aber du hättest Tag und Nacht unterscheiden können; du hättest Tag und Nacht, wie Brian sie empfand, unterscheiden können, obwohl da, wo du warst, immer Licht war. Stimmt das?

Hmhm.

Das Licht, das bei dir leuchtete, konntest du dieses Licht ganz deutlich sehen? Und gleichzeitig konntest du auch sehen, ob für Brian Tag oder Nacht war? Habe ich recht?

Ja.

Aber konntest du das Licht, das dir in der Astralwelt leuchtete, fühlen, greifen oder sonstwie sinnlich wahrnehmen? Konntest du dieses Licht – abgesehen davon, daß du es sahst – irgendwie wahrnehmen? Hattest du, außer dem Sehen, noch irgendein Gefühl für das Licht?

Nein.

Anders konntest du es nicht wahrnehmen?

Nein.

Gut. Woher wußtest du denn, daß es bei dir immer hell war? Woher wußtest du das? Und woher wußtest du, ob es für Brian Tag oder Nacht war?

Ich konnte ihn doch sehen. Ich sah, wie er zu Bett ging, und dann saß ich an seinem Bett ... man nahm Tag und Nacht einfach hin.

Du wußtest also, daß Nacht war, weil er zu Bett ging. Aber sahst du nicht auch irgendeinen Wechsel in der Farbe?

Nein, nein. Ich wußte einfach, daß Nacht war. Ich nahm sie hin.

Du nahmst die Nacht hin, konntest sie aber nicht sehen?

Richtig.

Gut. Gab es in dieser Astralwelt auch so etwas wie Alter, Krankheit oder Tod? Gab es so etwas wie Alter, Krankheit oder Tod in der Astralwelt?

Es gab keinen Tod, nur einen ... Übergang ... man trat aus dieser Existenz ... und ging ... in eine andere Existenz. Das war alles – es gab keinen Tod.

Und Krankheiten?

Nein.

Alter?

Nein. Es gab alte Leute; ich war ja auch alt. Ich war ...

Wurdest du älter?

Nein. Ich war sechsundsechzig.
Aha. Gut. Und nun ruhe dich aus, ruh dich aus und entspanne dich. Wir wollen noch einmal in die Astralwelt zurückkehren. Hattest du in der Astralwelt irgendwelche Anordnungen oder Gesetze zu befolgen?
Nein.
Weder Gesetze noch Anordnungen?
Nein.
Niemand führte dich, niemand gab dir Anweisungen?
Nein.
Und du gingst einfach dahin, wohin du wolltest?
Ja.
Du tatest alles, was du wünschtest?
Hmhm.
Ruh dich aus, entspanne dich, ruhe dich aus, entspanne dich, ruh dich aus, entspanne dich – und lasse die Szenen wieder vor deinem geistigen Auge erstehen, an denen du lange vor deinem Leben in Irland beteiligt warst. Diese Szenen werden vor dir erstehen, und in wenigen Minuten werde ich wieder zu dir sprechen, und dann wirst du mir davon erzählen. Ruh dich aus, entspanne dich vollständig und laß die Szenen erstehen. Ruh dich aus, entspanne dich, ruh dich aus, entspanne dich und höre nur auf meine Stimme. Höre nur auf meine Stimme. Du erinnerst dich an die Astralwelt, und du erinnerst dich an Father John, und du erinnerst dich an dein Leben als Bridey Murphy. Du erinnerst dich an dein Leben in Irland als Bridey Murphy. Und du erinnerst dich daran, in diesem Leben ein ganz kleines Mädchen gewesen zu sein. Und nun denke noch weiter zurück, zurück und zurück. Du gleitest weiter und weiter zurück. Und jetzt ersteht vor deinem geistigen Auge eine Szene, irgendeine Szene steht vor dir, von der du mir berichten kannst. Nun erzähle mir davon. Komm, erzähle mir davon, von der Szene, die du vor deinem geistigen Auge siehst ... Erzähle mir, was du siehst. Was siehst du vor dir?
Ich weiß nicht.
Du weißt es nicht? Siehst du keine Szene vor dir?
Nein.
Gar keine Szene?
Nein.
Nichts, was weiter zurückläge?
Nein ...
Es steht keinerlei Szene vor dir auf? Siehst du keine Szene, in der

du ein Kind warst?
... In Irland ... ich war ein Kind ... ein kleines Mädchen ... in Irland. Ich lese ... lese ... ein Buch.
Du liest ein Buch? Weißt du noch, wie das Buch hieß?
Hmhm.
Wie hieß das Buch?
Es hieß *Die Leiden ... die Leiden der ... Deirdre.*
Wessen Leiden?
Deirdre. (Sie sprach es wie Die-äi-dru aus.)
Gut. Wie alt warst du denn, als du das Buch lasest?
Ich war ... acht.
Wovon handelte das Buch?
Von Deirdre ... und sie war ... ein schönes Mädchen und ... sie sollte heiraten ... den König ... den König von Schottland ... und sie liebte ihn nicht ... und da kam der junge Mann und erlöste sie. Sie war im Burgverlies ... und sie liefen fort ... aber sie wurden verraten und zurückgebracht ... und er wurde getötet, und sie beging Selbstmord. Das ist die Geschichte der *Leiden der Deirdre.*
Das hast du gelesen, als du acht Jahre alt warst?
Nein, meine Mutter las es mir vor.
Deine Mutter las es vor?
Die Geschichte lesen alle in Irland. Sie heißt: *Die Leiden der Deirdre.*
Die Leiden der Deirdre. Weißt du, wer das Buch geschrieben hat?
... Nein ... Ich weiß nur, daß ich die Geschichte gehört habe.
Deine Mutter hat sie dir erzählt?
Ja, und ... die *Geschichten von ... Emer.* (Oder *Emir.*)
Die Geschichten von wem?
Emer.
Emer?
Hmhm.
Und wovon handelten die?
Von dem schönsten Mädchen in Irland ... und es hatte ... es hatte sechs Gaben.
Es hatte sechs Gaben?
Hmhm.
Weißt du noch, welche Gaben das waren?
... Die Gabe der Schönheit ... und die Gabe des ... Gesanges ... und die Gabe der Beredsamkeit ... und die Gabe der ... Weisheit ... und die Gabe der Handarbeit ... und die Gabe ... der Keuschheit.

Die Gabe der Keuschheit. Gut. Gut. Was weißt du noch von deinem Leben in Irland? Aus der Zeit, als du ein kleines Mädchen warst?
... Hm ... ich erinnere mich ... daß ich Stroh aus dem Dach gezogen habe.
Du hast Stroh aus dem Dach gezogen?
Hmhm.
Hattet ihr ein Strohdach?
Nein, aber ... die Scheune ... war strohgedeckt.
Strohgedeckt.
Wir zogen das Stroh heraus ... und mein Vater war schrecklich wütend ...
Gut. Jetzt sollst du zurückkehren, zurück, zurück, zurück, an die Zeit vor dem Leben in Irland. Gleite zurück. Du wirst feststellen, daß du ohne besondere Anstrengungen zurückgleiten kannst. Ich will, daß du zurückgleitest; und du wirst dich in New Amsterdam sehen. Gleite zurück, bis du eine Szene aus New Amsterdam siehst. Nun, siehst du die Szene aus New Amsterdam?
Hm ...
Siehst du eine Szene aus New Amsterdam?
Eh ... eh ... eh ...
Siehst du keine Szene?
Oh ... Arm tut weh.
Dir tut der Arm weh?
Hmhm.
Als du in New Amsterdam warst?
Hmhm.
Warum tat er denn weh?
Oh ... krank.
Du warst krank? Was fehlte dir denn?
... Uh ... uh ... Arm tut weh.
Dir tut der Arm weh? Warum tut dir der Arm weh?
Uh ... mein Bein tut weh.
Dein Bein tut weh. Schon gut, damals hat es dir wehgetan, aber jetzt tut es dir nicht weh, es tut dir jetzt nicht weh. Schön, dann wollen wir dein Leben in New Amsterdam vergessen. Wir wollen es vergessen und nach Irland zurückkehren.
(Da das Medium offenbar Schmerzen litt und sich arg quälen mußte, suggerierte ich schnell eine andere Szene, die sie von den Vorfällen in New Amsterdam ablenkte. Dann schloß ich die Sitzung in üblicher Weise.)

Der Morgen-Jig

Zwischen der zweiten und dritten Sitzung kamen MacIntosh und ich auf einen neuen Gedanken. Wenn die junge Frau wirklich schon einmal in Irland gelebt hatte, wenn sie wirklich Bridey Murphy gewesen war, dann hatte sie, so meinten wir, vielleicht irgendein besonderes Talent, eine besondere Begabung gehabt, die sich entweder während der Trance demonstrieren ließ oder die man mittels posthypnotischer Suggestion nach der Sitzung zur Wirkung bringen konnte. Vielleicht konnte sie Klavier oder irgendein anderes Instrument spielen; womöglich beherrschte sie sogar das Schachspiel. Kurzum, wir hofften, Bridey Murphy zur Ausübung irgendeiner Tätigkeit oder Kunstfertigkeit anregen zu können, über die Ruth Simmons nachweislich nicht verfügte.
Bei der Vorbereitung der dritten Sitzung sahen wir dieses Experiment also vor. Und dann stellte sich das Ehepaar Simmons, das ich um einen Termin vor meiner Abreise nach New York, die für den 26. Januar vorgesehen war, inständig angefleht hatte, für den 22. Januar zur Verfügung.
Es folgt die Wiedergabe des dritten Bandes (nach der üblichen Rückführung):

Band III
Wir wollen zurück, ehe du in dieses Leben geboren wurdest. Wir wollen zurück, zurück, zurück in die Zeit vor deiner Geburt. Erinnerst du dich daran? Erinnerst du dich an deine Existenz, bevor du in dieses Leben geboren wurdest?
... Ich erinnere ... mich nur ... ich warte auf ... oh ... oh ...
Nur zu! Erzähle mir davon. Worauf wartest du?
... einfach auf ... oh ... oh ... man wartet eben.
Wo hast du gewartet?
Ich warte eben ... wo alle warten.
Du wartest, wo alle warten? Wie heißt der Ort, an dem alle warten?
Es ist einfach ein Ort des Wartens.
Aha. Schön. Und nun: In dieser – sagen wir: Astralwelt, in dieser Astralwelt oder Geisterwelt, wer hat dir da gesagt, daß du auf eine neue Existenz zustrebst? Wer hat dir gesagt, daß du von neuem geboren werden würdest?

Ein paar ... Frauen.
Ein paar ... wer hat es gesagt?
Frauen.
Frauen?
Ja.
Wie wurden sie genannt ... Oder erinnerst du dich nicht mehr?
(Nach den Bemerkungen, die Bridey während der früheren Sitzungen über die Astralwelt gemacht hatte, hatte ich den Bericht eines andern Forschers gelesen, der ebenfalls Experimente dieser Art durchgeführt hatte. Dabei hatte ich mir einige weitere Fragen über die Astralwelt vorgemerkt.)
Oh ...
Hatten sie denn überhaupt einen Namen?
Das weiß ich nicht mehr.
Konnte man in dieser Astralwelt, in dieser Geisterwelt, Männer und Frauen unterscheiden? Mit andern Worten: Gab es Geschlechtsunterschiede?
Nein.
Aha. Aber du konntest doch sagen: Das ist ein Mann! und: Das ist eine Frau?
Das wußte man eben.
Man wußte es eben. Aha. Gut, und nun möchte ich dir eine andere Frage stellen: Während du dich in der Astralwelt, in dieser Geisterwelt befandest, konntest du dich da zuweilen an alle deine früheren Existenzen erinnern?
Das weiß ich nicht mehr.
Das weißt du nicht mehr?
Ich ... erinnere mich an einiges, aber ich ...
An einiges erinnerst du dich also. Dann suche dir etwas aus, suche dir irgend etwas aus, woran du dich erinnerst, und erzähle uns davon.
... Hm ... ich ... erinnere mich an ... tanzen ... tanzen ...
Mit wem tanzt du?
Allein.
Du tanzt allein?
Ich ... übte ... Jig.
(Wie sie wenig später erklärte, sprach sie hier von ihrem Tanzen während des Lebens in Irland.)
Du hast den Jig geübt?
Hmhm. Ich konnte gut ... tanzen.
Du konntest gut tanzen.
Ja, für ein kleines Mädchen war ich eine gute Tänzerin.

Hast du dich nun eben daran erinnert, daß du in der Astralwelt getanzt hast, oder warst du in der Astralwelt und konntest dich daran erinnern, daß du früher getanzt hattest?
Ich habe mich erinnert, daß ich tanzen konnte.
Du hast in der Astralwelt getanzt?
O nein.
O nein. Aha. Gut. Und nun: Gab es in dieser Astralwelt, in dieser Geisterwelt, auch Kranke?
Ich habe keine gesehen.
Du hast keine gesehen. Schön, sehr gut. Noch etwas: Konntest du in der Astralwelt, in der Geisterwelt, die Zukunft der Menschen auf der Erde vorhersagen? Konntest du die Menschen auf der Erde anschauen und vorhersehen, was ihnen geschehen würde?
Ja.
Das konntest du?
Ja.
Du konntest in die Zukunft sehen?
Ja.
Aha. Wie kannst du das so fest behaupten? Nenne uns doch ein Beispiel.
Weil ich ... einfach ... scheint wie früher ... man wurde geboren ... man wußte, man würde hindurchgehen ... man sah einfach Dinge, die geschehen würden ... und ich sah einen Krieg ... ein Mann dort sagte, es werde einen Krieg geben. Das war, ehe ich geboren wurde ... ehe ich geboren wurde. Und er ... er sagte ... Krieg geben ... es war wirklich Krieg, ehe ich geboren wurde ... man konnte sehen ... man wußte, was geschehen würde ... wenn man dort war.
(Bridey Murphy MacCarthy starb 1864; Ruth Mills Simmons wurde 1923 geboren.)
Ich verstehe. Gut.
Aber es geht einen nichts an.
Es geht einen nichts an. Ich verstehe. Nun, das ist sehr interessant, sehr interessant. Und nun sei ganz ruhig, entspanne dich, ganz ruhig, entspanne dich. Dir ist sehr wohl. Ruh dich aus, entspanne dich. Du wirst nicht müde. Und jetzt will ich, daß du dich noch weiter zurückerinnerst, weiter zurück, ganz mühelos, ohne alle Anstrengung, denke nur zurück, zurück, zurück, und du wirst eine Szene vor dir sehen, eine frühere Szene, als du auf der Erde lebtest. Geh immer weiter zurück, in die Zeit, ehe du in der Astralwelt warst, geh in die Zeit zurück, bevor du in der

Astralwelt warst, und du wirst eine Szene vor dir sehen und uns darüber berichten.
... Uh ... Geburtstagsfeier.
Geburtstagsfeier? Gut.
... Sieben Jahre alt.
Du warst sieben Jahre alt?
Hmhm.
Feierst du deinen eigenen Geburtstag?
Es ist mein Geburtstag.
Aha. Und wie heißt du?
Bridey.
Schön. Wer ist denn alles bei der Geburtstagsfeier?
... Äh ... meine Mutter ... und mein Vater ... und mein Bruder.
Gut. und wer noch?
Nur die Familie.
Wie ist es mit deinem kleinen Bruder? War er auch dabei?
Aber nein! Der war doch gestorben.
Er war gestorben? Wie hieß denn dein anderer Bruder? Wie hieß der Bruder, der bei der Feier dabei war?
Duncan.
Duncan, aha. Und wie hieß deine Mutter?
Kathleen.
Kathleen. Und dein Vater? Wie hieß er denn?
Er hieß auch Duncan.
Auch Duncan, schön. Und was tat dein Vater Duncan? Welchen Beruf übte er aus?
Er war ... Rechtsanwalt (*barrister*).
Rechtsanwalt?
Ja.
In welcher Stadt?
In Cork.
Hast du da gewohnt, in Cork?
Ja.
Aha. Gut. Und nun also warst du sieben Jahre alt und feiertest deinen Geburtstag. Weißt du noch, wer außerdem da war? War da noch jemand außer den Familienangehörigen?
Oh ... da war ... Mary war da ... sie besorgte die Küche.
Was für eine Mary?
Mary.
Erinnerst du dich an ihren Zunamen?
... Nein ... nein ... er fällt mir nicht ein.

Na schön. Jetzt will ich, daß du in diesem selben Leben ein bißchen älter wirst. Werde ein wenig älter, beobachte dich, wie du acht Jahre bist, neun, zehn, elf, zwölf, älter und älter. Du wirst dich sehen, wie du das Internat besuchst, von dem du uns früher erzählt hast. Du siehst dich zu der Zeit, wo du das Internat besuchst. Unterrichtet man dich da auch in Staatsbürgerkunde?
O nein!
O nein?
Darüber wird kein Unterricht gehalten ... nein.
Schön, also gehen wir weiter, du erinnerst dich, wie du immer älter wirst, und wie du schließlich einen Mann kennenlernst und ihn heiratest ... Wen hast du geheiratet?
Brian.
Schön. Und nun wirst du dich an deinen Hochzeitstag erinnern; sage uns das Datum, nur das Jahr, dein Hochzeitsjahr. Welches Jahr war das?
Es war achtzehn ... achtzehn ...
Du hast erst gesagt, du hättest in Cork gewohnt, und dann warst du in Belfast verheiratet. Wie bist du von Cork nach Belfast gekommen? In was für einem Auto bist du von Cork nach Belfast gefahren?
Nicht im Auto.
Nicht im Auto?
Ich bin im Wagen gefahren.
Im Wagen?
Ich bin in einer Kutsche gefahren.
Worin?
In einer gemieteten Kutsche mit Pferden.
Mit Pferden?
Ja.
Gut. Nun, durch welche Städte und Ortschaften bist du auf der Reise von Cork nach Belfast gekommen?
... Oh ... ich kam ... eh ... durch Mourne ...
Wodurch bist du gekommen?
Mourne.
Mourne?
Mourne. Ich kam durch ...
Wodurch noch?
Oh ... durch Carlingford und ... wir kamen durch ... oh- ... durch ...
Nenne uns noch einen Ort. Nenne uns noch einen Ort, durch den du auf der Reise nach Belfast gekommen bist.

... Ach ja, Balings (Bailings?) Crossing.
Gut. Nun ist es genug. Strenge deinen Geist nicht länger an. Entspanne dich nun. Sei ganz ruhig, entspanne dich vollkommen. Wie alt warst du, als du Brian kennenlerntest?
Etwa ... etwa ... sechzehn.
(Hier sagte Bridey, sie sei »etwa sechzehn« gewesen, als sie ihn kennenlernte. Als ich sie während der zweiten Sitzung fragte, wie alt sie damals gewesen sei, hatte sie »siebzehn« geantwortet.)
Gut. Wohnte Brian vor eurer Hochzeit in Cork oder Belfast?
Er wohnte bei seiner Großmutter.
Wo denn?
In Belfast.
Aha.
Seine Mutter war gestorben ... und sein Vater war auch Rechtsanwalt.
Sein Vater war auch Rechtsanwalt. Du hattest auch Bekannte mit Namen Mary Catherine und Kevin. Wie war ihr Zuname?
Mary Catherine und Kevin ... wie?
Moore. Moore.
Erinnerst du dich zufällig an die Straße in Belfast, in der ihr gewohnt habt?
... Straße ... Straße ...
Schon gut, versuche jetzt nicht, darauf zu kommen. Denke nicht mehr daran. Nun etwas anderes: Konnte dein Großvater Gälisch?
Großvater *mochte* nicht Gälisch sprechen.
Er mochte nicht Gälisch sprechen?
... Er sagte ... Gälisch ist nur etwas für die Bauern. Er mochte es nicht sprechen.
Aha. Aber hast du irgendwelche gälischen Wörter gekannt? Du selbst, Bridey Murphy, kennst du irgendwelche gälischen Wörter?
... Eh ... nur ... eh, z. B. *banshee* (Fee).
Ja.
Ja ... und ... z. B. oh, *banshee* und ... eh ... eh ... *tup*! (Etwa: Holzkopf!)
Was?
T – u – p, Tup!
Was ist denn das?
Tup ... man sagt: Du bist ein Holzkopf ... das ist so etwas wie ... wie ... nun, es ist kein sehr feiner Ausdruck. Die Leute

sprechen eine Art Dialekt.
Ich verstehe. Schön. Nun, in Belfast gab es eine Zeitung. Wie hieß die denn?
Belfast ... Belfast News ... *Belfast-News-Letter.*
Gut. *Belfast-News-Letter.* Übrigens, hat man dir in dem Internat, das du besucht hast, auch das Lesen beigebracht?
Man las uns vor.
Man las euch vor?
Man las uns vor, und wir nahmen Sachen mit nach Haus, und ... unsere Mutter sollte uns das beibringen ... oh, eine ganze Menge, aber man las uns vor, und wir lernten lesen ...
Du lerntest also dort ein bißchen lesen, ja?
Ja, ein bißchen.
Gut. Hast du auch einmal etwas von der Königin gelesen; in der ganzen Zeit, von deiner Schulzeit an bis zu dem Ende jenes Lebens, hast du da einmal etwas von der Königin gelesen? Erinnerst du dich, etwas von der Königin gelesen zu haben?
Ich kann mich nicht erinnern ... davon gelesen zu haben ... von der Königin.
Schön. Nun habe ich noch eine Frage, über die du ein wenig nachdenken sollst. Während deines Lebens als Bridey Murphy, oder Bridget Murphy, als du mit Brian verheiratet warst – zeigtest du da irgendeine besondere Begabung? Konntest du tanzen? Konntest du Klavier spielen? Oder Schach spielen? Konntest du irgendwelche anderen Spiele? Kannst du mir etwas Derartiges nennen?
Ich konnte tanzen.
Du konntest tanzen?
Ich konnte tanzen.
Galtest du als gute Tänzerin?
Ach, es war nur ... meine Familie hielt mich für eine gute Tänzerin, und ... es war nichts ... ich tanzte doch nur in der Familie.
Du tanztest nur in der Familie.
Hmhm.
Hattest du vielleicht einen bestimmten Tanz besonders gern?
Den Morgen-Jig tanzte ich gern.
Nanntest du ihn so: den Morgen-Jig?
Ja.
Kannst du dich daran deutlich erinnern?
Ja.
Ich will, daß du dir diesen Morgen-Jig ganz genau vorstellst,

stelle ihn dir ganz genau vor, stelle ihn dir ganz genau vor! Und zu deiner Überraschung wirst du heute abend nach dem Erwachen gebeten werden, ihn zu tanzen – und das wirst du ohne alle Mühe tun können. Stelle ihn dir vor. Du wirst jetzt gar nichts anderes tun, ganz ruhig und entspannt wirst du nur an den Morgen-Jig denken. Du wirst sehen, daß es ganz einfach ist. Denke darüber nach, laß ihn dein ganzes Wesen ausfüllen, und nachher wirst du imstande sein, den Morgen-Jig ohne alle Mühe zu tanzen. Ich werde nun einige Augenblicke nicht mit dir sprechen, und währenddessen wirst du ganz ruhig und behaglich nachdenken, du wirst dich selbst beobachten, wie du den Morgen-Jig tanzt. Du wirst dich erinnern, du wirst dich erinnern, wie du den Morgen-Jig getanzt hast. Ich werde einige Augenblicke nicht mit dir sprechen. Denke nach. Es wird dir Freude machen, wie du dich fröhlich und munter den Morgen-Jig tanzen siehst ... ... Ruhig, ruhig, entspanne dich. Sei ganz ruhig und entspannt, ganz ruhig und entspannt. Es strengt dich nicht an, mit mir zu sprechen und meine Fragen zu beantworten. Hattest du wohl auch noch andere Begabungen und Fähigkeiten? Konntest du vielleicht irgendein Musikinstrument spielen?
Die *lyre* (Leier) konnte ich spielen. (Sie sprach es »lier« aus.)
Du konntest Leier spielen?
Hmhm.
Konntest du es gut?
Och, ganz gut. Ich spielte die ... zwei Jahre habe ich gelernt. Ich konnte nur einigermaßen gut. Duncan spielte besser.
Duncan spielte besser? Hm, hm. Meinst du, daß du jetzt noch Leier spielen könntest, wenn du ein Instrument hättest?
Ich glaube schon.
Du glaubst es? Fein. Konntest du noch etwas spielen? Konntest du Schach spielen?
Nein.
Du konntest nicht Schach spielen?
Nein.
Und andere Spiele?
Fancy.
Fancy? War das ein Spiel? Was für eines denn?
Es wurde mit Karten gespielt.
Du spieltest Fancy mit Karten? Wie ging das denn?
Man brauchte ein Brett dazu ... es ging nur zu zweit.
Nur zu zweit?
Duncan und ich spielten oft ... wir liefen über die Felder. Die

Karten gaben an, wie viele Felder man weiterrücken durfte.
Ich verstehe.
... Wer zuerst ganz herum war, bekam einen Keks ... und noch etwas Besonderes. Einen kleinen Sonderpreis. Er gab mir etwas von sich, was ich gern haben wollte. Und wenn ich verlor, bekam er von mir etwas, was er gern wollte ... ein Buch oder etwas Süßes. So hatten wir uns die Preisverteilung ausgedacht.
Aha. Etwas anderes: Du hast für Brian gekocht, nicht wahr?
Natürlich.
Hatte er, oder hattest du – irgendein Gericht besonders gern?
Sein Lieblingsgericht war gekochtes Ochsenfleisch mit Zwiebeln.
Gekochtes Ochsenfleisch mit Zwiebeln?
Gekochtes Ochsenfleisch und ... das kochte ich immerzu.
Gab es etwa noch eine ausgesprochen irische Spezialität, die er gern mochte?
Das ist irisch! Gekochtes Ochsenfleisch mit Zwiebeln ist ein *gutes* irisches Gericht.
(Bridey war ausgesprochen ungehalten; anscheinend empörte es sie, daß ich daran zweifelte, Ochsenfleisch mit Zwiebeln sei ein irisches Gericht.)
Ja doch, ich weiß. Gab es sonst noch etwas?
Er mochte Kartoffeln auf *jede* Art, ganz gleich, wie sie zubereitet wurden. Er aß sie. Sogar einen Kuchen aus Kartoffeln hätte er gern gegessen. Ich machte mich immer über ihn lustig und sagte, wenn ich einen Kuchen aus Kartoffeln backte, würde er ihn gern essen.
Kannst du dich an irgendwelche Firmen erinnern, an Geschäfte, an Läden, an Firmen irgendwelcher Art, mit denen du in Belfast zu tun hattest, bei denen du eingekauft hast? Kannst du dich daran erinnern?
Ich erinnere mich an ... die Seilerei ... Da war eine große Seilfabrik.
Eine große Seilfabrik?
Ja, eine Seil ... da wurden Seile gemacht.
Es wurden Seile gemacht.
Ja, und es gab auch eine Tabakfabrik ... es gab ... äh ...
Was?
Es fing mit J an ... J ... J und so weiter Tabakfabrik.
Sonst noch etwas? Irgendwelche weiteren Fabriken, Geschäfte, Firmen, Läden, Banken? Nenne ein paar Namen! Nenne doch den Namen einer Bank, eines Ladens oder was du sonst willst.

Da war ... das ... Caden House. Es war ein ... Geschäft für ... eh ... Damenkleidung, Sachen für Frauen ... Blusen und Hemden und ... und ...

Wie hieß das Geschäft?

Caden's House.

Wie schreibt sich das?

... C, mit C-a-d-e-n-n-s.

Bist du manchmal in der Innenstadt von Belfast gewesen?

O ja ... natürlich.

Und du weißt noch, wie es da aussah, nicht wahr?

O ja ...

Schön. Erinnerst du dich an die Queen's University?

Ja, ich erinnere mich.

Warum erinnerst du dich an die Queen's University?

Brian hat doch Vorlesungen gehalten.

Bist du auch einmal mit ihm dort gewesen?

O nein.

Nun, bist du niemals mit ihm dort gewesen?

Nein.

Hmhm. Fallen dir noch weitere irische Wörter ein? Neulich hast du uns zum Beispiel »*brate*« genannt. Du hast uns von einem *brate* erzählt. Kennst du nicht noch andere typisch irische Wörter wie *brate*? Etwas, das für die Iren eine ganz bestimmte Bedeutung hat? Sage noch ein paar irische Wörter.

Oh ... eh ... eh ... *brate* ... Ich habe Ihnen von den Geistern erzählt.

Wie nennt man die?

Sie heißen ... ja, da ist ... *banshee* (Fee). Das ist Gälisch ... man sagte, es gäbe ... wenn jemand sterben sollte, dann hörte man vorher die Klagerufe der Feen. Es ist ...

Sehr schön. Und was ist ein »Lough« oder »Loch«?

Das ist ... Wasser ... es ist ... eine Wasserfläche.

Heißt es Loch oder Lough?

Meine Mutter sagt »Lough«!

Deine Mutter sagt »Lough«?

Ja, »Lough«.

Und wie sagt Brian?

Äh ... er ... er sagt »Loch (Lock) Carlingford«.

»Lock Carlingford«?

Ja. Mutter sagt »Lough« ... Ich habe auch immer »Lough« gesagt.

Du hast immer »Lough« gesagt?

Er sagt »Loch Carlingford«.
Aha. Gut. Sehr fein. Bist du auch einmal in Dublin gewesen?
Nein.
Du warst nie in Dublin?
Nein.
Was waren die Meadows in Cork?
Das waren ... da habe ich gewohnt.
Gut. Hast du einmal etwas von Cuchulainn gehört?
Ja. Ich habe von Cuchulainn gehört.
Was denn? Was hat er getan?
Er war ... er war so etwas wie ein Held ... wir haben von ihm gelesen. Er war ein irischer Held. Er hat Großes getan. Er war schrecklich tapfer ... meine Mutter hat mir vorgelesen, wie tapfer er war, und ...
Deine Mutter hat von Cuchulainn vorgelesen?
Ja, er war der tapferste und stärkste Held.
Schön. Und wer war Conchibar? Hast du von dem auch gehört?
Conchibar ... Conchibar ...
Hast du nie von ihm gehört?
Nein.
Schön. Und nun wollen wir das alles hinter uns lassen und in die Zeit deines Todes fortschreiten. Vor allem möchten wir wissen, in welchem Jahr es war. Du hast uns doch erzählt, du habest deinem eigenen Begräbnis zugeschaut. Du habest zugesehen, wie man dich beerdigte. Stimmt das?
Ja.
Gut. Wenn du dich daran erinnerst, dann mußt du doch auch noch wissen, in welchem Jahr das war. Vielleicht hatte man es auf den Grabstein geschrieben oder irgendwo anders hin. Wahrscheinlich hast du es gesehen. Nun, welches Jahr war es?
Es war ... achtzehn ... äh ... eins – acht – sechs ... vier.
Eins-acht-sechs-vier?
Das stand auf dem Grabstein ... eins-acht ... glaube ich ... ich sehe eins-acht-sechs-vier (1864).
Siehst du jetzt den Grabstein vor dir?
Ja.
Was steht denn darauf? Lies alles vor, außer den Zahlen. Was steht denn da alles darauf?
... Ah ... Bridget ... Kathleen ... äh ... M ... MacCarthy.
Vielleicht nennen die ersten Ziffern dein Geburtsjahr. Geben die ersten Ziffern dein Geburtsjahr an?
Eins ... sieben ... neun ... acht.

Sehr schön. Nun, und die andern Ziffern?
Eins ... da ist eine Linie...eine Linie, und dann ... eins-acht-sechs und vier.
(Bei den Worten »Da ist eine Linie« machte sie eine entsprechende Handbewegung.)
Gut. Lassen wir das. Sei ganz ruhig und entspannt. Ruhe deinen Geist vollkommen aus. Vergiß alles. Du gleitest nun wieder durch Zeit und Raum. Wir reisen durch Zeit und Raum, reisen in die Zeit, als du Bridey Murphy warst. Weiter in die Zeit, als du dich in der Astralwelt befandest, als du in der Geisterwelt warst. Du erinnerst dich doch daran. Und dann wurdest du in Iowa wiedergeboren. Jetzt sind wir in der Gegenwart. Ich will, daß du dich entspannst, daß du dich ganz wohl fühlst. Ich will, daß du ganz tief atmest; und dieser tiefe Atemzug wird dich völlig entspannen; er wird dich so erquicken wie eine Stunde Schlaf. Du wirst dich ganz wohl fühlen, ganz erquickt. Ruhe dich aus und entspanne dich. Dir ist ganz wohl, ganz wohl. Nach dem Erwachen wirst du dich ganz deutlich an den Morgen-Jig erinnern, den du während deines Lebens in Irland immer getanzt hast. Du wirst dich an ihn erinnern. Du wirst selbst überrascht sein, daß du dich in allen Einzelheiten daran erinnerst. Wenn ich dich nach dem Erwachen auffordere, wirst du imstande sein, den Morgen-Jig zu tanzen. Das wird ganz einfach sein. Nun will ich, daß du ganz ruhig bist, ganz entspannt. Ein paar Minuten wirst du dich ausruhen, du wirst dich in diesen paar Minuten vollkommen entspannen. Die paar Minuten werden wundervoll erquikkend sein, noch erquickender als ein normaler Schlaf. Ich werde nun nichts mehr sagen, und in nur ganz wenigen Minuten wirst du dich vollkommen entspannen, so daß du dich nach dem Erwachen sehr, sehr wohl fühlen wirst. Du wirst dich wohler fühlen als vor Beginn der Sitzung. Jetzt wirst du dich ein paar Minuten vollkommen ausruhen, so daß du dich nach dem Erwachen erquickt und frisch fühlst. In ein paar Minuten werde ich wieder zu dir sprechen ...
(Ich ließ sie einige Minuten ruhen und weckte sie dann auf.)
Nachdem Ruth erwacht war, fragte ich sie, ob sie sich wohl und entspannt fühle. Sie versicherte, sie fühle sich ausgezeichnet. Aber sie schien noch ein wenig benommen, als sei sie soeben aus einem tiefen Schlaf erwacht. Ich wollte jedoch, daß sie völlig wach ist, sobald ich die posthypnotische Suggestion – nämlich den Jig zu tanzen – auslöste, und so plauderte ich noch ein paar Minuten völlig ungezwungen, während ihre Benommenheit

mehr und mehr schwand. Endlich befahl ich Ruth, in die Mitte des Zimmers zu treten und uns den Jig vorzutanzen. Verblüfft runzelte sie die Stirn, als habe sie mich nicht verstanden. So wiederholte ich die Aufforderung. Aber wieder schaute sie mich so verwirrt an wie ein ratloses Kind, so daß ich schon meinte, es würde nicht klappen.

Dennoch entschloß ich mich zu einem letzten Versuch. »Ruth, bitte stellen Sie sich dorthin!« sagte ich, wobei ich auf eine Stelle des Teppichs zeigte. »Und dann wird Sie vielleicht ein bestimmter Drang, ein bestimmtes Gefühl überkommen. Vielleicht werden Sie imstande sein, uns den Jig vorzutanzen.«

Sie zuckte die Achseln; augenscheinlich fragte sie sich noch immer, was das eigentlich alles solle. Trotzdem erhob sie sich von der Couch und ging in die Mitte des Zimmers. Eine kurze Zeit stand sie da und schaute uns an; hilflos und verlassen bewegte sie die Hände. Und dann plötzlich veränderte sich ihr Ausdruck vollkommen; ihr Körper bebte voller Lebhaftigkeit; ihre Füße flogen in einem raschen Tanz, es folgte ein flotter Sprung, und dann endete der Tanz anscheinend mit einer Figur, bei der sie die Hand an den Mund preßte.

Der Schluß war besonders interessant. »Was bedeutet es denn, daß Sie die Hand vor den Mund halten?« fragte ich.

»Das ist wegen des Gähnens«, antwortete sie automatisch.

Ich hörte die Wörter, aber ich begriff die Bedeutung nicht. »Weswegen?« fragte ich. Aber die Frage hätte ich mir ersparen können. Bridey Murphy und ihr Jig waren dahin. An ihrer Stelle stand eine ratlose Ruth Simmons, die nicht nur keine Antwort auf meine Frage wußte, sondern sich nicht einmal an die Worte erinnern konnte, die sie eben gesprochen hatte.

Während sie sich, noch immer ohne Verständnis für alles, was da vorging, wieder hinsetzte, grübelte ich über die Sache mit dem Gähnen nach. Und dann dämmerte es mir: Während der Trance war doch vom *Morgen*-Jig die Rede gewesen. Morgen und Gähnen – das schien doch einleuchtend. Aber auf etwas anderes als Logik konnten wir uns im Augenblick nicht stützen; da niemand von uns sich auf Jigs verstand, mußte die letzte Nachprüfung warten, bis man Bridey Murphy in Irland suchte.

Die dritte Sitzung bedeutete das Ende meiner Experimente mit Ruth Simmons, wenigstens für einige Monate. Meine Firma schickte mich nach New York, wo ich mich mit Konjunktur- und Marktforschung und andern einschlägigen Dingen zu befassen hatte.

Ein Taschentuch für Bridey

In New York erwartete mich eine so angestrengte und pausenlose Tätigkeit, daß ich kaum Zeit fand, an Bridey Murphy zu denken. Aber gewissen Dingen, die ich glaubte, in New York klären zu können, wollte ich doch auf den Grund gehen. Zwar hatte MacIntosh in Nachschlagewerken einiges gefunden – z. B. die *Belfast-News-Letter*, die Queen's University, die Sage von Cuchulainn und die Leiden der Deirdre –, aber es blieb doch allerlei, was man in Pueblo nicht überprüfen konnte.
So hatte Mac trotz aller Bemühungen keine Spur der irischen Stadt Bailings Crossing entdecken können. Bridey behauptete, durch diesen Ort gefahren zu sein; aber kein Atlas wies ihn aus. Entweder irrte sich Bridey, oder es mußte einen Grund geben, weshalb sich der Ort in keinem der zahlreichen Atlanten, die Mac studiert hatte, auffinden ließ.
In Manhattan hoffte ich das Geheimnis entschleiern zu können. Zunächst rief ich auf dem irischen Konsulat an und fragte, ob dort ein Ort in Irland mit Namen Bailings Crossing bekannt sei. Die Antwort war eindeutig: Nein! Man riet mir, den British Information Service um Auskunft zu bitten. Ich tat es, aber die Antwort war die gleiche: Man konnte den Ort nirgends finden. Vielleicht könne die Britische und Irische Eisenbahngesellschaft mir helfen! Sofort rief ich dort an, wieder mit dem gleichen negativen Ergebnis. Es schien wirklich kein Bailings Crossing zu geben.
Erst einige Wochen später, als ich mit Hazel bei einem Freund das Wochenende auf Long Island verbrachte, schien sich ein Silberstreifen am Horizont zu zeigen: Die Nachbarin unseres Gastgebers, eine passionierte Gärtnerin, die besonders stolz auf ihren Spargel war, kam kurz vorbei, um eine herrliche Probe ihrer Zucht abzuliefern.
Natürlich entspann sich eine kleine Unterhaltung und plötzlich ergab sich, daß die Dame während des Zweiten Weltkrieges einige Jahre in Irland verbracht hatte. Obwohl ich keine Ahnung hatte, ob Bailings Crossing, falls es überhaupt existierte, in Nordirland lag, wagte ich einen Schuß ins Blaue: »Haben Sie zufällig einmal den Namen Bailings Crossing gehört?«
»Natürlich. Da bin ich öfters mit meinem Fahrrad durchgekommen«, war die prompte Antwort.

Ich fragte, warum sich der Ort denn wohl auf keiner Karte befände; sie antwortete, keine Karte sei groß genug, um alle winzigen Crossings (Kreuzungen) in Irland verzeichnen zu können.
Wenige Wochen später wiederholte sich dieser Vorfall auf seltsame Weise. Während wir uns mit einer Frau über ganz andere Dinge unterhielten, fiel Hazel und mir plötzlich auf, daß sie mit ganz deutlichem irischen Akzent sprach; und es ergab sich, daß sie in Irland geboren war. Und – natürlich war auch sie mehrfach durch Bailings Crossing gekommen. Klar, sie erinnerte sich ganz genau – und es war gar nicht erstaunlich, daß der winzige Ort auf allen Karten fehlte.
So hatten wir endlich die, wenn auch inoffizielle Bestätigung, daß es in Irland einen Ort gab, der sich auf keiner Karte fand, dessen Existenz jedoch Bridey Murphy immer wieder behauptet hatte.
Unerwartete Schwierigkeiten bot dagegen die Theresa-Kirche. Auf dem Irischen Konsulat sagte man mir, eine Kirche dieses Namens sei auf dem Stadtplan nicht zu finden, und auch im Belfaster Telefonbuch sei sie nicht verzeichnet. Auf dem British Information Service hörte ich genau dasselbe. Ehe der Herr am anderen Ende der Leitung jedoch auflegte, erbot er sich, noch eine andere Quelle zu Rate zu ziehen.
Nach wenigen Minuten war er wieder am Apparat. »Doch, es gibt eine St.-Theresa-Kirche in Belfast«, sagte er. »Sie ist katholisch.« Allerdings ließ sich im Augenblick nicht feststellen, ob dies wirklich die gesuchte Kirche war und ob die genaue Bezeichnung überhaupt stimmte.
Im Verlauf der ersten Sitzungen hatte Bridey uns auf die Frage nach »irischen« Wörtern verschiedene Ausdrücke genannt (z. B. »*colleen*« und »*banshee*«), die allen Anwesenden selbst ohne besondere Sprachkenntnisse verständlich schienen. Aber es gab auch einige Wörter, die mir – und allen, die ich danach fragte – vollkommen unbekannt waren. Das galt etwa für das Wort, das vom Band wie »*brate*« wiedergegeben wurde. Nachdem MacIntosh alle seine Nachschlagewerke vergeblich ausgequetscht hatte, begann ich mit Umfragen bei älteren Iren meines Bekanntenkreises. Aber keiner konnte mir helfen.
Auch in der New Yorker Öffentlichen Bibliothek winkte mir das Glück nicht. Und kein englisch-gälisches Lexikon wollte mir Antwort geben. Immerhin fand ich ein ziemlich ähnliches Wort: »*brait*«, das »Hoffnung« oder »Erwartung« bedeutete. Das

schien mir nicht schlecht zu Brideys Erklärung zu passen. Sie hatte doch gesagt, »*brate*« sei ein kleines Gefäß, aus dem man tränke, nachdem man sich etwas gewünscht hätte; man glaubte, daß der Wunsch dann in Erfüllung gehe. »Das ist ganz typisch irisch«, hatte Bridey uns versichert.
Fast hatte ich meine Suche nach dem »Wunschbecher« schon vergessen, als sich etwas ganz Unerwartetes ereignete. Ich hatte einer bekannten Schriftstellerin englischer Abstammung gerade die Stelle des Bandes vorgespielt, an der Bridey von dem Becher erzählt. Plötzlich forderte die Dame mich auf, das Gerät abzustellen. Sie berichtete, sie sammele Antiquitäten und besitze selbst einen solchen kleinen Becher aus Metall. Ihrer Meinung nach sei die richtige Bezeichnung »*quait*«. Mochte das Ding sich nun schreiben wie es wollte – auf alle Fälle hatte ich nun doch so etwas wie eine Bestätigung für den mir bislang unbekannten Gegenstand, dem ich so eifrig nachgespürt hatte.
Ein anderes Wort, bei dem ganz unvermutet Schwierigkeiten auftraten, war »*tup*«. Bridey hatte gesagt, das sei die wenig schmeichelhafte Bezeichnung für einen Mann – so etwas wie »Holzkopf«. Das Wörterbuch gab jedoch die Bedeutung »Widder« und »Rammbock« an. Alles weitere Suchen schien vergeblich – bis ich ganz zufällig in Roget's *Thesaurus* auf das Wort stieß. Auf der Suche nach weiteren Synonymen für »Mann«, »Kerl«, »Bursche« usw. fand ich in einer wahren Flut von Bezeichnungen für bestimmte männliche Wesen auch Brideys »*tup*«. Die Herkunft dieses Wortes war allerdings nicht angegeben – so wies auch nichts darauf hin, daß es aus dem Irland des 19. Jahrhunderts stammte; das mußte erst noch festgestellt werden.
Nachdem ich kaum eine Woche in New York weilte, suchte ich einen Verleger auf, den ich vor einigen Monaten während meiner Beschäftigung mit dem Fall Cayce kennengelernt hatte. Damals hatte ich festgestellt, daß er über die Bedeutung von Cayce recht gut informiert war, und so hatte ich ihn auf die Liste derjenigen Leute gesetzt, an die ich mich auch jetzt wenden wollte.
Er erinnerte sich sofort an mich und fragte, wie ich mit meinen psychischen Forschungen weiterkäme.
»Gut«, gab ich zu. »Ich gewinne langsam den Eindruck, daß an diesem Cayce doch etwas dran ist.« Und dann berichtete ich in großen Zügen, was ich inzwischen erlebt hatte und schloß mit der »Entdeckung« von Bridey Murphy.
Er meinte, daraus müsse sich eigentlich ein Buch machen lassen.

Ich solle doch einmal etwa zehntausend Wörter schreiben und ihn einen Blick hineinwerfen lassen. Und das tat ich.
Später überlegten wir uns, daß es wohl richtig wäre, erst noch einige weitere Bandaufnahmen zu machen, ehe wir uns daranmachten, Bridey Murphy in Irland zu suchen.
Nachdem ich meine geschäftlichen Angelegenheiten abgewikkelt hatte, kehrte ich nach Colorado zurück. Kaum wieder in Pueblo, rief ich Ruth an und gab mir alle Mühe, sie von der unbedingten Notwendigkeit zu überzeugen, so bald wie möglich einige weitere Sitzungen zu veranstalten. Sie wehrte ab: Sofort ginge das auf keinen Fall, denn die Baseball-Mannschaft von Pueblo habe gerade eine Serie von Heimspielen zu absolvieren, und ein Spiel auf eigenem Platz könnten Ruth und Rex unmöglich versäumen.
So zügelte ich meine Ungeduld, bis unsere braven Mannen nach Kansas abdampften, um ihre Kräfte mit den Wichita-Indianern zu messen. Aber auch dann war die Sache keineswegs einfach. Rex kamen nämlich plötzlich Bedenken. »Wissen Sie, ich möchte meine Versicherungspolicen an den Mann bringen und ein ausgesprochener Normalmensch sein; es liegt mir nicht, im Mittelpunkt des Interesses zu stehen und als Angeber oder Effekthascher zu gelten.«
Dennoch vereinbarten wir eine Sitzung in Rye, einem Kurort im Gebirge, wo Familie Simmons sich für ein paar Wochen erholen wollte. Aber diese vierte Sitzung fand ein vorzeitiges, geradezu phantastisches Ende.
Schon oft hatte ich bei früheren Gelegenheiten meine Medien aufgefordert, in Trance die Augen zu öffnen; aber noch niemals hatte eine Versuchsperson die Augen von sich aus ganz unvermutet aufgeschlagen. Genau dies aber geschah während der vierten Sitzung, und zwar auf eine Weise, die allen Anwesenden, und vor allem mir selbst, einen gehörigen Schrecken einjagte, so daß ich die Sitzung überstürzt und vorzeitig abbrach.
Es folgt die Wiedergabe der Bandaufnahme vom 27. Juli 1953, wobei ich die übliche einleitende Rückführung fortlasse:

Band IV
Und nun wirst du in deiner Erinnerung weiter zurückgehen. Du wirst weiter zurückgehen, weiter, immer weiter, zurück bis in die Zeit, ehe du geboren wurdest – bis in die Zeit, ehe du geboren wurdest. Bis in die Zeit, ehe du geboren wurdest . . . Gleite in der Erinnerung weiter zurück in eine Zeit, in eine Zeit, in eine

andere Zeit, in der du dich in einer Szene siehst, die auf der Erde spielt ... in ganz anderer Umgebung. Und sobald du diese Szene siehst und den Wunsch hast, mir darüber zu berichten, wirst du mir sagen, was du siehst.

... Ich habe ... ich habe es vom Dach heruntergezogen ... mit meinem Bruder.

Was hast du getan?

Ich habe es mit meinem Bruder vom Dach heruntergezogen.

Was hast du vom Dach heruntergezogen?

Ich habe das Stroh heruntergezogen.

Stroh heruntergezogen. Aha.

Hmhm.

Gut. Wie heißt dein Bruder?

Mein Bruder ... das ist Duncan.

Dein Bruder heißt Duncan?

Hmhm.

Du siehst das Haus ganz deutlich vor dir, nicht wahr?

Es ist kein Haus, wo ich es heruntergezogen habe.

Wo hast du es denn heruntergezogen?

Von der Scheune.

Von der Scheune?

Hmhm.

Aha. Und dafür bekamst du Prügel?

Hm*hm.*

Wer hat dich denn geschlagen?

Meine Mutter.

Deine Mutter?

Sie schickte mich ... in meine ... Kammer. Und ich kriegte nichts zu essen.

Wie hieß denn deine Mutter?

Kath ... Kathleen.

Hmhm. Und woran erinnerst du dich noch?

... Äh ... ich erinnere mich an ... meinen Bruder ... Er kam an die Tür. Er kam an meine Tür und ... und er redete mit mir, und es ... tat ihm leid. Dabei hatte er ... *er hatte mich doch dazu überredet,* aber das habe ich nicht gesagt.

Ich verstehe. Du hast die Strafe hingenommen und ihn nicht verpetzt.

Ja, er bekam auch Prügel, aber ... man ... und ich wollte gar nicht mitmachen, aber er sagte, ich müßte es tun, sonst würde er nie wieder mit mir spielen.

Aha.

Und da habe ich mitgemacht. Aber das habe ich der Mutter nicht gesagt.
War er jünger als du?
Nein ... er ist größer.
Ist er auch älter?
Hmhm.
Wieviel älter denn?
Er ist ... zwei Jahre älter als ich.
Hmhm. Und wie heißt er doch gleich?
Duncan.
Nach wem wurde er so genannt?
Er wurde nach ... meinem Vater und Großvater genannt.
Die heißen beide so?
Hmhm.
Aha. Wie alt warst du, als du das Stroh vom Dach gezogen hast?
... Ich ... war ... ich glaube ... ich war etwa acht Jahre. (Irischer Tonfall.)
Etwa acht Jahre.
Ich glaube schon.
Gut. Nun wirst du ein bißchen älter. Sieh zu, wie du ein bißchen älter wirst. Sieh dich, wie du aufwächst, schau zu, wie du älter wirst. Und halte irgendeine beliebige Szene fest und berichte davon. Halte irgendeine Szene fest, die dir interessant vorkommt, und erzähle davon. Was du willst. Berichte, was du siehst.
... Ich ... habe einen neuen Schlafsack.
Was hast du?
Schlafsack.
Schlafsack?
Hmhm.
Was ist denn das?
Eine Art Decke ... für mein Bett.
Das hast du neu bekommen? In welchem Laden wurde es denn gekauft?
Meine Mutter hat es ... irgendwo ... holen lassen. Die werden von einer Frau gemacht. Sie hat ihn für mich machen lassen.
Wo wohnt denn die Frau?
Sie wohnt ... sie wohnt ... oje, ich weiß gar nicht genau, woher meine Mutter ihn hat holen lassen ... Irgendwo ... hat sie ihn machen lassen ... weil ... weil ich inzwischen die Schule abgeschlossen habe ... und ich hatte es gut gemacht ... auf der Schule.
Wirklich?

Hmhm.
Wie alt warst du?
Ich war ... fünfzehn.
Fünfzehn?
Hmhm.
Wie hieß denn die Schule, die du besuchtest?
Ich besuchte ein ... Internat.
Weißt du noch, wie es hieß?
... Hm ... hm ...
Laß nur, strenge dich nicht an ... entspanne dich, ruhig ... ruhig ... überlege ganz ruhig ... und sage mir, wie die Schule hieß.
Sie hieß ... Mrs. ... Mrs. ... Stray ... Strayne's ... Internat.
Könntest du den Namen buchstabieren?
Hm ... ja, ich erinnere mich jetzt: S ... S-t- ... S-t-r-a ... ich sehe das Schild ... a-y-n-e ... hmhm.
Gut, das also siehst du vor dir? S-t-r-a-y-n?
»E«
»E«, schön. Mrs. Strayne also?
Ja.
Gut. Und in welcher Stadt befindet sich die Schule?
In Cork.
Gut. Nun schau dir zu, wie du älter wirst. Ruhig ... ganz ruhig. Und nun sage mir doch eben ... sage mir ... in welchem Grad der Trance du dich befindest? Ist sie leicht, mittel, tief oder sehr tief?
(Einem Artikel im *Journal of Experimental Hypnosis* hatte ich entnommen, daß man sich auf die Angaben eines Mediums über die Tiefe des eigenen hypnotischen Schlafes durchaus verlassen kann. Deshalb hatte ich ihr gesagt, während ich sie für die heutige Sitzung hypnotisierte, sie würde in der Lage sein, mir auf Befragen mitzuteilen, ob ihre Trance leicht, mittel, tief oder sehr tief sei.)
Mittel.
Mittel? Schön. Dann wollen wir eine ganz kurze Pause machen, um deinen Schlaf zu vertiefen ... eine ganz kurze Pause, um den Schlaf zu vertiefen. Atme ganz tief. Ich werde nun bis fünf zählen. Ich werde bis fünf zählen, und bei jeder Zahl wirst du das ganz sichere Gefühl haben, daß du tief und tiefer in Trance sinkst. Eins. Zwei. Drei. Vier. Fünf ... sehr tief ... tief, tief, tiefer und tiefer. Und nun sage mir wieder: Ist deine Trance leicht, mittel, tief oder sehr tief?
Tief.
Tief. Gut. Jetzt sieh dich, wie du älter bist. Zuletzt hast du mir

von Mrs. Strayne's Internat erzählt. Jetzt sage mir ... jetzt sage mir ... jetzt sage mir, von welchem Erlebnis, von welcher Szene, die du vor dir siehst, während du älter wirst, du mir nun berichten möchtest. Sieh eine Szene, in der du etwas älter bist. Erzähle mir von irgendeiner Szene, irgend etwas, was du magst.
... Hm ... meine Mutter.
Ja?
Meine Mutter ... sie ... hat mir ein wunderschönes Kleid gemacht.
Aus welchem Anlaß?
Wir erwarteten Gäste.
Weißt du etwa noch, wen ihr erwartet habt?
Ein Freund meines Vaters ... ein Bekannter ... seiner Familie.
Hmhm. Und wie hießen die Leute?
MacCarthy.
Kannst du den Namen buchstabieren?
... Ja ... M-a-cC-a-r-t-h-y.
M-a-cC-a-r-t-h-y?
Hmhm.
Gut. Und nun sage mir, wie viele MacCarthys zu Besuch kamen.
(Hier schien sie zu zählen, während offenbar Bilder vor ihrem geistigen Auge auftauchten.)
Einer ... zwei ... zwei.
Und wer war das?
Es war ... ein junger Mann mit seinem Vater. Ein junger Mann mit seinem Vater.
Der junge Mann hieß also MacCarthy. Und wie war sein Vorname?
Sein Vorname ... er fing mit einem B an.
Schön, sehr schön. Ruhig, sei ganz ruhig. Weißt du den Vornamen des Vaters?
Der Vater hieß John.
John MacCarthy?
Hmhm.
Und sein Sohn ... wie hieß der Sohn?
... Ah, ich weiß ... Brian.
Brian?
Brian.
Bist du ganz sicher?
Ja, das war sein Name.
Gut. Nun sieh, wie du wieder etwas älter wirst ... sieh, wie du ein wenig älter wirst. Und nun sage mir, wie deine Trance ist:

leicht, mittel, tief oder sehr tief?
Tief.
Gut. Sieh, wie du älter wirst ... sieh, wie du älter wirst.
Kannst du dich sehen, kannst du dich bei deiner Hochzeit sehen?
Kannst du dich bei deiner Hochzeit sehen?
Ja.
Schön. Seid ihr in der Kirche?
Nein.
Ihr seid nicht in der Kirche?
Nein.
Wo seid ihr denn getraut worden?
Wir sind in einem Häuschen getraut worden ... ich konnte nicht in der Kirche getraut werden.
Du konntest nicht in der Kirche getraut werden? Warum nicht?
Weil ich eben nicht konnte. Father ... Father John sagte: »Du kannst, wenn du der Kirche beitrittst.« Aber ich wollte der Kirche nicht beitreten.
Aha, so war das! Schön, und du sagst, Father John habe euch getraut?
Father John.
Hmhm. Father John. Weißt du Father Johns Nachnamen?
Father John ... Oh, er fing mit einem G an ... fing mit einem G an ...
Hast du ihn denn nie geschrieben? Hast du den Namen nie gedruckt gesehen? Hat er denn nie in der Zeitung gestanden?
Ja, ich habe ihn gesehen ... habe ihn in der Zeitung gesehen ... ich habe ein G gesehen ... G ... G-o, G-o-r, G-o-r-a-n ... G-o-r-a-n.
Father John Goran?
Ja, Father John Goran.
Hieß er so?
Hmhm.
Weißt du auch, was für ein Priester er war?
Er war Pfarrer an St. Theresa.
An der Theresa-Kirche?
Ja. Ja.
Hmhm. An welcher Straße lag denn die Theresa-Kirche? Wie hieß die Straße?
An der Hauptstraße (*main way*).
Wie hieß sie denn?
... Sie lag ... sie lag ... hinter der Dooley Road.
Hinter der Dooley-Road?

Hinter der Dooley Road auf der Hauptstraße.
Schon gut, aber wie hieß denn diese Straße, an der die Theresa-Kirche lag?
... Brian sagte immer, sie läge an der Hauptstraße (*main way*)... Ich weiß nicht mehr, wie die Straße oder der Weg hieß ... hinter der Dooley Road an der Hauptstraße.
Hinter der Dooley Road an der Hauptstraße?
Ja.
Hmhm. Lag sie an derselben Straße, in der auch euer Haus stand?
Nein.
Nicht in derselben Straße?
Nein.
Hmhm. Wie hieß denn die Straße, in der euer Haus stand?
Wir... wohnten... wir hatten keine Straße... wir wohnten hinter einer Villa in einem Häuschen, das ... die große Villa lag an der Dooley Road.
Die Villa lag an der Dooley Road?
Ja. Wir gingen immer zu Fuß zur Hauptstraße. Es war gar nicht sehr weit bis ...
Wie weit war es denn von dem Häuschen bis zur Theresa-Kirche?
Oh, man brauchte wohl ... Brian ging immer fünf Minuten vor dem Läuten. Dann kam er noch rechtzeitig.
Fünf Minuten wovor? Vor dem Läuten?
Ja, vor dem Glockenläuten. Er wußte genau, wann geläutet wurde ... jeden Tag.
So, das wußte er? Schön, und nun entspanne dich, sei ganz ruhig, mach es dir bequem, und bald wirst du merken, wie du in immer tiefere Trance sinkst. Tiefer und immer, immer tiefer. Tiefer und tiefer. Nichts stört dich, nichts behelligt dich. Du willst dich jetzt vollkommen entspannen, willst dich ausgesprochen wohl fühlen; du fühlst dich ganz wohl, und wenn du nachher aufwachst, dann wird dir sogar noch besser sein als jetzt. Und nun möchte ich dir noch ein paar Fragen stellen. Falls du dich noch erinnerst, wirst du mir meine Fragen beantworten. Wenn du dich aber nicht erinnerst, dann wirst du mir das eben einfach sagen.
So, also wie schrieb Brian seinen Namen. Buchstabiere Brians Namen!
... B-r-i-a-n.
B-r-*i*-a-n? Nicht mit y?

Nein.
Schön. Und was tat Brian? Welchen Beruf hatte er?
Er war Rechtsanwalt (*barrister*).
Und wo war er tätig?
Er arbeitete ... bei seinem Vater.
So?
Ja.
Wo denn?
Er ... zeitweise arbeitete er in Belfast. Er hielt Vorlesungen ... an der Queen's University ... und er half seinem Vater. Er arbeitete nicht direkt im Büro seines Vaters, sondern der Vater gab ihm die Adressen von Leuten ... auf dem Lande, damit er ... damit er ihm dort helfen konnte. Ich wußte nicht viel von seiner Arbeit, er wollte mir davon nichts sagen, aber ich weiß, daß er ... daß er dann seinem Vater schrieb. Er bekam sehr wenig Geld von ihm, aber er mußte schwer arbeiten.
Aha. Schön. Und nun denke daran, was wir von dir wissen wollen: Wir möchten irgend etwas Geschriebenes wissen, irgend etwas, was geschrieben oder gedruckt worden ist, damit wir beweisen können, daß du wirklich dieses Leben geführt hast. Fällt dir vielleicht etwas ein, was aufgeschrieben war, irgendeine Urkunde, ein Bericht, der beweisen könnte, daß du dort gelebt hast?
(Bridey nieste heftig. Und das war der Augenblick, in dem alle Anwesenden für einige entsetzliche Sekunden buchstäblich erstarrten. Ruth hatte bisher ausgestreckt auf der Couch gelegen. Plötzlich riß das gewaltige Niesen sie zu sitzender Stellung hoch; und auf einmal hatte sie die Augen ganz weit auf. Daß man ein Medium auffordert, während der Trance die Augen zu öffnen, ist – besonders bei einem guten Medium wie Ruth – nichts Ungewöhnliches. Aber daß ein Medium ganz plötzlich als Folge des Niesens die Augen aufreißt, davon hatte ich bislang weder gehört noch gelesen. Im ersten Augenblick nahm ich deshalb an, sie sei von dem heftigen Anfall erwacht. Bald jedoch sollten wir feststellen, daß Ruth noch immer im Zustand tiefer Trance war; und als diese Erkenntnis in uns dämmerte, bekamen wir einen fürchterlichen Schrecken.)
Ruhig, ruhig, ruhig! Wie fühlst du dich?
Kann ich wohl ein *linen* haben?
Ein *linen*?
(Nun war die Verwirrung vollkommen. Als sie um ein »*linen*« bat, sprang Rex auf und starrte seine Frau an; Hazel rannte

aufgeregt davon, um eine Decke zu suchen, denn sie hatte Brideys Bitte um ein »*linen*« falsch verstanden. Auch die andern Anwesenden waren sehr erregt; sie merkten sofort, daß hier irgend etwas nicht stimmte. Und während ich mir sehr langsam klarmachte, daß sie nichts anderes wünschte als ein Taschentuch, brach meine Fassung so schnell zusammen, daß ich einige lange Augenblicke brauchte, bis ich endlich ein Taschentuch hervorholen und meinem Medium sein »*linen*« geben konnte.)

Nun sei ruhig. Ganz ruhig! Wie fühlst du dich?

... Ich brauche ein Tuch.

Ja, wir holen schon ein Tuch ... Schließe die Augen ... ruhig ... schließe die Augen ... schlafe wieder. Nachher werde ich dich aufwecken. In wenigen Minuten werde ich dich aufwecken ... Ruhig, ganz ruhig, schließe die Augen. Sei ganz ruhig und schließe die Augen. Sei ruhig und schließe die Augen. Nun, hörst du meine Stimme?

Ja.

Schön. Jetzt kehren wir in die Gegenwart zurück. Wir kehren in die Gegenwart zurück. Hörst du mich?

Ja.

Hörst du mich?

Hmhm.

Gut. Weißt du, wo du bist?

Ich bin in Cork.

Du bist Ruth Simmons. Du kehrst in die Gegenwart zurück und bist Mrs. Ruth Simmons. Du bist in Rye, Colorado. Hörst du mich?

Hmhm.

Gut. Und nun werde ich bis fünf zählen, und sobald ich bei »Fünf« bin, wirst du aufwachen und Mrs. Ruth Simmons sein. Du wirst dich wieder in der Gegenwart befinden. Hörst du mich?

Hmhm.

Kannst du mich verstehen?

Hmhm.

Schön. Also: eins ... zwei.

(Erneutes Niesen.)

... Oh ...

Wie fühlst du dich? Wie fühlst du dich? Bist du wach?

... Brian hat gesagt, ich hätte mich erkältet.

(Ich gebe zu, daß ich jetzt schreckliche Angst bekam. Es hätte auch wenig Sinn, das bestreiten zu wollen, denn das Band verrät ganz deutlich, daß meine Stimme zitterte. Es schien, als wolle sie unter allen Umständen Bridey Murphy bleiben, als wolle sie diese Persönlichkeit beharrlich festhalten. Hätte ich in diesem Augenblick genug Geistesgegenwart besessen, so hätte ich weitere Fragen gestellt. Ich war ja noch kaum zur Hälfte fertig, und wahrscheinlich war der Zeitpunkt, gute Antworten zu erhalten, ganz besonders günstig. Aber in diesem Augenblick hatte ich nur einen einzigen Gedanken im Kopf: Ich mußte mein Medium aus der Trance wieder in die Gegenwart reißen.)

Denke jetzt nicht mehr an Brian! Du wirst Brian vergessen. Sobald ich bis fünf gezählt habe, wirst du aufwachen und Mrs. Ruth Simmons sein. Hörst du mich? Hörst du mich?

Hmhm.

Eins. Zwei. Drei. Vier. Fünf. Du wirst aufwachen und Mrs. Ruth Simmons sein. Du wirst aufwachen und Mrs. Ruth Simmons sein. Ruth, wie ist Ihnen? Wie fühlen Sie sich? Wie fühlen Sie sich, Ruth? Fühlen Sie sich wohl?

Hmhm.

(Ruth war ganz offenbar wieder bei sich; der Seufzer der Erleichterung, den ich ausstieß, war bis in die fernste Ecke des Zimmers zu hören.)

Alltag in Belfast 1845

Auch während der fünften Sitzung mußte »Bridey« niesen. Diesmal aber hatten wir ein »*linen*« zur Hand, und so erlitt die Bandaufnahme dadurch keine Unterbrechung. Diese Sitzung, die am 29. August 1953 stattfand, sollte eine der besten werden. Ruth schien buchstäblich dahinzuschwinden, und an ihre Stelle trat ein munteres, beinahe kesses irisches Mädchen namens Bridey, das sich als ausgesprochene Persönlichkeit darstellte, eine lebhafte Unterhaltung führte, die volle Skala der Gemütsbewegungen von argwöhnischer Zurückhaltung bis zu ausgelassener Lustigkeit durcheilte und insgesamt ausgesprochenes Vergnügen an dem ganzen Unternehmen zu finden schien. Wie üblich, waren wieder ein halbes Dutzend Zeugen zugegen.

Band V
Ich möchte, daß du zurückgleitest, zurück, zurück und zurück in dein letztes Leben, das du auf der Erde geführt hast. Du hast uns schon einiges von diesem Leben erzählt ... von diesem Leben in Irland ... Du hast uns schon davon berichtet. Ich wünsche, daß du nun ans Ende dieses Lebens zurückkehrst – zu dem Augenblick, als man dich gerade begraben hatte. Kannst du dich daran erinnern? Erinnerst du dich? Erinnerst du dich daran? Kannst du zu dieser Szene zurückgleiten? Als man deinen Leib begrub?
Hemm-emm ...
Siehst du die Szene nun vor dir? Ja?
Emmm.
Ja? Ist Father John da?
Hmhm.
Father John ist da?
Hmhm.
Wer ist sonst noch dabei?
Brian ... und Mary Catherine und der Mann, der die Pfeifen bläst.
Der Mann, der die Pfeifen bläst?
Hm ... die *Uilleann pipes* (volkstümliches irisches Blasinstrument).
Was für Pfeifen.
Uilleann.
Aha. Und wer war sonst noch da?

Hm ... hm ... hm ... Mary Catherines Mann ... und ...
Du hast uns schon einmal seinen Namen genannt: Kevin. Du hast uns gesagt, sein Name sei Kevin. Stimmt das?
Kevin Moore.
Kevin Moore?
Ja.
Schön. Und Father John war also auch da?
Hmhm.
Kennst du Father Johns Nachnamen?
Oh ... er hieß ... G ... Father John ... Joseph ...
John Joseph?
John Joseph. Er hat ihn einmal buchstabiert ... G ... G ... o ... G. Er hieß G-o oder G-a ... r ... m ... m-a-n.
Hieß er vielleicht Gorman?
Ja.
Gorman? G-o-r-m-a-n?
Ja. Er hieß G-o-r-m ... *o* oder *a*-n.
Gut. Sehr gut. Und nun zu dem Platz, an dem man dich begraben hat ... Kannst du wohl den Grabstein sehen – und lesen, was daraufsteht? Dein Grabstein ... dort, wo man dich begraben hat. Kannst du es lesen und mir sagen, was daraufsteht?
Da steht ... hm ... Bridget ... Kathleen ... M ... MacCarthy.
Was heißt denn das M?
Murphy.
Ah so, Murphy. Und sonst? Was steht denn wohl sonst noch auf dem Grabstein? Stehen vielleicht Jahreszahlen darauf?
... Eins ... sieben ... und ich glaube eine Neun ... und eine Acht ... Und da ist ein Strich.
(Während sie von dem Strich sprach, der die beiden Zifferngruppen trennt – »Und da ist ein Strich« – machte sie mit dem Finger eine Bewegung, als zöge sie einen Strich.)
Aha, da ist also ein Strich.
Und ... wieder eine Eins.
Wieder eine Eins?
Ja. Und eine Acht.
Hmhm.
Und da ist eine ... warte mal! ... eine Sechs ... ja, da ... Und ... Brian hat gesagt, die sei nicht sehr deutlich. Aber es ist bestimmt eine Vier.
(Als sie zur letzten Ziffer, der Vier, kam, schien ihr einzufallen, daß Brian bei einer bestimmten Gelegenheit – nach Brideys Tod

und der Aufstellung des Grabsteins – sich über mangelhafte Ausführung der letzten Ziffer beklagt hatte. »Aber es ist bestimmt eine Vier«, versicherte uns Bridey.)
Brian meinte also, sie sei nicht deutlich genug?
... Er war sehr aufgebracht.
So?
Aber es war eine Vier.
Schön. Und nun entspanne dich. Ruhig, ganz ruhig. Du wirst dich ausgesprochen behaglich fühlen. Die heutige Sitzung wird dir noch viel mehr Freude machen als alle bisherigen. Diese Sitzung wird dir viel Freude machen. Denn du fühlst dich ganz behaglich, und es macht dir viel Spaß, dich an all das wieder zu erinnern. Und heute wird dein Gedächtnis noch schärfer und deutlicher sein als bisher. Du wirst dich ganz genau, ganz exakt erinnern. Und wenn du nachher aufwachst, dann wirst du dich ganz wohl fühlen ... du wirst dich sehr, sehr wohl fühlen ... ganz ausgeruht und erfrischt wirst du dich fühlen. Ja, und damals, als man dich begraben hat ... zur Zeit deines Todes ... hat man da wohl einen Totenschein ausgestellt? Hat man da so etwas wie einen Totenschein ausgestellt und vielleicht eine Todesanzeige in der Zeitung aufgegeben?
Ach, warum fragen Sie denn nicht Father John?
(Es klang schmerzlich, fast gequält. Es war, als könne sie nicht begreifen, warum ich sie mit so etwas wie amtlichen Dokumenten belästigte, wenn doch Father John es war, an den man sich in diesem Zusammenhang zu wenden hatte.
Viele Leute, die diesen Teil der Bandaufnahme abhörten, wollten wissen, warum ich hier nicht nachgestoßen und etwa eine Frage gestellt hatte wie: »Wo kann ich Father John wohl finden?« Aber eine derartige Frage hätte vielleicht – obwohl ich es keineswegs genau weiß – unnötige Verwirrung gestiftet oder mein Medium verstört, und ich hatte Rex versichert, daß ich so etwas nach aller Möglichkeit vermeiden wollte.)
Schön. Und nun sei ganz ruhig. Ruhig, ruhig, entspanne dich. Wie war doch noch der Name deines Mannes?
Brian.
Erinnerst du dich vielleicht auch noch an den Namen von Brians Mutter?
... Ich ... müßte in der Bibel nachschauen ... Ich kann mich nicht erinnern.
Gut. Erinnerst du dich vielleicht an den Namen von Brians Vater?

... Brians Vater hieß John.
Schön. Und Brians Onkel?
(Hier tat Bridey etwas, das sich in verschiedenen Fällen während aller Sitzungen wiederholte. Statt eine schlichte Antwort auf diese eine Frage zu geben, ließ sie sich durch die Formulierung der Frage auf andere Gedanken bringen, die mit dem Gegenstand in irgendwelchem Zusammenhang standen. Diesmal zum Beispiel führte die Erwähnung von Brians Onkel nicht nur dazu, daß sie sich an seinen Namen erinnerte; vielmehr nahm Bridey Anlaß, sich an etwas anderes zu erinnern, an einen Vorfall im Zusammenhang mit der Hochzeit des Onkels.)
... Sein Vater war wütend, daß er eine Orange heiratete. Aber er war nicht wütend, als er mich heiratete! Halt! Meinen Sie eigentlich den Onkel, der eine Orange geheiratet hat?
Was hat er geheiratet?
Die Orange.
Er hat die Orange geheiratet?
Hmhm.
Ja. Wie hieß er?
Er hieß Plazz. Plazz.
Buchstabiere!
... P-l-a-z ...
Gut.
Z.
Zweimal Z?
Zweimal Z!
Schön. Hatte Brian wohl noch andere Geschwister?
Nein, seine ... ja, so! ... Seine Mutter, seine Mutter ... seine Mutter starb. Er hatte einen Bruder ... er hatte einen Bruder ... der war ein stilles Kind, und die Mutter starb. Da kam er zu seiner Großmutter ... Es war ein stilles Kind.
Gut. Und war dieses stille Kind älter oder jünger als Brian?
Oh, *jünger*!
Aha. Brian war also der Älteste?
Brian hätte doch nicht geboren werden können, wenn die Mutter vorher gestorben wäre!
(Kichern.)
Richtig, gewiß ... Brian war also der Ältere. Schön, ausgezeichnet ... Gut. Du hast früher einmal gesagt, Brian habe an der Queen's University unterrichtet.
Hmhm.
Schön. Aber die Queen's University ... die Queen's University

war eine protestantische Einrichtung ... und Brian, Brian war doch katholisch.
Ich weiß.
Und?
Na, er lehrte *Rechtswissenschaft*, aber nicht etwa *Religion*.
Es gab also auch ... auch einige Katholiken unter den Lehrern?
Jawohl, mehrere.
Mehrere, hmm?
Die ich kannte.
Mehrere, die du kanntest?
Ja.
Kannst du mir wenigstens einen mit Namen nennen?
Emm – hmhm.
Nämlich?
An einen erinnere ich mich. Er hieß William McGlone.
William McGlone?
Hmhm. McGlone.
McGlone.
Soll ich es buchstabieren?
Ja.
M-c ... G ... ein großes G.
So?
L-o-n-e.
Hmhm. Erinnerst du dich sonst noch an jemanden von der Queen's University? An irgend jemanden?
Ja ... hmmm ... ich glaube, da war noch ein Fitzhugh oder Fitzmaurice. Es gab einen Fitzhugh *und* einen Fitzmaurice.
Gut.
Mm-hm ... Fitzhugh ... Fitzmaurice.
Gut, sehr gut. Und nun noch etwas: Die Universität trug den Namen Queen's University erst seit 1847; Brian muß also damals fünfzig Jahre oder sogar noch etwas älter gewesen sein.
Mm-hmm. Er arbeitete doch mit seinem Vater zusammen. Und außerdem schrieb er.
Er schrieb?
Hmhm. Er schrieb für die *News-Letter*.
Er schrieb für die *Belfast News-Letter?*
Gewiß.
Übrigens hast du früher einmal gesagt, in den *News-Letter* seien einige Artikel von Brian gewesen. Meintest du damit, sie hätten von Brian gehandelt oder ...
Oh *nein*. Er schrieb selbst ... über verschiedene Fälle, und über

. . . über die Einzelheiten, die . . .
Ach, er schrieb also Artikel darüber?
Gewiß.
Unterschrieb er die Artikel mit seinem Namen?
Ganz bestimmt hat er das getan.
Hast du einmal einen seiner Artikel gelesen?
. . . Ach, die verstand ich doch nicht.
Du verstandest sie nicht?
Mm-hm.
Aha. Hast du denn überhaupt in den *News-Letter* gelesen?
Mmmmmmmmm . . . ein bißchen.
Gut. Und nun . . . und nun . . . und nun wieder zu den Artikeln, die Brian für die *News-Letter* schrieb. Wie alt ungefähr war er wohl, als er für die *Belfast News-Letter* schrieb?
. . . Mmmmmmm . . .
Es ist nämlich außerordentlich wichtig, daß wir zumindest ungefähr das Jahr wissen, in dem er seine Artikel für die *Belfast News-Letter* schrieb. Meinst du, du könntest uns das Jahr angeben? Los, denke nur laut, wenn du magst. Wenn du schon darüber nachdenkst, kannst du es doch laut tun.
. . . Ah . . . es war . . . es war nach unserer Hochzeit, als wir . . . einen Augenblick . . . wir waren schon lange verheiratet . . . seit . . .
(Bridey nieste heftig.)
Ruhig, ruhig, ruhig. Sei ganz ruhig . . . dir ist ganz wohl. Du fühlst dich ganz wohl. Fühlst du dich nun wohl?
Hmhm.
Sehr schön. Und wenn du nachher aufwachst, dann wirst du dich noch wohler fühlen. Dir wird ganz wohl sein, sobald du aufwachst. Dir wird ganz wohl sein, sobald du aufwachst. Dir wird ganz wohl sein. So, und als du in Belfast warst, als du in Belfast warst . . .
. . . Seit fünfundzwanzig Jahren . . .
(Zuerst begriff ich gar nicht, daß sie noch immer die Frage beantwortete, die ich ihr vor dem Niesen gestellt hatte. Das Niesen hatte mich etwas den Faden verlieren lassen, denn ich bekam ein bißchen Angst – wenn auch längst nicht solche Angst wie während der vierten Sitzung. Und ich stand mit meiner Sorge nicht allein: Rex eilte mit einem Taschentuch herbei; er wollte vermeiden, daß seine Frau wieder einmal auf ihr »*linen*« warten mußte.
Jedenfalls begriff ich erst nach einigen Augenblicken, daß Bridey

ihren Satz genau dort fortsetzte, wo sie durch das Niesen unterbrochen worden war.)
Hmm?
Sie haben mich doch gefragt, wann er geschrieben hat.
Ach so. Du bist noch bei dieser Antwort. Schön. Wie meinst du das: Was war seit fünfundzwanzig Jahren?
So lange waren wir verheiratet. Das heißt ...
Du meinst, ihr wart ungefähr fünfundzwanzig Jahre verheiratet, als er anfing, für die *Belfast News-Letter* zu schreiben?
Ja.
Stimmt das?
Ja.
Schön.
Länger, vielleicht schon länger. Aber jedenfalls waren wir schon lange verheiratet.
Schön.
Mm-hm.
Nun, damals in Belfast ... damals in Belfast ... hast du da deine Einkäufe selbst erledigt?
... Ich ... ich habe zuweilen selbst eingekauft.
Zuweilen?
Ja, nämlich ... ich ... Brian wollte nicht, daß ich alles allein täte. Aber zuweilen kaufte ich ein. Eh ...
Kannst du uns einiges nennen, was du eingekauft hast, und vielleicht auch einige der Läden, in denen du kauftest? Einige Dinge, die du gekauft hast, und die Namen einiger Läden, in die du gegangen bist ... in denen du eingekauft hast? Die Namen einiger Läden, in denen du eingekauft hast?
Hm ... hm ... ich ging zu Farr.
(Ganz breites Irisch.)
Zu wem?
Farr.
Buchstabiere mal.
... Äh ... F-a-r-r. F-a-r-r.
F ... a-r-r.
Hmhm.
Was konnte man da einkaufen?
Lebensmittel.
Lebensmittel?
Lebensmittel.
Weißt du, was »*firkin butter*« (Faßbutter) ist? *F-i-r-k-i-n? Firkin butter?*

Firkin butter ... Das ist etwas zum Essen.
Und weißt du, was Kapernsoße ist?
Ja.
Was ist denn Kapernsoße?
Das ist eine Soße mit ... Da sind kleine Kapern drin ... Sie sind klein, winzig schwarz ... Sie sehen aus wie ... dunkle Perlen ... das sind Kapern ... Und man tut sie auf Fisch ...
Aha.
Kapern ...
Hast du vielleicht auch Hemden gekauft?
Hmhm.
(Diese Frage hatte nur den Zweck, sie dazu zu veranlassen, die Münzen ihrer Zeit zu benennen. Da wir wußten, daß die damalige Währung sich von unserer unterschied, waren wir gespannt auf Brideys diesbezügliche Bemerkungen. Jedoch hatten wir es für vorteilhaft gehalten, die Angelegenheit nicht direkt anzugehen. Anstatt rundheraus nach den Geldwerten, wollten wir Bridey lieber zunächst nach Gegenständen fragen, die sie eingekauft hatte – und dann nach dem Preis, den sie dafür zahlen mußte. Sie hatte uns schon gesagt, daß sie Hemden gekauft hätte – deshalb wählten wir diesen Artikel.)
Wo hast du denn deine Hemden gekauft?
... Oh ... ich ... äh ... hmmm ... zweimal war ich in dem Geschäft. Das ist doch – *Damen*wäsche. Das war, glaube ich, bei ...
Hmm.
Ich erinnere mich ... an das ... Geschäft. Eh ...
Wie hieß es denn?
... Hm ... ich überlege ...
Deine Erinnerung wird deutlicher und deutlicher werden, deine Erinnerung wird immer klarer und deutlicher. Du wirst dich erinnern und mir den Namen sagen können.
... Himmel! Ich weiß es ganz genau.
Du hast uns früher gesagt, es heiße Cadenns House. Stimmt das?
Richtig!
Es stimmt also?
(Erstaunt:) Woher wissen Sie den Namen? Da kaufen doch nur Damen ein.
Gewiß. Aber du hast mir den Namen einmal genannt.
Cadenns House – richtig, so heißt es.
Hmhm. Wieviel mußtest du denn für ein Hemd bezahlen?
... Äh ... Es ... es machte ... ztz (schnalzender Laut der Ver-

zweiflung) . . . Ach, es machte . . . Oh, es machte nicht ganz . . . Ah, ich weiß nicht . . . nein, es war . . . Es war mehr als ein Pfund.
Es war mehr als ein Pfund?
Oh . . . ich weiß nicht . . .
Ein Pfund – und wieviel?
Ach, wissen Sie, wir hatten . . . hatten . . . Beziehungen; Brian war für die Leute tätig, und ... er bekam kein Geld dafür. Deshalb übernahm er das Einkaufen . . . Es gab Geschäfte, in denen er einkaufen mußte, weil er bestimmte Abmachungen . . . weil er Geld bei den Inhabern guthatte.
Aha, ich verstehe.
Ja, und deshalb erinnere ich mich nicht . . .
Ein Pfund – und wieviel?
Hm . . . ztz . . . hmmm . . . ztz . . . ich glaube . . .
Wieviel denn ungefähr?
Hmm . . . Sixpence. Es war mehr als ein Pfund, und ich . . .
Also ungefähr ein Pfund und Sixpence?
Ja, ungefähr ... vielleicht, daß ich soviel bezahlt habe . . . daß man . . .
Schon gut. Schon gut, reden wir nicht mehr davon. Wir wollen uns lieber einmal über Geld im allgemeinen unterhalten. Kannst du uns einige . . . Was für Geld hattet ihr denn? Hattet ihr eigentlich auch Geldscheine?
Ich hatte nicht sehr viel. Ich . . .
Nun, was für Münzen hattet ihr denn? Kannst du uns die Bezeichnungen einiger Münzen nennen?
Äh ... eine hieß *tuppence* (in England noch heute übliche Münze: 2 Pence).
Tuppence?
Tuppence. Und . . . wir hatten einen halben . . . aus Kupfer . . . einen halben *Penny.* Und einen *sixpence,* und dann noch . . . noch . . . ztz . . . Wissen Sie, von Geld verstehe ich wirklich nichts. Das brauche ich nicht . . .
Das brauchst du nicht?
Ich habe kein Geld, und . . .
Emm-hm.
Damit habe ich nichts zu tun.
Aha.
. . . Ja, mit dem Geld . . . wir hatten noch das Pfund. Aber Sie dürfen den Leuten nicht sagen . . .
Schon gut. Schon gut. Nun etwas anderes: Hattest du wohl ein

besonderes Versteck, wo du ... nun, irgendwelche Dinge, die dir persönlich besonders teuer waren, verstecktest? Etwas Geld vielleicht, oder Briefe, oder sonst etwas? Hattest du vielleicht ein solches Versteck?
Warum wollen Sie das wissen?
(Man muß diese fünf kurzen Wörter selbst gehört haben, um ihre volle Bedeutung ermessen zu können. Das verschmitzte Mißtrauen, das aus dieser Frage klang, hat noch jeden Zuhörer der Bandaufnahme hell auflachen lassen.)
Nun, ich möchte nur wissen, wo wir vielleicht irgendwelche schriftlichen Beweise finden können, irgendwelche schriftlichen Zeugnisse, irgendwelche Beweise dafür, daß du in Irland gelebt hast.
... Emmm ... ztz ...
Du brauchst uns von dem Versteck auch nichts zu sagen. Aber vielleicht kannst du uns irgendwelche schriftlichen Beweise, irgendwelche Urkunden, Dokumente oder so etwas nennen, die beweisen, daß Bridget Murphy MacCarthy zu jener Zeit an den von dir genannten Orten in Irland gelebt hat. Weißt du vielleicht etwas, womit sich das beweisen ließe?
... Mmmmm ... oh, Sie könnten doch zur Kirche gehen, oder zur Stadt ...
Das Pfarramt müßte also Aufzeichnungen haben?
Das glaube ich ganz bestimmt.
Was für Aufzeichnungen könnten ... ?
Wir mußten doch den Zehnten geben.
Den Zehnten?
Dazu mußten wir uns schriftlich verpflichten. Ich mußte auch unterschreiben.
Hmhm.
Und dann ... Wissen Sie nicht, daß wir ... als wir heirateten, da wurden wir doch an der Tafel ausgehängt.
An der Tafel ausgehängt?
Da stand *alles* über uns geschrieben ... woher wir stammten ... wieviel ... wieviel Geld wir besaßen ... einfach alles ... jeder aus der Familie, der irgend einmal gehängt worden war. Sie wissen ja!
Und das war in St. Theresa? In der Theresa-Kirche?
Ja, in Belfast.
Bist du auch zur Beichte und Kommunion gegangen?
O *nein*. Das durfte ich nicht. Das geht nicht. Aber Brian ist gegangen.

Er ist zur Beichte und Kommunion gegangen?
Wenn Sie es noch genauer wissen wollen, müssen Sie Brian selbst fragen.
Aha.
Emm – hm.
Höre: Nach deinem Erwachen, nach deinem Erwachen werde ich dich auffordern, eine kleine Skizze zu machen, eine kleine Skizze. Ich werde dir Bleistift und Papier geben, und du wirst eine kleine Skizze machen. Du wirst mir eine kleine Skizze machen, aus der hervorgeht, wo das Häuschen, in dem du wohntest, und wo die Theresa-Kirche lag. Du brauchst also nur zwei Vierecke zu zeichnen: dein Häuschen und die Kirche.
(Bridey nieste erneut.)
Ruhig, ganz ruhig. Du schläfst tiefer und immer tiefer. Und nach dem Aufwachen wirst du in der Lage sein, uns eine ganz grobe kleine Skizze zu machen, aus der man sieht, wo das Häuschen auf dem Grundstück deiner ... auf dem Grundstück von Brians Großmutter, und wo die Theresa-Kirche lag. Siehst du das vor dir? Kannst du sehen, wo das Grundstück von Brians Großmutter liegt?
Hmhm.
Und kannst du sehen, wo die Theresa-Kirche liegt?
Hmhm.
Und du siehst auch, daß die Villa von Brians Großmutter, wie du uns früher gesagt hast, an der Dooley Road liegt?
Dooley Road.
Hmhm.
Hoffentlich enttäusche ich Sie nicht. Ich kann nämlich nicht zeichnen.
Du brauchst gar nicht zu zeichnen. Du brauchst nicht zu zeichnen. Du brauchst nur ein paar Striche zu ziehen, aus denen man ersieht, wie das Haus und die Kirche zueinander lagen. Kannst du das sehen?
Hmhm ... ja ... ich ...
Ganz einfach ein paar Striche, eine ganz einfache Lageskizze, hier ein Viereck und da ein Viereck. Das kannst du doch, nicht wahr?
Ich will es versuchen.
Schön. Und nun ruh dich aus, entspanne dich. Ruhe dich aus, entspanne dich. Kannst du mir wohl sagen, kannst du mir wohl sagen, welches dein Lieblingslied war? Dein Lieblingslied?

Hm ... ich ... mir gefiel *Londonderry Air.*
Und sonst noch?
Und ... *Sean ... Sean.*
Was für ein Lied war das denn?
Sean. Es handelte von einem Jungen.
Sean?
Sean.
Aha. Und nun nenne mir noch ein Lieblingslied.
... Emm ...
Noch ein Lieblingslied.
... Ohhh ... ztz ... äh ... eh ... *The Minstrels' March.*
The Minstrels' March?
Ja, ich ... er hat keinen Text, aber der Marsch gefiel mir so gut.
Hmhm. Und hattest du auch ein Lieblingsgedicht? Welches war dein Lieblingsgedicht?
... Uhhh ... ztz ... mein Lieblingsgedicht ... an mein Lieblingsgedicht kann ich mich nicht mehr richtig erinnern. Aber es gefiel mir sehr gut ... ich las sehr gern.
Du hast gern gelesen?
O ja.
Welches war denn dein Lieblingsbuch?
Oh ... mmm ... mir gefiel ...
Welches war dein Lieblingsbuch?
(Fast schüchtern:) Sie lachen mich bestimmt aus. Mir gefielen Gespenstergeschichten, und ich hatte Geistergeschichten gern, unheimliche Geschichten aus dem Jenseits, und die geheimnisvollen Geschichten von Cuchulainn, die meine Mutter mir immer vorlas.
Hmhm. Erinnerst du dich noch an einen Dichter ... an den Namen von jemandem, der eines dieser Bücher geschrieben hatte?
Ich erinnere mich ... er hieß Keats (bedeutender englischer Lyriker, 1795 – 1821) ... ich habe von einem Mann gelesen ... Keats. Ich habe etwas von einem Mann mit Namen Keats gelesen.
Was hat er denn geschrieben? Was für Sachen hat er denn geschrieben?
Er ... er war Brite (*Britisher*). Aber ich habe es doch gelesen! ... hmmm ... Er hat feine Sachen geschrieben. Und Gedichte hat er auch geschrieben.
Hast du auch ... Erinnerst du dich an irgendein Buch? Nenne

uns irgendein Buch, das du gelesen hast, und sage uns den Namen des Mannes, der es geschrieben hat ... Irgendein Buch, ein beliebiges Buch.

Emmm ... An den Titel erinnere ich mich wohl ... Können Sie denn nicht ... Gehen Sie doch zum Buchverleiher (*lender*), der kann Ihnen bestimmt sagen, wer es geschrieben hat. Es heißt *The Green Bay*.

(Sie gab mir also den Buchtitel an; was aber den Namen des Verfassers anging, so sollte ich zum »*lender*« gehen. Er würde mir den Namen nennen können.)

The Green Bay?

The Green Bay.

Schön, sehr gut. Und nun ... sage, hast du einmal etwas von Blarney Castle gehört?

Von *Blarney* habe ich gehört.

Was ist mit *Blarney*? Was weißt du von *Blarney*?

Oh ... *Blarney*, das ist ... Das ist ein Ort, da geht man hin und hebt die Beine über den Kopf, und man ... Das ist eine Sage. Brian meinte, Father John würde mir auch darüber die Wahrheit sagen! Man muß ... Die Leute glauben, man müsse die Lippen darauf legen, und dann bekommt man ... die Gabe der Beredsamkeit.

Aha. Und als du in Cork warst, als du in Cork warst, wußtest du da etwas von *Blarney*?

Ach, nur ... Meine Mutter sagte manchmal: »You're full of the *blarney*« (etwa: »Du raspelst schrecklich viel Süßholz, willst mich beschwatzen!«)

Aber du bist niemals in Blarney gewesen? Du warst niemals bei dem Stein, von dem du uns erzählt hast?

Ich kann mich nicht daran erinnern.

Schön, früher hast du gesagt: als du in Cork warst, als du in Cork wohntest, hättest du dir etwas gewünscht – mit einem kleinen Becher.

Em-hmm.

Du nanntest ihn so ähnlich wie »*brate*«.

Er hieß wirklich *brate*.

Wie schreibt man das? Hast du das Wort einmal geschrieben gesehen?

Oje ... den Becher habe ich gesehen.

Du hast das Wort nie geschrieben gesehen?

Äh ... man ... man wünscht sich dabei etwas ... Ich ... ich kann überhaupt nicht gut mit der Rechtschreibung

fertigwerden.
Schön. Sehr gut. Jedenfalls war es ein kleiner Becher, und es klingt wie »*brate*«.
Ja, wie *brate*.
Gut ...
Und man wünscht sich etwas dabei, und alle Wünsche gehen in Erfüllung ...
Gut.
Em-hmm.
Gut. Wohin gingst du tanzen? Wohin gingst du tanzen?
Zu Mrs. ... Strayne's. Sie hatte einen Saal.
Aha. Und auf welchen Instrumenten, auf welchen Instrumenten wurde Musik gemacht?
Auf der ... Leier (*lyre*) und auf den ... auf den Pfeifen (*pipes*). Von den *pipes* habe ich Ihnen ja schon erzählt. Aber verlangen Sie nur nicht, daß ich das Wort buchstabiere!
(Dieser Ausruf erfolgte mit solchem Nachdruck, daß die Zuhörer der Originalsitzung sich das Lachen nicht verbeißen konnten.)
(Lachend:) Schon gut. Schon gut. Und nun sage mir, welches dein liebster Tanz ist.
Oh, ich ... ich tanzte sehr gut. Mir gefielen ein paar Jigs ... verschiedene Jigs hatte ich gern.
Welche Jigs?
Hmmm ... z. B. den *Sorcerer's Jig* (»Hexentanz«) ... Das war ein ganz schneller Jig.
Was für ein Jig war das?
Sorcerer's Jig.
Aha. Sehr schön.
Und der ... dann gab es noch den ... Oh! Mein Fuß. Mein Fuß! (Stöhnen.)
(Obwohl das Band diese Worte ganz deutlich wiedergibt, überhörte ich bei der Sitzung den letzten Ausruf. Das Mikrofon befand sich nämlich ganz dicht vor Ruths Mund, und es nahm deshalb auch die leiseste Aussage vorzüglich auf. Mir selbst entging andererseits das eine oder andere Wort – vor allem dann, wenn ich mich etwas abwandte, um auf meine Notizen zu schauen, die ich seit der zweiten Sitzung stets vorbereitete. Im vorliegenden Fall also überhörte ich den Ausruf: »Mein Fuß!«)
Wie hieß denn das Lokal, in das du zum Tanzen gingst? Wie hieß es? ... Sagtest du nicht, es sei ein Saal gewesen?
Mrs. Strayne's Saal. Sie war ...

War das dasselbe Haus, von dem du uns schon früher erzählt hast? Wo du zur Schule gingst?
Sie hatte einen Saal. (Gereizt:) Ich bin nicht in einem Saal zur Schule gegangen.
Schon gut. Schon gut. Und nun zu ... Denke an die Zeit zurück, wo Father John dich verheiratet hat. Denke an die Zeit, wo Father John dich verheiratet hat.
Er hat mich nicht geheiratet! Er hat überhaupt nicht geheiratet. (Wieder muß man die Worte gehört haben, um zu ermessen, welche Gemütsbewegung dahinterstand. Bridey scheint der Verzweiflung und den Tränen nahe.)
Ich rede doch davon, daß er dich *ver*heiratet hat, daß er dich mit Brian getraut hat.
Ach so ... eh ... ja, das hat er getan.
Schön. Und nun sollst du nachdenken. Du kannst laut nachdenken, wenn du willst. Versuche ... versuche dich zu erinnern, in welchem Jahr das war. Bemühe dich ... sieh zu, ob du laut nachdenken und dich erinnern kannst, in welchem Jahr das war.
Oh ... äh ... hmff ... ach, ich glaube ... ja, ich war ... sechzehn im Jahre 1814. Ja, es war 18 ... 18. Richtig, es war 1818.
Wie alt warst du? Das können wir dir ja nun vorrechnen. Wie alt warst du, als du heiratetest?
Na, als ich heiratete, war ich zwanzig. (Eingeschnappt:) Das habe ich *selbst* ausgerechnet!
Aha, dann war es also 18. Gut, gut, sehr schön. Gut, in Ordnung. Und nun wollen wir wieder von deinem Leben in Cork sprechen. Als du von Cork nach Belfast gereist bist, als du von Cork nach Belfast gereist bist ... wie bist du gereist?
Ich bin in der Mietkutsche gereist.
Schön. Aber ich möchte ... ich möchte, daß du mir die Namen einiger Städte, einiger Ortschaften nennst, durch die du auf der Reise von Cork nach Belfast gekommen bist ...
Von Cork ... nach Belfast ... Hmmm ... hm ...
Nur zu, denke laut vor dich hin. Denke laut nach und sage uns, was du denkst. Durch welche Ortschaften bist du zwischen Cork und Belfast gekommen?
(Erneut zeigte sich, wie eine bestimmte Frage Bridey an irgendeine Episode erinnerte, die dazu in loser Beziehung stand. Es trat eine Pause ein, in der sie etwas zu betrachten schien; und als sie dann sprach, zeigte es sich, daß ihre Gedanken bei etwas ganz anderem als bei meiner Frage gewesen waren.)

... Entschuldigen Sie! Ich habe jetzt gar nicht daran gedacht.
Woran hast du denn gedacht?
Ich mußte daran denken, wie unglücklich mein Vater war. Als wir das Pferd nahmen ... er war so bekümmert. Und er wußte, daß er so viel verlor ... ich ging so weit fort. Er legte ... er legte sich deswegen zu Bett.
Ist das wahr?
Oh, er war so aufgeregt. Und ich ... ich war so unglücklich, daß ich ihn verlassen mußte.
Schön ... Ihr fuhrt also mit dem Pferdewagen ab.
(Als ich Bridey hier unterbrach, hätten mich alle Anwesenden am liebsten gelyncht. Nur zu gern hätten sie tiefer in Bridey Murphys Memoiren gewühlt. Uns aber kam es doch ausschließlich darauf an, feste, greifbare Zeugnisse zu finden, die sich nachprüfen ließen – und ich wußte beim besten Willen nicht, wie die Gefühle ihres Vaters uns in dieser Hinsicht weiterhelfen sollten. So drängte ich also zur ursprünglichen Frage zurück.)
Em-hmm.
Oh.
Em-hmm. Er war ... ach ... er war meinetwegen so unglücklich, und (leises reuiges Lachen) ... ich ...
Schon gut. Und nun denke an eure Fahrt, denke an eure Fahrt in dem Pferdewagen. Nenne mir einige Ortschaften, durch die ihr gekommen seid. Berichte mir von einigen Ortschaften ... nenne mir die Namen einiger Ortschaften. Früher hast du uns gesagt ...
Ja ...?
Früher hast du uns zum Beispiel Carlingford genannt.
Gewiß, ja, ich habe ... Sie möchten die Namen der Ortschaften wissen?
Jawohl. Die Namen der Ortschaften. Nenne sie mir.
Da ist doch zunächst der Name des Loughs, und ... der Lough war zuerst da, und dann erst kam der ... Ort. Das war ... warten Sie mal!
Ja, was war es?
Und dann fuhren wir durch ... mm ... mm ... Munster. Wir kamen durch einen kleinen ... Ort. Da hielten wir an, um Kartoffelkuchen zu essen ... Oh ... Kartoffelkuchen.
Wie hieß denn der Ort?
... Er hieß ... emmm ... Er fängt mit einem D an. Ich habe ein D gesehen, und ein *o* ... und ein *b* ... D-o-b ... und ein *y*.
Sehr gut.

Do-by.
Sehr gut. Ich möchte, daß du noch ein wenig mehr nachdenkst.
(Flüsternd:) Doby.
Du sollst nachdenken. Früher hast du uns von einem Ort mit Namen Bailings Crossing erzählt.
Ach, das ist doch nur ein *Flecken.* (Kichern.)
Na schön. Wo lag das? War es dicht bei Belfast oder dicht bei Cork?
Es war näher bei Belfast.
Näher bei Belfast. Schön. Und wie steht es mit Mourne? Du hast uns auch von Mourne erzählt. Wo lag denn Mourne, näher bei ...
Mourne liegt in der Nähe von Carlingford.
Mourne liegt in der Nähe von Carlingford?
Ja. Mourne ... bei ...
Gut. Und nun: Siehst du dich mit deinem geistigen Auge, siehst du dich mit deinem geistigen Auge, wie du den *Sorcerer's Jig* tanzt? Kannst du dich dabei sehen?
Oh, den habe ich mit Brian getanzt ...
Ah-hm. Kannst du den *Sorcerer's Jig* auch allein tanzen, ohne Partner?
(Leises Auflachen.) Das ist kaum möglich.
Na schön ...
Man muß dabei ... da muß man nämlich im Kreise gehen und sich die Hände geben.
Aha. Gut. Und nun entspanne dich, sei ganz ruhig. Du wirst dich sehr wohl fühlen, wenn du aufwachst. Du wirst dich sehr wohl fühlen, wenn du aufwachst. Du wirst dich noch wohler fühlen als jetzt. Du fühlst dich ganz, ganz wohl. Sag einmal, hast du etwa selbst ein Musikinstrument gespielt? Konntest du ein Instrument spielen?
Hmf ... hmf ...
(Wieder schien es, als dächte sie an etwas, worauf meine Frage sie assoziativ gebracht hatte. Das entrüstete, ganz kurze »Hmf«, das sie dann noch einmal wiederholte, deutete darauf hin, daß sie nicht an die Beantwortung meiner Frage, sondern an irgendein anderes Erlebnis dachte.)
Hast du auch die Leier gespielt?
Meine ... ich ... ein bißchen ...
Erinnerst du dich an die Namen der Stücke, die du geübt hast?
... Hm ... Ich habe nur Übungsstücke für Anfänger gespielt.
Ich konnte nicht genug ...

Erinnerst du dich denn an die Namen der Stücke, die du geübt hast?
Oh, da war der ... *Feentanz* ... und ... der *Morgen-Jig* ... und dann ...
Den *Morgen-Jig* hast du gespielt?
(Munter:) *Mm*-hmm! Ich habe den *Morgen-Jig* gespielt.
Schön. Und nun wieder zu deinem Vater. Sprechen wir noch einmal von deinem Vater. Wie hieß doch dein Vater?
... Mein Vater?
Ja.
... hieß Duncan.
Weißt du ganz genau, daß Duncan, Duncan Murphy ... weißt du ganz genau, daß Duncan Murphy Rechtsanwalt (*barrister*) war?
(Diese Frage stellte ich aus einer ganzen Reihe von Gründen. Zunächst einmal: Obwohl es durchaus möglich ist, daß die Tochter eines Anwalts den Sohn eines andern Anwalts geheiratet hatte – womöglich hatten sie sich gerade deshalb kennengelernt –, fragte ich mich doch, ob sie wirklich beide Rechtsanwälte gewesen waren. Wollte etwa Bridey, da sie den Sohn eines Juristen geheiratet hatte, ihre eigene Herkunft ein wenig »aufbessern«, indem sie uns vormachte, auch ihr eigener Vater sei Anwalt gewesen?
Und weiter: Sie hatte uns doch gesagt, sie hätte in »The Meadows«, einer Gegend außerhalb der Stadt, gewohnt. Sollte wirklich ein Rechtsanwalt draußen auf dem Lande gelebt haben?)
Jedenfalls hat er das Mutter und mir gesagt.
Du meinst also, er sei Rechtsanwalt gewesen?
Ja.
Tat er vielleicht außerdem noch andere Arbeit?
Hm, er hat ein bißchen ... geackert.
Was tat er?
(Ungeduldig:) Ackern.
Was ist denn das?
(Höchst ungehalten:) Ackern! Er bestellte den Acker.
Ach so. Ja, schon gut. Schon gut.
(Schmerzlich jammernd:) Mein Fuß.
Was hast du gesagt?
Mein *Fuß*.
Was ist mit deinem Fuß?
... Hmm ... er ist ...

(Diesmal hörte ich die Klage über ihren Fuß ganz deutlich; und da ich nicht verstand, was damit los war, entschloß ich mich, sie aufzuwecken. Einige Leute, die der Sitzung beiwohnten, und viele andere, die später die Bandaufnahme hörten, wiesen mich darauf hin, daß in beiden Fällen das Jammern über ihren Fuß einsetzte, nachdem wir davon gesprochen hatten, wie sie den Jig tanzte.)

Gut. Nun wirst du ganz ruhig sein. Sei ganz ruhig, entspanne dich. Ganz ruhig, entspanne dich. Du kehrst nun in die Gegenwart zurück. Du wirst dein Leben in Irland vergessen. Und nun wirst du wieder an dein Leben in den Vereinigten Staaten denken. Ich zähle jetzt bis fünf. Ich zähle bis fünf. Und wenn ich »Fünf« sage, dann wirst du aufwachen und dich ganz wohl fühlen. Du wirst wieder Ruth Simmons sein und dich ausgesprochen wohl fühlen, noch wohler als jetzt. Du wirst dich in jeder Hinsicht wohl fühlen. Und dein Fuß wird ganz in Ordnung sein, deine Beine werden in Ordnung sein, dein ganzer Körper wird völlig in Ordnung sein. Ganz klar sein wird dein Kopf ... Dein Kopf wird ganz klar sein ... Alles wird ganz wundervoll klar sein. Und in Zukunft ... in Zukunft wirst du frei von jeder Anfälligkeit sein, du wirst frei von jeder Allergie sein. Keine Allergie wird dich jemals wieder quälen.

(Noch mit Brideys Stimme:) Ich bin nicht anfällig! Ich bin *erkältet.*

Gut. Aber gleich wirst du nicht mehr erkältet sein. Sobald du aufwachst, wirst du dich ganz wohl fühlen. Dir wird überhaupt nichts weh tun.

Fein.

Eins. Eins ... Eins. Du kehrst nun in die Gegenwart zurück. Zwei. Zwei. Sobald ich »Fünf« zähle, sobald ich »Fünf« zähle, wirst du Ruth Simmons sein und dich ganz wohl fühlen. Drei. Drei. Du kehrst nun in die Gegenwart zurück. Vier ... Vier. Sobald ich »Fünf« zähle, sobald ich »Fünf« zähle, wirst du Ruth Simmons sein, du wirst in der Gegenwart sein, und du wirst dich wohl fühlen. Dir wird in jeder Hinsicht wohl sein, du wirst ganz ruhig und erquickend atmen, und dein Kopf wird ganz klar sein. Du wirst dich ganz und gar wohl fühlen. Fünf. Fünf. Du bist völlig entspannt und fühlst dich wohl. Jetzt kannst du aufwachen, und du fühlst dich ganz wohl. Fünf ... Du fühlst dich wohl, ausgesprochen wohl ... Du fühlst dich wohl ...

Prestigedenken in Trance

Ruth Simmons war der »Hypnotisiererei« allmählich überdrüssig, doch so viele Fragen waren noch unbeantwortet. Wo war sie begraben (oder, wie Bridey es nannte: »verscharrt«) worden? Wie lautete Brians voller Name – das heißt, hatte er noch einen zweiten Vornamen? Wenn sie in Belfast getraut worden war – hatten es ihre Eltern erlaubt, daß sie vor der Hochzeit mit Brian auf Reisen ging? Erinnerte sie sich vielleicht noch an Lieder, die sie uns vorsingen konnte?

Und außerdem wollten wir sie noch einmal den Morgen-Jig tanzen lassen, wie sie es nach der dritten Sitzung auf Grund posthypnotischer Suggestion getan hatte. Aber diesmal hatten wir vor, Ruths (bzw. Brideys) wirbelnde Füße filmen zu lassen. So luden wir einen voll ausgerüsteten Kameramann ein.

Diese sechste Sitzung fand am 1. Oktober 1953 statt. Nach der gewöhnlichen Rückführung stellte Bridey urplötzlich eine Frage, die mich nicht schlecht überraschte. »Wer sind Sie?« wollte sie auf einmal wissen. Es war das erste Mal, daß sie eine solche Frage stellte. Hier die Wiedergabe:

Band VI

Nun sollst du weiter zurückgleiten, noch weiter. Du sollst in die Zeit vor deiner Geburt zurück, in die Zeit noch vor deiner Geburt in dieses Leben. Du hast uns früher einmal gesagt, daß du dich an deinen Aufenthalt an einem Ort des Wartens erinnerst ... daß du an einem Ort des Wartens warst. Siehst du dich jetzt an diesem Ort des Wartens? Schön. Sei ganz ruhig und entspannt. Mache es dir bequem. Ganz, ganz bequem. Unsere Unterhaltung macht dir sehr viel Freude. Und nun gleite zurück in das Leben, das du als Bridey Murphy in Irland geführt hast. Nun, kannst du dich an das Leben in Irland als Bridey Murphy erinnern?

... Mm ... Emm-hmm.

Schön. Und nun wirst du zum Zeitpunkt deiner Hochzeit zurückkehren. Kannst du dich daran erinnern, wie du geheiratet hast? Als Bridey Murphy geheiratet hat? Kannst du dich daran erinnern? Wann bist du getraut worden?

Wer sind Sie?

(Es war das erste Mal, daß sie solch eine Frage stellte. Dieser

Zwischenfall könnte die Forderung mancher Hypnoseforscher begründen, der Hypnotiseur solle sich ganz in die Situation hineinstellen, er solle eine bestimmte Identität vorgeben, um die Möglichkeit der Verwirrung für das Medium nach Kräften zu vermindern.
Ich jedenfalls war völlig überrascht und gab eine möglichst ausweichende Antwort.)
Ich bin dein Freund. Ich bin dein Freund.
Wir sind zusammen gereist.
Ge ... ? Wir sind zusammen gereist?
Hmhm.
(Wieder war ich verblüfft; davon war doch noch niemals die Rede gewesen. Ich begriff nicht einmal, was sie mit ihrer Bemerkung, wir seien zusammen gereist, überhaupt meinte. Aber ich spürte keine Lust, der Sache weiter nachzugehen.)
Sehr gut. Und nun: Kannst du ... kannst du an die Zeit zurückdenken, als du getraut wurdest? Kannst du daran zurückdenken?
Hmhm.
Gut. Dann sage mir den Namen des Mannes, den du geheiratet hast.
Brian.
War Brian der erste oder zweite Vorname?
... Hm ... Er wurde ... Brian genannt ... wie sein Vater ... Sie wollen wissen, wen ich geheiratet habe?
Ja. Ich möchte alle seine Namen wissen. Kannst du mir alle Vornamen von Brian nennen? Hatte Brian noch einen zweiten Vornamen? Oder hatte er nur den einen?
Oh, er hatte gewiß mehrere Namen.
Schön. Dann nenne mir alle seine Namen. Kannst du dich daran noch erinnern?
Hm, er hieß noch ... Sean. (Sie sprach es wie »Sii-än« aus, und nicht wie das gälische »Shawn«.) Sean. S ... Soll ich es buchstabieren?
Ja.
S-e-a-n.
Gut.
Und getauft war er auf Joseph.
Ja.
Und dann hieß er noch Brian.
Sean (ausgesprochen wie »Shawn«) Joseph Brian?
(Man wird sich erinnern, daß sie, als sie während einer früheren Sitzung ein Lied nannte, in dem dieser Name vorkam, ihn wie

»Shawn« aussprach. Hier aber, als sie den Namen ihres Mannes nannte, klang es wie »Sii-än«. Man hörte ihre eigene Erklärung.) Sii-än.
Sii-än?
Oder auch »Shawn«. Aber »Sii-än« ist richtiger.
Gut.
Mm-hm.
Hatte er noch andere Namen? Und kam Brian vor Sean Joseph? Oder hieß er Sean Joseph Brian? Hieß er Sean Joseph Brian?
Nein. Sean Brian Joseph.
Sean Brian Joseph. Und der Nachname?
MacCarthy.
Fein. Und nun ruhe dich wieder ganz bequem aus. Unsere Unterhaltung macht dir großes Vergnügen. Entspanne dich vollkommen. Mache es dir ganz bequem. So. Und wo bist du getraut worden? Bist du in Cork oder in Belfast getraut worden?
Ich ... bin in Cork getraut worden.
Du bist in Cork getraut worden?
Ich bin ... in Cork getraut worden. Aber ich habe meiner Familie nicht gesagt, daß wir in Belfast noch mal getraut worden sind.
Aha. Du bist also zuerst in Cork getraut worden und dann in Belfast noch einmal.
Sagen Sie es nicht weiter!
Nein, nein, aber ...
Sie sagen alles weiter.
(Lachen.) Nein, ich sage nichts weiter.
(Inzwischen habe ich übrigens die Erlaubnis meines Mediums, es doch weiterzusagen!)
Em-hm. Aber ich wurde nicht in der Kirche getraut. Ich tat es nur, um ... Brian froh zu machen.
Du wurdest also zuerst in Cork und dann in Belfast getraut.
Ich ließ mich trauen, damit meine Familie dabei sein konnte, und ... Sie waren traurig, ich meine ... nämlich ... sie hatten das Gefühl, ich ... sie wußten, daß sie mich verloren. Vater war ganz aufgeregt.
Ich verstehe. Und du ... du reistest dann nach Belfast, in einer Kutsche. Das hast du uns ja schon erzählt.
Ja.
Gut. Und ihr hattet das Pferd deines Vaters vorgespannt. Du hast uns erzählt, daß ihr das Pferd deines Vaters vorgespannt hattet. Aber woher hattet ihr ...
(Ein wenig ungehalten:) Das stimmt auch.

Gewiß. Aber woher hattet ihr die Kutsche?
Ja, die Kutsche ... sie gehörte ... einem Mietstall ... Mrs. Strayne's ... Man hatte einen Stall.
Aha. Gut, und nun ruh dich wieder aus, entspanne dich. Sei ganz gelöst. Ganz ruhig und entspannt. Ganz ruhig und entspannt. Und als du dann schließlich in der Kirche getraut wurdest, wurdest du da Katholikin?
Nein. Ich habe Ihnen doch schon gesagt, daß ich nicht katholisch geworden bin. Ich denke ... ich dachte nicht daran. Ich wurde nicht in der Kirche getraut. Ich wurde ... in Father Johns ... Wohnung getraut.
In Father Johns Wohnung?
Hmhm.
Aha.
Er tat es, um uns einen Gefallen zu erweisen.
Hmhm.
Aber es war nur ... damit man eine Urkunde ausstellen konnte ... für die Kirche. Für die Kinder hatten wir nicht ...
Ich verstehe. Und nun sei wieder ganz ruhig, entspanne dich. Sei ganz ruhig, ganz entspannt, ganz gelöst. Sei froh. Mit andern Worten: Du durftest also nicht zur Beichte und Kommunion gehen, weil du nicht richtig in der Kirche getraut warst?
Ich wollte ja auch gar nicht.
Du wolltest nicht zur Beichte und Kommunion gehen?
Ich hatte es doch von Jugend auf anders gelernt. Warum sollte ich das denn tun?
Gewiß. Richtig.
Ich habe ihn nicht verdammt.
Was hast du gesagt?
Ich habe Brian nicht verdammt. Schließlich war er so erzogen. Aber er verdammte mich auch nicht.
Aha.
Falls wir Kinder bekämen, so hatte ich versprochen, sollten sie so erzogen werden, wie er es wünschte.
Aha. Und nun: Wie hieß denn Brians Großmutter? Brians Großmutter, die dicht bei euch wohnte. Wie hieß sie?
Meinen Sie ihren Vornamen?
Ja. Ihr Nachname war doch MacCarthy.
Gewiß.
Und ihr Vorname?
Mmm ... sie hieß ... oh ... sie hieß ... Oh, wie kann man das bloß sagen? Sie hieß ... Delilinan.

Devinan?
De*lili*nan.
Aha. Gut.
Delilinan.
Schön. Weiter: in Belfast ... als du in Belfast wohntest ...
Hmhm.
Als du in Belfast wohntest, hat du da selbst gekocht?
Wer sollte es denn wohl sonst tun? (Kichern.)
Hattest du denn kein Mädchen?
Aber nein.
Aha. Welches war denn dein Leibgericht?
Hm ... ich ... ich mochte gern ... äh ... Kartoffelkuchen ... auf flachen Schüsseln serviert man die ... Kartoffelkuchen. Oh, ich habe viel Kartoffelkuchen gegessen.
Mochtest du sonst noch etwas besonders gern?
Ich mochte ... Oh, ich mochte ... ämm ... ich mochte gern Rindfleisch, und ich mochte ... eine Wurzel, die man kochte ... ich mochte gern Rettiche mit Rindfleisch ... und ich mag ... emm ... Stew ... Ach, ich mag ... ich mag alles, was in *flats* zubereitet wird.
Schön. Wo hast du denn deine Lebensmittel eingekauft? Wo hast du deine Lebensmittel eingekauft?
Ich habe ... Brian hat sie beim Kolonialwarenhändler eingekauft.
Wie hieß denn der Kolonialwarenhändler?
Oh ... ztz ... John ...
Deine Erinnerung wird ganz deutlich. Deine Erinnerung wird ganz deutlich.
John ... Er hieß John ... Ach, es fing mit einem C an ...
Ja? Buchstabiere noch einmal.
Da war ein ... *C* ... *a* ... *r* ... zwei *r*.
Carr?
(Sie buchstabierte weiter:) *i* ... *g* ... Ich kann nicht gut buchstabieren.
Ich weiß schon. Aber das bringen wir wohl noch zusammen. C-a-r-r-i hast du bisher gesagt. C-a-r-r-i.
G ... entweder g-a-n oder e-n, oder ... Carri ... Carri ...
C-a-r-r-i-g?
... a-n ... Aber ...
Carrigan?
Jawohl! So hieß er.
C-a-r-r-i-g-a-n?

C-a-r-r-i-g-a-n.
Du meinst, daß er so hieß?
Ich glaube wohl.
Schön ...
Vielleicht habe ich nicht richtig buchstabiert, aber der Name stimmt.
Schön. Und nun sage mir, wo du deine Schuhe gekauft hast. Erinnerst du dich noch, wo du deine Schuhe gekauft hast?
Äh ... mmm ... die habe ich ... ach, ich habe nicht oft eingekauft.
Gewiß. Aber erinnerst du dich an den Namen?
Ich ... es fing mit ... (Verzweifelt:) Ach, das ewige Buchstabieren geht mir auf die Nerven.
Gut, gut. Wenn es dich anstrengt, laß nur das Buchstabieren.
Es ist ... es ist ein Haus ... oder so ... Cadenns ...
Früher hast du uns von Cadenns House erzählt. Stimmt das?
Ja, das war das Geschäft.
Schön.
Cadenns House. Aber wie man es schreibt, weiß ich nicht.
Schon gut. Schon gut. Ruh dich aus, entspanne dich. Ruh dich aus, entspanne dich. Es macht dir Spaß. Es macht dir Spaß. Unsere Unterhaltung macht uns viel Spaß. Sie bereitet uns ausgesprochenes Vergnügen. Mache es dir ganz bequem.
Wenn ich nicht mehr zu buchstabieren brauche, macht es mir Spaß.
(Lachen.) Schon gut. Dann wollen wir versuchen, dich nicht mehr mit Buchstabieren zu quälen.
Hm.
Wir wollen versuchen, dich nicht mehr mit Buchstabieren zu quälen.
Ja.
Hm. Wie waren denn die Straßen erleuchtet? Wie waren denn die Straßen in Belfast erleuchtet?
Himmel (Seufzer) ... Sie waren eben ... Ich weiß nicht ... Danach müssen Sie schon Brian fragen ... Davon versteht doch eine Frau nichts. Da waren eben Pfähle mit Lichtern darauf.
Pfähle mit Lichtern.
Emm ... Sie waren nicht ... sie brannten ... brannten irgendwie. Davon verstehe ich nichts. Ich werde ... werde fragen.
(Wen und wie sie fragen wollte, weiß ich nicht. Dies gehört zu den Dingen, auf die ich – wie ich früher schon sagte – nicht näher eingehen wollte, aus Angst, ich könnte sie in heftige Verwirrung

stürzen. Und das mußte ich unter allen Umständen vermeiden.)
Und nun ... Hast du auch zuweilen jemandem Briefe geschrieben? Oder hast du manchmal von irgendwem Briefe bekommen?
... Oh ... Ich ... ich habe Briefe von zu Hause bekommen.
Aus Cork, meinst du?
Hmhm.
Hast du dir einige der Briefe aufgehoben?
Gewiß. Ich habe sie aufgehoben.
Möchtest du mir sagen, wo du sie hingetan hast, so daß wir sie vielleicht finden können?
Ich hatte sie in der Hütte (*hut*).
In der Hütte?
In unserm Häuschen.
An einem bestimmten Platz?
Oh, ich legte sie ... Sie wissen doch, wo der ... Sie wissen doch, wo der ... Da ist ein ... ein Regal für Zinngerät, und es hat ... eine komische braune Farbe, und da steht es im zweiten Fach.
Im zweiten Fach?
Ich hatte ein kleines, winziges Brieftäschchen ... und das lag da. Und ich hatte ein paar Bänder, und ich hatte ein paar ... Briefe. Und ich hatte ein paar ... mm ... eben ... ich hatte ein paar winzige Säckchen mit Reis ... Und ich hatte ... sie waren angenäht ... an mein ... hm ... Ich hatte ein elastisches Band. Meine Mutter hatte es mir gegeben, ich sollte es um ... mein Bein binden ... Und da waren die kleinen Reissäckchen daran. Das ist ein Zeichen der ... Reinheit. Meine Mutter wollte, daß ich es trug. Da nahm ich es mit, als ich aus dem Haus ging.
Schön. Sehr schön. Jetzt werde ich dir einige Namen nennen. Vielleicht wirst du den einen oder andern erkennen. Ich nenne dir einfach ein paar Namen. Wenn du einen wiedererkennst, wirst du es sofort sagen. Jetzt fange ich an und nenne ein paar Namen. Und wenn du einen davon erkennst, wirst du es mir sagen.
(Auf meiner Geschäftsreise, die ich kurz vor der vierten Sitzung unternommen hatte, hatte ich die Heimfahrt aus dienstlichen Gründen in Washington unterbrechen müssen. Ich benutzte die Gelegenheit, um die Kongreß-Bibliothek zu besuchen und zu fragen, ob man dort etwa alte Ausgaben der *Belfast News-Letter* habe. Tatsächlich gab man mir ein Exemplar aus dem Jahre 1847. Daraus hatte ich mir die folgenden Namen aufgeschrieben. Ich hoffte, der eine oder andere werde Bridey etwas Besonderes

bedeuten. Aber mein Wunsch ging nicht in Erfüllung.)
Hmhm.
R. Percival Maxwell.
Was für ein Name! Tzt. Wer könnte einen solchen Namen wiedererkennen?
(Lachen.) John Lawe's Tischlerei.
John was?
John Lawe. John Lawe's Tischlerei.
Soll das ein Name sein? John Lawe's Tischlerei...
Ja. Erkennst du ihn? Kannst du dich daran erinnern? John Lawe's Tischlerei in der James Street Nr. 13.
Eh...
Na schön. Langtrees & Herdman. Sagt dir das etwas?
Wie hieß noch der andere?
John Lawe's Tischlerei, meinst du?
(Getuschel.) John Lawe's Tischlerei... Tischlerei...
In der James Street.
James Street 13?
Ja. Weißt du noch, wo James Street 13 war?
Ich meine mich zu erinnern. Irgendwie kommt es mir... Tischlerei...
Schön, dann wollen...
Hatte er... brauchte er etwa... brauchte er einen... Hat er Brian gekannt?
Das weiß ich nicht.
Ich glaube, er... ich meine, er kannte... oh... oh, irgendwie erinnere ich mich. Nur ein bißchen Geduld! Ich meine... Er ist... Ach, ich weiß etwas von ihm... John Lawe's Tischlerei... Er ist... ach... Machen Sie nur weiter. Ich muß ein bißchen darüber nachdenken.
Nur zu.
John Lawe...
Wie wär's denn mit Forster Greene & Co.? Forster Greene & Co.?... Erinnerst du dich an die Williamson-Drillinge?
... Daran kann ich mich nicht erinnern.
Und wie steht es mit John Craig? John Craig? Kannst du dich an den Namen erinnern?... John Craig...
Äh...
Eisenwaren?
Eisenwaren? John Craig, Eisenwaren?
Hmhm.
Waren diese Geschäfte alle in Belfast?

Ja. Alle in Belfast.
In Belfast. Ich ... haben Sie etwa in Brians Büchern nachgeschaut?
Nein.
Woher haben Sie denn die Namen?
Ich habe sie aus den *Belfast News-Letter.*
(Murmelnd:) Ah, so.
Schön, und nun ... Was hast du gesagt?
Ich glaube, einige der Namen stehen in Brians Büchern.
Ja, das mag wohl sein. Aber nun laß dich nicht ... du brauchst nur auf die Namen zu hören, und wenn einer dir irgendwie bekannt vorkommt, wenn er dir etwas Besonderes bedeutet, dann sage es mir sofort. Hier habe ich noch ein paar Namen. Thomas Edward . . . Cliff Leslie . . . William Hielson Hancock ...
Hm ...
James Gibson ... Richard Homer Mills ...
Hm ...
Ecklin Molyneaux, Molyneaux ... Ecklin Molyneaux? Und in Cork hast du vielleicht Michael Barrie oder Sir Robert Kane gekannt ...
Nein ...
Kehren wir zurück nach Belfast. Kennst du den Namen der großen Tabakfabrik in Belfast?
(Sie selbst hatte uns im Verlaufe einer früheren Sitzung gesagt, es habe eine Tabakfabrik und eine Seilerei gegeben; allerdings hatte sie sich an die Namen nicht erinnern können. Ich hoffte, sie wären ihr inzwischen vielleicht eingefallen.)
Die Tabakfabrik?
Hmhm.
Ich weiß genau, daß es eine große Tabakfabrik in Belfast gibt, und eine große Seilerei auch, denn sie ... sie stehen auch in Brians Büchern. Aber ich kann mich an die Namen nicht erinnern.
Du kannst dich also an die Namen nicht erinnern. Gut.
Es gibt eine Tabakfabrik. Und eine Seilerei. Dort werden Seile gemacht.
Gut. Und nun, nun wollen wir wieder nach Cork. Reden wir wieder von Cork. Kehren wir nach Cork zurück. Ja, in Cork ist es dir gut gegangen. Es hat dir da sehr gut gefallen. Es wird dir Freude machen, dich mit mir darüber zu unterhalten. Es wird dir Freude machen, darüber zu sprechen. Denke an deinen Bruder in

Cork. Denke an deinen Bruder. Du hast uns gesagt, sein Name sei Duncan gewesen.
Hm-hmmm.
Wie hieß er denn weiter? Nenne alle seine Namen.
... Duncan ... Duncan ...
Hatte er noch andere Namen?
Ich hatte noch ein paar Namen für ihn.
Du hattest ein paar Namen für ihn, schön. Aber hatte *er* noch andere Namen?
... Duncan ...
Hieß er nur Duncan? Oder hatte er noch andere Namen?
Er hatte ... ja ... Die ... Eintragung in der Bibel ... Duncan ... Blaine ... Murphy.
Duncan Blaine Murphy?
Duncan Blaine Murphy.
Hat Duncan auch geheiratet?
Duncan ... Ja, das hat er.
Hatte er Kinder?
... Ich – ja, er hatte Kinder.
Hat er dir darüber nach Belfast geschrieben? Hat er dir darüber geschrieben? Hat er geschrieben, daß er ... Oder hat er ...
Er hat geheiratet. Er hat Mrs. Strayne's Tochter geheiratet.
So?
... Sie war ein sehr hübsches Mädchen.
Und wie hieß sie?
Amy.
Die Tochter hieß Amy?
Amy.
Schön.
A-i-m-e-e.
A-i-m-e-*e*?
E-e.
Mmm. Schön. War Duncan Bauer? Wie sein Vater?
(Das war eine Fangfrage, um weiteres über Duncans tatsächlichen Beruf zu erfahren. Es ist bemerkenswert, daß sie jetzt auf ihre frühere Aussage, Duncan sei ebenfalls Rechtsanwalt gewesen, nicht mehr zurückkam.)
Ja ... Er war ... das war er wohl. So hieß es jedenfalls.
Schön, was für Getreidesorten baute er denn an?
Hm ... oh ... es gab verschiedene Sorten. Da war zum Beispiel Flachs ... und dann Heu ... und dann ... noch etwas ... Irgendwo hinten wuchs auch Tabak. Und außerdem noch ... hm

... Hafer ... und ... habe ich schon Flachs gesagt?
Schön. Wie wurden diese Getreidesorten geerntet? Wie brachtet ihr sie ein? Mit was für Geräten oder Maschinen?
Ich habe das doch nicht getan.
Gewiß. Aber ich meine, wie hat man das Getreide denn geerntet?
Man schnitt es ab. Mit einem langen ... langen ... ach, ich weiß nicht, wie das Ding hieß.
Schön.
Ein langer Griff, und daran war ... ein ... komisches Messer.
Gut. Kannst du dich an eure Adresse in Cork erinnern? Weißt du noch eure Adresse in Cork?
Es hieß nur The Meadows.
Und wie ... wie war es noch mit dem Morgen-Jig, den du so gern getanzt hast? Kannst du dich noch sehen, wie du den Morgen-Jig tanzt? ... Kannst du dir im Geiste zuschauen, wie du den Morgen-Jig tanzt?
Hmhmm.
Siehst du dich dabei?
Ja.
Schön. Jetzt schau ganz aufmerksam zu, wie du den Morgen-Jig tanzt. Sieh aufmerksam zu, wie du den Morgen-Jig tanzt. Sieh dir zu, wie du den Morgen-Jig tanzt ... im Geiste. Sieh dir zu.
Hmhm.
Wenn du nachher aufwachst, werde ich dich bitten, den Morgen-Jig zu tanzen. Ich werde dich bitten, aufzustehen und den Morgen-Jig zu tanzen. Du wirst ihn von selbst tanzen wollen. Du hast ihn immer so gern getanzt, und du wirst ihn heute wieder gern tanzen.
Hmhm.
Und heute abend nach dem Erwachen wirst du den Morgen-Jig zweimal tanzen. Zweimal wirst du alle Figuren des Morgen-Jigs tanzen. Nach dem Erwachen. Ich werde dich bitten, aufzustehen, und dir zeigen, wo du den Morgen-Jig tanzen sollst. Und du wirst es gern tun. Es wird dir Spaß machen, ihn zu tanzen.
Hmhm.
Schön. Und nun: Kannst du dich an deinen kleinen Bruder erinnern? Erinnerst du dich an deinen kleinen Bruder, der gestorben ist? An das Brüderchen, von dem du uns erzählt hast, es sei ganz jung gestorben. Dein kleiner Bruder.
Ich kann mich nicht sehr gut erinnern.
Weißt du noch, woran er gestorben ist?
(Keine Antwort. Und dann:)

... An irgend etwas ... etwas Schwarzem.
Gut.
Oder etwas ...
Schon gut. Nun sage mir: Kannst du auch singen? Kannst du singen?
Hmhm.
Welches Lied hast du gern? Welches irische Lied hast du gern?
Mm ... mm ... *The Londonderry Air* habe ich gern.
Kannst du die *Londonderry Air* singen?
... Lieber nicht. Ich singe nicht sehr gern.
Kennst du vielleicht ein anderes Lied, irgendein ganz kurzes Lied, das du uns vorsingen möchtest? ... Nur ein ganz kurzes Liedchen ... Vielleicht ein fröhliches Liedchen, das du gern gehabt hast.
Mmm ... (Sie singt das kurze Kinderlied: *Father's Girl 's a Dancing Doll* – »Vaters Mädchen ist ein Tanzpüppchen«.)
Sehr schön. Und das hast du in Irland gesungen? Hast du das in Cork gesungen?
Hmhm.
Schön. Kannst du uns deinen Geburtstag sagen? Ich meine, den Monat und den Tag. Den Monat und Tag deiner Geburt.
... Mpf ... Ich wurde ... mm ... es war in den Ferien. Es war in den Ferien.
Weißt du noch den Monat?
Im zwölften Monat.
Im zwölften Monat?
Hmhm.
Und der Tag?
Es war ... am zwanzigsten Tag.
Der zwanzigste Tag des zwölften Monats?
Hmhm.
(Für Ruth Simmons' Geburtstag traf dies nicht im entferntesten zu – weder der Tag noch der Monat.)
Schön. Und nun denke an irgendeinen beliebigen Tag in Cork ... irgendeinen Tag, an dem du froh warst. Rufe ihn dir in Erinnerung und erzähle mir von diesem Tag. Berichte mir von diesem Tag, erzähle, was du an diesem Tag, vom Aufstehen bis zum Einschlafen, erlebt und getan hast. Berichte mir von diesem Tag.
... Mm ... Ich ging zur Anprobe. Und ... ich bekam ... ein, zwei, drei ... Kleidchen (*slip*). Da waren breite Schleifchen dran. Und meine Mutter ... arbeitete den ganzen Morgen ... und

nähte mir ... drei hübsche Kleider mit Schleifen. Und Kleider bekam ich ... Die wurden mir geschickt. Weiße Kleidchen. Und dann ging ich ... zu Mrs. Strayne ... zum Tee ... Tee und Kuchen ... für ... Genevieve. Tee und Kuchen für Genevieve, und ich hatte mein weißes Kleid an ... mit der grünen Schleife ... und neue Schuhe. Und alle sagten ... »Du bist aber ... ein ... seeehr hübsches Mädchen«. Und gleichzeitig streckte sie schon die Hand nach dem Geschenk aus, das ich ihr mitgebracht hatte.

(Kichern.) Schön, und weiter?

Und dann trank ich Tee und aß Kuchen, und da kleckerte ich ... Und ich ... ich mußte das Kleid ausziehen ... und ich mußte im Nebenzimmer bleiben, bis es wieder trocken war.

Gut. Und geschah noch etwas an diesem Tag?

Das war ein schöner Tag. Ich ging zum Tee. Ich trank Tee und aß Kuchen. Und ich bekam ... drei neue Kleidchen.

Hast du sonst noch etwas an diesem Tag erlebt?

(Keine Antwort.)

Und wozu die Anprobe? Was hast du denn anprobiert?

Die drei Kleider. Ein neues mußte ich doch für den Tee haben, und ... da sagte meine Mutter: »Dann mache ich dir gleich drei, wenn ich schon einmal dabei bin.«

Schön.

... Jedes Mädchen hat doch hübsche Sachen gern.

Nun etwas anderes: Kannst du mir sagen, welches Wort du für Geister hattest? Wie nanntest du sie?

Banshee.

Gibt es noch ein anderes Wort für »Geist«?

... Wenn Sie das gälische Wort wissen wollen, müssen Sie jemand anders fragen.

Schön.

Ein *banshee* ... oder ein ... ein ... Geist ist ein ... Wesen.

Gut. Und nun: Als du in Cork warst, als du in euerm Haus in Cork wohntest, hast du da vor dem Essen ein Gebet gesprochen?

Ja.

Kannst du uns ein Gebet aufsagen?

Wir beteten ... Segne ... segne uns ... mmm ... uns und unser Mahl ... Emm ... Segne ... Mach uns fröhlich, stark und gut ... Segne ... uns ...

(Es ist interessant, daß Bridey während der allerersten Sitzung das ganze Gebet ohne jede Mühe hersagen konnte. Hier jedoch stockt sie und kann sich an einige Wörter und Zeilen überhaupt

nicht erinnern. Das könnte darauf hindeuten, daß sie sich während der ersten Sitzung in tieferer Trance befand.)
Du hast mir das Gebet früher schon einmal aufgesagt. Du hast es mir schon einmal aufgesagt. Macht es dir jetzt Mühe, dich daran zu erinnern?
Segne ... Ich weiß es doch. Segne uns und ... unser Mahl. Aber es geht noch weiter. Segne ... Mach uns fröhlich, stark und ... gut. Aber das ist nicht alles.
Schon gut. Mach dir nur darum keinen Kummer. Hast du einmal etwas von Killarney gehört? Hast du von Limerick gehört oder von Galway oder von Clare?
Limerick. Es gibt eine Grafschaft Limerick.
Limerick war eine Grafschaft?
Es gibt eine Grafschaft Limerick.
Schön.
Und dann ... Galway. Galway.
Ein Hafen.
Ein Hafen?
Gut. Und nun wollen wir nur ganz kurz ... ganz kurz wollen wir nach Belfast zurückkehren. Kehren wir nach Belfast zurück! Sage mal: Die Straße vor der Theresa-Kirche, die Straße vor der Theresa-Kirche – woraus war die? War das eine einfache Landstraße, oder war sie gepflastert? Was für eine Straße war das?
(Man wird sich erinnern, daß Bridey während der fünften Sitzung durch posthypnotische Suggestion aufgefordert wurde, eine ganz einfache Lageskizze von St. Theresa und ihrem Wohnhaus zu zeichnen. Am Ende der Sitzung hatte sie die Weisung befolgt und eine Skizze angefertigt, die sich allerdings als dürftig erwies.
Einige Tage nach der Sitzung schaute sich nun Hazel die »Karte« an; dabei bemerkte sie eine Unzahl winziger Kreise, die unser Medium auf die Straße gemalt hatte. »Bestimmt sollen das Pflastersteine sein!« hatte Hazel gemeint. Ich hatte deshalb vor, aus unserm Medium herauszubekommen, ob es wirklich Pflastersteine sein sollten. Deshalb stellte ich die obige Frage.)
Die Straße war aus Stein.
Aus Stein? Wie nannte man denn die Steine?
Pflastersteine.
Schön. Und nun sage mir, ob du vielleicht kurz vor deinem Tode die Letzte Ölung erhalten hast. Hast du die Letzte Ölung erhalten?
(Entschieden:) Nein!

Aber man dich doch auf ... auf ... Man hat dich doch auf dem Friedhof von St. Theresa begraben?
(Unvermittelt:) Sind Sie katholisch?
Nein. Nein, ich bin nicht katholisch.
... Man hat mich begraben ... aber nicht in *geweihtem* Boden.
Ah, du ... du bist nicht in geweihtem Boden begraben worden. Aha. Schön. Und nun sei ganz ruhig und entspannt. Sei ganz ruhig und entspannt. Du fühlst dich wohl, du fühlst dich ausgesprochen wohl. Und nun sage mir: Wie hieß denn euer Haus ... Ich meine: Wie hieß euer Hausarzt in Belfast?
Was meinen Sie denn?
Euer »*chirurgeon*« (altes Wort für das heutige »*surgeon*«, Arzt).
Ch ... ?
Der Mann, der sich um dich kümmerte, wenn du krank warst.
Ja.
Wie hieß er denn?
Ich war wirklich krank. Ich war ganz, ganz schrecklich erkältet.
(Diese erneute Erwähnung der Erkältung mag den Leser daran erinnern, daß sie sich schon in früheren Sitzungen heftig über eine Erkältung beklagt hatte, die sie durchmachen mußte. Da manche Fachleute behaupten, viele Leiden des gegenwärtigen Lebens hätten ihre Ursache in dem, was man während einer früheren Existenz durchgemacht habe, stellten einige der Leute, die sich mit mir mit dem Fall befaßten, die Frage, ob Brideys Erkältung vielleicht für Ruths gegenwärtige Anfälligkeit verantwortlich sei.
Leider fand ich nie die Zeit, mich eingehend mit diesem Problem zu befassen. Und die folgende Suggestion führt auch zu keiner entscheidenden Besserung.)
Diese Erkältung wird niemals wiederkehren. Niemals mehr wird dich diese Erkältung belästigen. Die Erkältung wird völlig verschwinden. Auch von allen Nachwirkungen der Erkältung wirst du in Zukunft verschont bleiben. Niemals mehr wird dich die Erkältung belästigen. Die Erkältung wird verschwinden, vollkommen vergehen, sie wird von dir weichen. Die Erkältung wird dich verlassen. Ein für allemal wird die Erkältung dich nicht mehr belästigen. Die Erkältung wird vergehen. Die Erkältung wird dich verlassen. Und wenn du aufwachst, wirst du von allen Nachwirkungen der Erkältung befreit sein. Niemals mehr wird dich die Erkältung belästigen. Sobald du aufwachst, wirst du befreit sein. Und jetzt wird dir wärmer, und du fühlst dich immer wohler. Dir wird wärmer, und du fühlst dich immer wohler. Du

fühlst dich wohler ... du fühlst dich ausgesprochen wohl. Dein Kopf wird frei, und deine Nase ist ganz gesund. Und wenn du aufwachst, wirst du dich ganz wohl fühlen. Du wirst dich wohl fühlen, sobald du aufwachst. Du wirst dich wohl fühlen, sobald du aufwachst. Und nun entspanne dich vollkommen. Entspanne dich, denn du wirst nun aufwachen. Sehr bald wirst du nun aufwachen. Sehr bald wirst du nun aufwachen. Es dauert noch ein paar Augenblicke, dann wirst du aufwachen. Nach dem Aufwachen wirst du den Wunsch haben, den Morgen-Jig zu tanzen. Nach dem Aufwachen wirst du den Wunsch haben, den Morgen-Jig zu tanzen – nach dem Aufwachen. Nach dem Aufwachen, gleich nach dem Aufwachen werde ich dich bitten ... werde dich bitten, an eine bestimmte Stelle zu treten und den Morgen-Jig zu tanzen. Und du wirst ihn zweimal tanzen und dich ganz wohl dabei fühlen. Ich werde jetzt bis fünf zählen, und bei »Fünf« wirst du aufwachen. Du wirst dich wieder in der Gegenwart befinden. Du wirst dich wieder in der Gegenwart befinden. Du wirst wieder Mrs. Ruth Simmons sein. Du wirst wieder in Colorado sein und dich ganz wohl fühlen. Du wirst dich wohl fühlen. Du wirst dich wohl fühlen, dir wird angenehm warm sein. Niemals mehr wird dich die Erkältung belästigen. Niemals mehr wird dich die Erkältung quälen. All deine Anfälligkeit wird schwinden, wenn die Erkältung ihre Ursache war. Niemals mehr wirst du darunter zu leiden haben. Du wirst endgültig davon befreit sein. Und du wirst dich wohler und wohler fühlen, sobald ich anfange zu zählen. Eins. Zwei. Drei. Vier. Ganz allmählich wirst du aufwachen. Sobald ich »Fünf« sage, wirst du dich wieder in der Gegenwart befinden. Und du wirst dich wohl fühlen. Fünf. Nun wirst du ganz allmählich aufwachen, und du wirst dich wohl fühlen. Ganz langsam wirst du die Augen öffnen. Öffne ganz langsam die Augen, um dich an das Licht zu gewöhnen. Und du wirst dich wohl fühlen, ganz, ganz wohl wird dir sein. Ganz wohl wird dir sein. Jetzt ... ist das Licht zu grell? Ist das Licht zu grell?

Ooh –

Ruth, wie fühlen Sie sich?

... Danke ... Gut.

»Wenn an der Sache was dran ist ...«

In den nächsten Wochen lud ich eine Reihe Leute ein, deren scharfe Beobachtungsgabe und logisches Denkvermögen mir bekannt waren, und bat sie, meine Bandaufnahmen so aufmerksam und kritisch wie möglich anzuhören. Ich hoffte, gerade von unvoreingenommenen, keiner psychologischen oder philosophischen Schule verpflichteten Zuhörern Impulse für eine Erklärung des Bridey-Murphy-Phänomens zu erhalten. Besonders lag mir daran, die Meinung eines Mannes zu erfahren, der sich wegen seines analytischen Verstandes allgemeiner Hochachtung erfreute. Ihn besuchte ich einige Zeit, nachdem er sich meine Tonaufzeichnungen angehört hatte.

»Was halten Sie von der Sache?« fragte ich ihn.

»Ich habe lange darüber nachgedacht«, antwortete er zögernd. »Ich kann so wenig wie irgendein anderer Sicheres oder gar Endgültiges dazu sagen, aber folgendes läßt sich meines Erachtens doch wenigstens konstatieren:

Während ich so über Bridey nachdachte, fiel mir eine Maxime des großen englischen Philosophen David Hume ein. Sie besagt, ein Zeugnis sei nur dann stark genug, um ein Wunder zu beweisen, wenn die Tatsache, daß es keines sei, noch wunderbarer wäre. Im Falle Bridey Murphy heißt das: Alle anderen möglichen Erklärungen für das, was wir da gehört haben, kommen mir phantastischer vor als diejenige, die Ruth Simmons in Trance selbst gibt, nämlich: Reinkarnation. Diese Erklärung erscheint mir, je länger ich überlege, wahrhaftig als die einzige, die allen Einzelheiten gerecht wird.

Gewiß, der Verdacht liegt nahe, daß Ihr Medium irgendeine Geschichte gehört, gelesen oder sich ausgedacht hat und diese nun als eigene Erlebnisse in einem früheren Leben ausgibt. Aber diese Theorie hat doch manches Loch. Brideys Geschichte ist viel zu gewöhnlich, viel zu undramatisch, als daß sie die Handlung eines irgendwann veröffentlichten Romans sein könnte. Mit anderen Worten: Es ist unwahrscheinlich, daß Mrs. Simmons eine so inhaltlose Story irgendwo gelesen hat. Gibt es aber dennoch einen derart langweiligen Roman, dann müßte er sich irgendwo finden lassen, und damit wäre der Betrug aufgeflogen. Noch schneller wäre Mrs. Simmons entlarvt, wenn sie einfach die Geschichte einer Person aus ihrer Verwandtschaft oder

Bekanntschaft erzählt hätte.
Bleibt also nur noch die Möglichkeit, daß sie sich die ganze Sache einfach ausgedacht hat. Es ist erfahrungsgemäß jedoch nichts schwieriger, als sich etwas ganz Alltägliches, völlig Unbedeutendes auszudenken, dies in allen Einzelheiten im Kopf zu behalten und sich zu späteren Zeitpunkten oder bei Fangfragen nicht zu widersprechen. Aus welchem Grunde hätte sich Mrs. Simmons so belanglose, schwer einprägbare Vorgänge merken sollen?
Wollte sie ihrer Umgebung mit irgendwelchen erfundenen Aussagen in einer vorgetäuschten Trance imponieren, hätte sie sich etwas Phantastischeres einfallen lassen, ein früheres Leben, das ihren Wunschträumen entspricht und schon allein von den äußeren Fakten her Eindruck macht.
So gesehen, wäre eindrucksvoll höchstens der irische Tonfall, in dem Ruth Simmons als Bridey spricht. Kaum vorstellbar, daß sie ihn sich insgeheim ›autodidaktisch‹ beigebracht hat, zumal der für viele Ohren reichlich komisch klingende Akzent nicht gerade dazu angetan ist, das Image einer geltungsbedürftigen Person zu heben.
Ich glaube sagen zu können: Wer immer auch die Bandaufnahmen gehört hat, wird mit mir der Meinung sein, daß die Ungezwungenheit der Antworten, der Formulierungen, keinen Augenblick den Argwohn aufkommen lassen, es könne sich hier um Auswendiggelerntes handeln. Dies alles deutet darauf hin, daß jemand eigene Erlebnisse aus sehr weit zurückliegender Zeit berichtet und nicht einfach etwas Gehörtes oder Ausgedachtes.«
»Und was halten Sie von der Möglichkeit, daß das Ganze vielleicht nur ein Ulk ist, den mein Medium und ich miteinander ausgeheckt haben?« fragte ich weiter.
»Wenn das, was ich da gehört habe, Theater gewesen sein soll, dann müßte Ruth Simmons die schauspielerischen Qualitäten einer Sarah Bernhardt oder Eleonora Duse besitzen. Wenn dem so wäre, hätte sie sich gewiß eine interessantere Rolle ausgesucht – und Sie, Mr. Bernstein, hätten ein interessanteres ›Drehbuch‹ geschrieben. Außerdem war vieles, was Mrs. Simmons in Hypnose gesagt hat, weder Ihnen noch ihr wissensmäßig zugänglich. Einige Fakten sind mit Sicherheit diesseits des Atlantiks gar nicht eruierbar. Natürlich wäre es theoretisch möglich, daß Sie jahrelang detaillierte Studien betrieben haben, Mrs. Simmons eine geniale Schauspielerin ist, ein phänomenales Gedächtnis hat, und Sie beide so artistisch zusammenspielen

wie zwei Zirkusakrobaten. Eine solche ›Nummer‹ würden Sie aber bestimmt nicht im stillen Kämmerlein abziehen, sondern auf einer Varietébühne. Wozu sonst dieser Aufwand? Nein, ich glaube nicht an Betrug – und trotzdem: Wir wissen noch viel zu wenig von den Existenzformen des menschlichen Geistes, als daß wir behaupten könnten, der Fall Bridey Murphy – so wie er sich uns bis jetzt darstellt – sei ein Beweis für die Reinkarnation. Alles, was ich in diesem Moment sagen kann, ist dies: Wir haben hier ein interessantes Zeugnis für das umstrittene Phänomen der Wiedergeburt, und man kann nur hoffen, daß seine wissenschaftliche Untersuchung uns zu neuen Erkenntnissen auf diesem Gebiet führt.«

Genau das war auch meine Meinung.

Als ich gehen wollte, fügte er noch hinzu: »Schon seit Jahrzehnten bemüht man sich um die Klärung der Frage, ob das Bewußtsein des Menschen den leiblichen Tod überdauert. Aber bisher hat man dabei nur in einer einzigen Richtung geforscht. Man hat versucht, irgendeine Verbindung zum individuellen Bewußtsein *nach dem leiblichen Tod* herzustellen. Ihr Bridey-Murphy-Experiment weist dagegen auf die Möglichkeit hin, die Stoßrichtung der Forschung umzukehren, daß heißt, Beweise dafür zu suchen, daß es ein individuelles Bewußtsein *vor der Geburt* gibt.«

Es war mir klar, wie er das meinte. Der Versuch, das Fortleben des Bewußtseins nach dem Tode zu beweisen, stößt auf erhebliche Schwierigkeiten. Forscht man hingegen in genau entgegengesetzter Richtung, dann hat man wenigstens einen festen Ausgangspunkt: nämlich ein lebendes bewußtes Wesen, das schon früher einmal gelebt hat.

Jedesmal, wenn ich meine Bandaufnahmen in Colorado oder in New York vorspielte – Personenkreisen, in denen sich eingefleischte Skeptiker, darunter Ärzte, Juristen, Geistliche und Finanzmänner befanden –, wurde ich natürlich mit Fragen bombardiert. Es waren fast immer die gleichen, und ich nehme an, auch meine Leser werden sie stellen und beantwortet haben wollen.

Natürlich wollten die meisten Zuhörer etwas über Ruth Simmons' Reaktionen erfahren. Wie reagiert eine moderne junge Frau in der zweiten Hälfte des 20. Jahrhunderts, die sich eigentlich nur für ihre Familie und ein gepflegtes Heim interessiert, wenn sie ihre eigene Darstellung eines früheren Lebens im Irland des 19. Jahrhunderts hört? Tatsächlich war Ruth, die nie

zuvor einen Gedanken an den Begriff »Reinkarnation« verschwendet hatte, von den ersten Aussagen Brideys sehr verwirrt; ihr stockte immer wieder der Atem, während das erste Band mit ihrer Bridey-Erzählung ablief.
Andererseits legte sich ihr Interesse rasch wieder, sobald sie zu ihren üblichen Hausfrauenpflichten zurückgekehrt war. Bridge oder ein Spiel des lokalen Baseballvereins gewannen eindeutig Vorrang vor einer weiteren »Bridey-Sitzung«. Sie akzeptierte, daß in einem früheren Leben ihr Name Bridey Murphy gelautet hatte, und damit basta. Übrigens sagte sie: »Ich weiß, daß an der Sache mit Bridey Murphy irgend was dran sein muß, aber das hat meine Lebenseinstellung in keiner Weise beeinflußt.«
Der Standpunkt ihres Mannes, der ebenfalls nie zuvor über die Idee der Wiedergeburt nachgedacht hatte, geht vielleicht am besten aus der Antwort auf die Frage eines Außenstehenden hervor, ob er von nun an daran glaube, daß der Mensch nicht nur einmal lebt. Rex Simmons sagte: »Was bleibt mir anderes übrig? Ich kenne meine Frau, und ich weiß, daß alle diese Informationen einfach nicht von ihr kommen können.« Er fügte noch hinzu, daß sie nie über Irland gesprochen hätten, weder ein Lexikon noch irgendwelche anderen Nachschlagewerke besäßen, ja, sie hätten nicht einmal einen Bibliotheksausweis.
Eine Frage, die ich erwartet hatte und die mir alle interessierten Zuhörer stellten, formulierte ein Zeitungsverleger besonders drastisch: »Wenn an der Sache was dran ist, warum muß ich dann zum erstenmal durch einen Geschäftsmann erfahren, daß es so etwas wie ›Reinkarnation‹ gibt? Es müssen doch schon ein paar Psychologen über so etwas gestolpert sein. Warum haben die denn nicht den Mund aufgemacht?«
Zunächst ist dazu zu sagen, daß schon eine ganze Reihe von Psychologen – und auch andere Wissenschaftler – »über so etwas gestolpert« sind. Vom Altertum bis gegen Ende des 19. Jahrhunderts war die Wiederverkörperungsidee in unserer westlichen Welt nur ein Thema für Philosophen, Theologen und Dichter (s. Anhang J). Praktische Erfahrungen und Experimente gibt es auf diesem Gebiet jedoch erst seit Beginn der parapsychologischen Forschung und seit der Anwendung von Hypnose und Suggestion in der modernen Psychotherapie. Von allen bis heute mehr oder weniger erfolgreich untersuchten Grenzgebieten der Psychologie – z. B. Telepathie, Psychokinese, Hellsehen – ist das Problem der Reinkarnation unbestritten das am wenigsten erforschte und damit das rätselhafteste.

Selbst die Pioniere der Parapsychologie, die um die Jahrhundertwende, ungeachtet des Gespötts von seiten der »ernsthaften Psychologen«, kühne Experimente mit dem Bewußtsein durchführten und sogar den verpönten Spiritismus wissenschaftlicher Untersuchung für würdig befanden, machten um den Komplex der Wiederverkörperung meist einen großen Bogen. Dafür gibt es zwei Gründe: Erstens gehören Vorstellungen wie »Seelenwanderung« und »Reinkarnation« landläufig primär zum asiatischen, speziell buddhistischen Gedankengut und sind der christlichen Lehre, die das Denken des westlichen Menschen ja auch dann prägt, wenn er kein überzeugter Christ ist, fremd. Daher konnte diesem Problemkreis lange Zeit nur der Religionswissenschaftler Interesse abgewinnen. Zweitens haben die Parapsychologen sehr schnell erkannt, daß der Vorgang der Wiedergeburt auf der Basis unserer etablierten Naturgesetze und unserer biologischen Erkenntnisse noch viel schwieriger erklärbar ist, als es die inzwischen so zahlreich belegten »Jenseitskontakte« sind.* Das aus der buddhistischen Lehre und der Karmaphilosophie abgeleitete ethische Prinzip der Wiederverkörperung – wonach die Bedingungen jeden neuen Lebens als Belohnung oder Bestrafung des sittlichen Verhaltens im vorigen Leben aufzufassen sind – läßt keine Verbindung zu unserem Wissen vom Entstehen des Lebens und dem biologischen Aufbau des Körpers erkennen, ganz zu schweigen von der Unfähigkeit des »gesunden Menschenverstandes« – wie wir ihn verstehen und im allgemeinen auch besitzen –, sich vorzustellen, daß ein zerstörter, zu Staub gewordener Körper jemals wieder eine geistige oder gar leibliche Form anzunehmen vermag.
Hochangesehene Gelehrte, darunter die Medizin-Nobelpreisträger Charles Richet und Alexis Carrel, haben versucht, wenigstens eine theoretische Lösung dieses Problems zu finden, aber genau betrachtet, ist es ihnen ebensowenig wie den zahllosen unbekannten Forschern geglückt, das Unvorstellbare vorstellbar zu machen. Noch keinem ist es überzeugend gelungen, über die Barriere der etablierten Naturgesetze hinwegzuspringen. Wir stehen da vor einer Wand, durch die man, wie der Fall Bridey Murphy und eine Reihe ähnlicher Fälle zeigen, unter gewissen Bedingungen offenbar hindurchgehen kann – aber wir wissen nicht, wie das vor sich geht. Ein unbefriedigender Zustand, und doch ist er nicht so unbefriedigend und so hoffnungs-

* Vgl. Arthur Ford, *Bericht vom Leben nach dem Tode*, Bern – München 1972.

los, wie der eine oder andere glauben mag. Wie lange hat es gedauert, bis die Menschen die komplizierten Vorgänge in der physikalischen Welt und die physiologischen Funktionen unseres Körpers einigermaßen begriffen haben! Die Entdeckung der Geheimnisse unserer Psyche hat ja gerade erst begonnen. Hundert Jahre Forschung sind auf dem Zifferblatt der Weltenuhr so lang wie ein Tag. Kein Wunder also, daß wir noch im dunkeln tappen und uns zunächst damit begnügen müssen, Protokolle von den hier und da auftretenden Erscheinungen anzufertigen, Material zu sammeln, zu vergleichen und Hypothesen aufzustellen – die von den Sachwaltern unserer akademischen Disziplinen bestenfalls belächelt werden.

Und doch sind in den vergangenen Jahrzehnten immer mehr Wissenschaftler unversehens und oft widerwillig mit der Reinkarnationsfrage konfrontiert worden. Einer von Ihnen, der angesehene britische Psychiater Sir Alexander Cannon, schreibt in seinem Buch *The Power Within*:

»Jahrelang sah ich in der Theorie der Wiedergeburt nichts als eine Gespenstergeschichte. Ich gab mir alle Mühe, sie zu widerlegen, und warf sogar Medien vor, sie schwatzten Unsinn. Aber im Laufe der Zeit berichtete mir ein Medium nach dem andern genau dasselbe, und zwar trotz großer Unterschiede in der individuellen Weltanschauung. Inzwischen habe ich mehr als tausend Fälle untersucht und muß zugeben, daß es so etwas wie Seelenwanderung tatsächlich gibt.«

Es gibt also durchaus Fachwissenschaftler, die das Phänomen der Wiedergeburt systematisch erforschen und ihre Ergebnisse veröffentlicht haben.* Ihre Publikationen haben jedoch meist nicht die Verbreitung gefunden, die sie verdient hätten, und das liegt wieder nicht zuletzt daran, daß in der westlichen Welt die Wiederverkörperungslehre weitgehend als wesensfremd empfunden wird.

Im übrigen dürften wohlbestallte Wissenschaftler vielfach der Meinung sein, daß sie durch das Bekunden von größerem Interesse an diesem Thema mehr zu verlieren als zu gewinnen hätten. Sicher aber wissen oder vermuten eine ganze Menge von ihnen mehr, als sie zugeben. Dafür kann man sie kaum tadeln. Sie halten sich eben an den akademischen Kodex.

Eine junge Dame erklärte ihr Stillschweigen, nachdem sie Beweise für die Reinkarnation gefunden hatte, mit folgenden Wor-

* Vgl. Seite 270 sowie das Literaturverzeichnis.

ten: »Ich behielt diese Erfahrungen für mich, denn es war mir klar, welches Urteil die Welt über jemanden fällen würde, der eine solche Geschichte erzählt.«

Aus den gleichen Erwägungen hatte siebzig Jahre zuvor Rudyard Kipling, der Verfasser des *Dschungelbuches*, beschlossen, auf die Veröffentlichung der Ergebnisse seiner Beschäftigung mit den Problemen der Reinkarnation und mit ihm bekannt gewordenen Fällen von Wiedergeburt zu verzichten. Er schrieb: »Ich sah mit Sorge, daß Menschen die Geschichte verstümmeln und verfälschen würden, revalisierende Anschauungen sie verdrehen würden, bis am Ende die westliche Welt, die mehr an der Furcht vor dem Tode als an der Hoffnung auf Leben hängt, sie als einen interessanten Aberglauben ad acta legen würde.«

Eine weitere Frage, die mir immer wieder und mit vollem Recht gestellt wurde, lautete: Wenn wir alle bereits mehrmals gelebt haben, warum können wir uns nicht auch alle daran erinnern? Es versteht sich, daß ich mich für die Beantwortung nicht kompetent fühle. Wenn ich dennoch versuche, eine Erklärung dafür zu geben, so tue ich es gestützt auf die Hypothesen Berufenerer und im übrigen sozusagen »ohne Gewähr«. Sir Arthur Conan Doyle, der nicht nur der weltberühmte Verfasser der Sherlock-Holmes-Geschichten, sondern auch ein angesehener Arzt und engagierter Parapsychologe war, sah in der unser Rückerinnerungsvermögen eingrenzenden Gedächtnissperre eine weise Einrichtung der Natur, da »eine derartige Erinnerung unser gegenwärtiges Leben enorm komplizieren würde«. Aber es war ihm auch klar, daß der Mensch sich mit dieser allzu einfachen Erklärung nicht zufrieden geben könne; denn die Einsicht, daß eine Sache zu kompliziert für seinen Verstand sei, hat den Menschen noch nie davon abgehalten, ihr trotzdem auf den Grund zu gehen. Neuere Forscher haben daher Doyles Vermutung in Zweifel gezogen und die These aufgestellt, daß die ständige, unmerkliche »Gehirnwäsche«, die wir im Alltag – und besonders in der hochzivilisierten und stark manipulierten westlichen Welt – fast widerstandslos über uns ergehen lassen, jede Spur von Erinnerung an ein früheres Lebens ausgelöscht hat, so, wie die permanente Überflutung mit Eindrücken und Sinnesreizen das Erinnerungsvermögen an sich geschwächt bzw. ganz anders konditioniert hat.

Die Wissenschaft hat bis heute noch nicht herausgefunden, wie das Gedächtnis arbeitet. Fest steht, daß sich nur sehr wenige Menschen noch weiter als höchstens bis ins dritte Lebensjahr zurückerinnern. Wie sollte man da erwarten, daß wir Erinnerungen an ein früheres Leben bewahren? Wenn es eine Erfahrung gibt, die alle Reinkarnationsforscher bestätigen und als einzige gesicherte Tatsache anerkennen, so ist es die, daß Kinder häufig noch Erinnerungen an ihren »vorgeburtlichen Zustand« besitzen und sie gelegentlich auch äußern, daß aber diese Erinnerungsfragmente durch die direkte und indirekte, suggestive und von den Erwachsenen übermittelte Erfahrung, daß alle Menschen als neue und einmalige Wesen geboren würden, mit der Zeit überdeckt werden. Die Fähigkeit, sich an Vorgänge vor der Geburt und in einem früheren Dasein zu erinnern, wäre demnach nicht zuletzt durch Erziehung und Anpassung über viele Generationen hin verlorengegangen. Die allgemeine Ansicht geht wohl dahin, daß wir uns zwar nicht an Einzelheiten früherer Existenzen erinnern können, jedoch Instinkte, Neigungen, Begabungen und Anlagen – gewissermaßen im Unterbewußtsein gespeicherte Vermögenswerte – mitbringen, die uns helfen, im vorigen Leben begangene Fehler nicht zu wiederholen, und uns auf dem »Weg des ewigen Fortschritts« weiter voranführen.

Können nun Experimente, wie ich sie mit Ruth Simmons vorgenommen habe, mit jedermann wiederholt werden und jedem die Möglichkeit geben, sich über sein früheres Dasein zu informieren? Überraschend viele Personen stellten diese Frage und brannten geradezu darauf, in vergangene Leben zurückversetzt zu werden. Die weitaus meisten, die sich mir spontan zu solchen Versuchen zur Verfügung stellten, waren Frauen. Eines Tages wird es vielleicht eine ganz alltägliche Sache sein, in die Tiefen der Psyche nahezu jeder denkbaren Versuchsperson vorzudringen. Heute jedoch muß man einfach anerkennen, daß Ruth Simmons ein außergewöhnlich gutes Objekt für Hypnose war, und da diese Fähigkeit nur in wenigen Menschen so ausgeprägt vorhanden ist, können wir nicht damit rechnen, daß künftig jede Woche neue »Bridey Murphys« entdeckt werden. *

Ich weiß nicht, was man durch Anwendung von Drogen erreichen kann. Wenn bei derartigen Experimenten zum Beispiel Natriumamythal oder Natriumpentothal (Thiobarbitursäurederivate) als Korrelat gleichzeitig mit Hypnose angewendet würden, könnten auf diese Weise vielleicht sogar mit sonst unergiebigen Versuchspersonen signifikante Ergebnisse erzielt

* Vgl. Seite 265

werden. Ich habe die Hoffnung, daß die Medizin diese Möglichkeit untersuchen und nutzen wird.

In jedem Auditorium, dem ich die Bridey-Tonbänder vorspielte, befand sich mindestens ein gewitzter Zuhörer, der mich noch auf eine andere Möglichkeit hinwies: »Wenn Sie das Medium in die Vergangenheit führen können, warum sollte es dann nicht möglich sein, es in die Zukunft zu leiten? Der Rückführung (Regression) müßte doch eine Weiterführung (Progression) entsprechen.«

Aus verständlichen Gründen habe ich niemals den Versuch gemacht, ein hypnotisches Medium in die Zukunft zu führen. Selbst wenn sich die Vorausschau der Versuchsperson als vollkommener Unsinn herausgestellt hätte, wären Angst und Beunruhigung, während sie das Eintreten der vorhergesagten Ereignisse abwartete, kaum zu vermeiden gewesen. Sofern sie zum Beispiel zu einem bestimmten Zeitpunkt ihrer Zukunft ein Krankenhaus, eine Krankheit, einen Unfall oder gar Schlimmeres sähe, würde sie – und mancher Verwandte oder Freund, der davon erfährt – wahrscheinlich schwere Angstzustände durchmachen, bis der vorhergesagte Zeitpunkt ohne ein entsprechendes Ereignis verstrichen wäre.

Immerhin gibt es Zeitschriften für wissenschaftliche Hypnose, die auch über Experimente der »Lebensvorausführung« berichten. Zweifellos haben wir es hier mit einem weiteren erregenden Bereich der Hypnose zu tun, von dem interessante Entwicklungen zu erwarten sind.

Oft wurden mir Fragen zum »technischen« Vorgang der Reinkarnation gestellt. Zum Beispiel: In welchem Augenblick dringt die »alte Psyche« – ihre »elektromagnetische Hochfrequenzladung«, wie man in der Terminologie der Psi-Forschung sagen würde – in das neue menschliche Wesen, in den Embryo oder das Neugeborene, ein? Gibt es ein erkennbares Muster in den Zeitlücken zwischen einem Leben und dem nächsten? Wovon hängt es ab, ob eine Psyche sich rasch wieder inkarniert oder diesen Prozeß ein Jahrhundert oder noch länger aufschiebt? Wie funktioniert Reinkarnation überhaupt? Und, wie ich Bridey Murphy fragte, wer kümmert sich um all die damit verbundenen Einzelheiten?

Man hat mir vorgeworfen, daß ich die einmalige Chance, die sich mir durch die Befragung Brideys bot, nicht optimal genutzt habe. Wenn ich die meisten der mir vorgelegten Fragen nicht

beantworten könne, so liege das doch wohl daran, daß ich sie mit Bridey, die offenbar mehr wisse, als jeder Wissenschaftler gegenwärtig weiß, nicht erörtert habe. Warum denn nicht?
Wenn ich jetzt zurückschaue, fallen mir viele Dinge ein, die ich hätte tun sollen, viele Fragen, die ich Bridey hätte stellen müssen. Zweifellos habe ich viele Fehler und Unterlassungen begangen, während ich so »vorwärtsstolperte«. Als mildernden Umstand sollten indessen gerade die Psychologen gelten lassen, daß ich von diesem über alle Maßen ungewöhnlichen Fall buchstäblich überrumpelt wurde und mit den Fakten und Erfahrungen, die sich nun Schlag auf Schlag ergaben, sozusagen allein auf weiter Flur stand. Es gab und gibt ja keinen versierten Fachmann, keinen Routinier auf diesem Gebiet, den man nur zu fragen braucht, um zu erfahren, wie man ein solches Problem zu lösen hat. Es gibt auch noch kein auf Erfahrungswerten basierendes Befragungs- und Dokumentationsschema. Dazu gelingt die Altersrückversetzung viel zu selten – und fast jedesmal sind die Gegebenheiten völlig anders. Dauer und Intensität der Hypermnesie schwanken und sind unberechenbar; die optimalen technischen Hilfsmittel für die Aufzeichnung und die Kontrolle des Phänomens stehen nicht immer zur Verfügung – und nicht zuletzt kämpft der Experimentator ständig mit seiner eigenen Skepsis und gegen das Vorurteil all derer, die das, was er da tut, für Unfug, vielleicht sogar für gefährlichen Unfug halten.
Wer diese Probleme nicht kennt, der sollte sich, meine ich, kein Urteil über meine »Kunstfehler« erlauben. Selbstverständlich machte ich mir unablässig Gedanken darüber, wie man eine Hypnose-Versuchsperson, die soeben abrupt erklärt hat, daß sie im vorigen Jahrhundert in Irland gelebt habe, am geschicktesten befragt. Die Schwierigkeit war: Sie wußte offenbar, wer und wo sie war, während ich zunächst überhaupt keine Anhaltspunkte hatte. Um mich zu orientieren, mußte ich Ruth alias Bridey erst einmal erzählen lassen. Aber auch die nächsten Sitzungen, auf die ich mich nun schon etwas vorbereiten konnte, waren nicht so einfach zu lenken.
Ich holte mir Rat von klugen Köpfen in meinem Bekanntenkreis, darunter auch von Juristen. Ein Rechtsanwalt erzählte mir, er habe seine Kompagnons und Assistenten zusammengerufen und ihnen die Situation folgendermaßen dargestellt: »Wenn heute eine Frau in unsere Kanzlei käme und behauptete, sie habe von 1798 bis 1864 in Irland gelebt – welche Fragen würden Sie ihr

stellen, um sich zu vergewissern, ob ihre Angaben wahr oder falsch sind?« Seine Mitarbeiter sollen sehr verlegene Gesichter gemacht haben.

Die Befragung Ruth Simmons' wurde auch noch von anderen Einschränkungen erschwert. Das ganze Experiment wäre ohne die Mithilfe von Rex Simmons zusammengebrochen, also mußten seine Empfehlungen oder gar Bedingungen respektiert werden. Nach dem ersten Versuch bat er darum, daß keine Sitzung länger als eine Stunde dauern sollte, um sicherzustellen, daß seine Frau nicht über Gebühr beansprucht werde. Da in dieser Zeitspanne die für die Hypnose und die Rückführung benötigte Zeit enthalten war, blieb nicht allzuviel für die Befragung übrig.

Rex Simmons hatte aber noch mehr Bedenken. Er wies mich darauf hin, daß jedesmal, wenn während der Trance die New-Amsterdam-Episode erwähnt wurde, seine Frau sichtbar zu leiden schien. Deshalb vermied ich fortan das Thema New Amsterdam, ja, ich bemühte mich, überhaupt alle Fragen zu vermeiden, die eventuell in seiner Frau Furcht oder Unruhe hätten erregen können.

Es gab einen weiteren Fragenkomplex, der ausgeschlossen bleiben mußte: Alle zu persönlichen oder intimen Fragen wurden vermieden, obwohl diese möglicherweise aufschlußreiches Tatsachenmaterial erbracht hätten.

Alles geschah außerdem so rasch. Ich beendete meine Studien der Edgar-Cayce-Phänomene im Oktober, nahm im November das erste Band von Bridey Murphy auf und fuhr vier Tage später nach New York. Ich war noch keine Woche dort, als ein Verleger mir bereits vorschlug, den Fall dokumentarisch festzuhalten, schriftlich auszuarbeiten und als Buch herauszubringen.

Die Aufhellung und Überprüfung der Angaben Bridey Murphys, meinte der Verleger, nachdem ich ihm beim nächsten Besuch in New York die Tonbänder vorgespielt und eine Rohfassung meiner Dokumentation gezeigt hatte, müsse an Ort und Stelle von unabhängigen, objektiven Leuten durchgeführt werden. Mit Erleichterung nahm er zur Kenntnis, daß weder Mrs. Simmons noch ich jemals in Europa gewesen waren. Ich versicherte ihm, daß keiner von uns beiden beabsichtigte, jetzt nach Irland zu fahren und die Recherchen dort selbst anzustellen. Wir vereinbarten, daß mit den Nachforschungen eine irische Anwaltsfirma beauftragt werden sollte. Ferner wollte sich der Verleger an eine Reihe von Privatpersonen in USA und in Irland

wenden – Bibliothekare, Geistliche, Psychologen, Journalisten usw. –, deren Namen mir, ebenso wie jener des Anwaltsbüros, nicht bekanntgegeben werden würden.
So geschah es, und ich habe in der Tat zu keinem Zeitpunkt der Untersuchung die Möglichkeit gehabt, mit den Bridey-Murphy-Suchern Verbindung aufzunehmen, geschweige denn, sie zu beeinflussen. Die Unabhängigkeit und Vertraulichkeit der Nachforschungen war absolut gesichert.
Sehr bald schon wurde klar, daß die Suche keineswegs so einfach war, wie wir zunächst angenommen hatten. Vielmehr stellten sich dem Unternehmen gewaltige Hindernisse in den Weg. So schrieb ein Archivar aus Cork: »In der Regel sind Geburten, Heiraten und Todesfälle vor 1864 standesamtlich nicht registriert worden.« Und ein Journalist bestätigte: »Offenbar sind Urkunden über diese Periode eine ausgesprochene Seltenheit.« Ein anderer prophezeite: »Meines Erachtens darf man weder eine sofortige noch eine einfache Lösung des Problems erwarten.« Als besonders erschwerend erwies sich die Tatsache, daß Murphy einer der häufigsten irischen Familiennamen ist.
Wir merkten also schon recht bald, daß eine gründliche Fahndung nach Bridey Murphy ein wahrhaft herkulisches Unterfangen darstellte. Schon aus diesem Grund erschien mir das Ganze eher die Aufgabe für ein Detektivbüro als für eine Anwaltskanzlei. Hinzu kam die Erkenntnis, daß die Untersuchungen wesentlich mehr Geld und Zeit zu verschlingen drohten, als mein Verleger vorgesehen hatte. Aus naheliegenden Gründen hatte er keine Lust, über den Fall erst einmal Gras wachsen zu lassen. Deshalb entschlossen wir uns, alle Ergebnisse der Nachforschungen, die bis zum nächsten Frühjahr erzielt waren, gleich anschließend zu veröffentlichen. Das war nicht sehr viel, aber es gab doch ein paar hochinteressante übereinstimmende Details zu berichten.
Hinsichtlich Brideys Schwiegervater, des »*barristers*« MacCarthy, konnte der irische Anwalt zum Beispiel folgendes mitteilen: »Wir haben uns im Zentralarchiv nach den Namen der Anwälte erkundigt, die 1830 in Cork zugelassen waren; tatsächlich ist ein John MacCarthy darunter ... Er stammte aus Cork und hatte die Clongowes School besucht, war also zweifellos Katholik.« Das stimmte durchaus mit Brideys Angaben überein, und zu der fraglichen Zeit gab es dort nur einen Rechtsanwalt dieses Namens.
Während der sechsten Sitzung hatte Bridey uns gesagt, Brian

habe Nahrungsmittel bei einem Kolonialwarenhändler mit Namen John Carrigan gekauft. Sie gab Vor- und Zunamen an, wobei sie den Zunamen sogar buchstabierte. Ein Belfaster Archivar bestätigte, daß es zur fraglichen Zeit wirklich einen John Carrigan gegeben habe, der in der Northumberland Street 90 ein Lebensmittelgeschäft besaß. Ein anderer Carrigan war zu jener Zeit in der betreffenden Branche nicht nachweisbar.
Bei anderer Gelegenheit hatte Bridey angegeben, sie habe Lebensmittel bei Farr gekauft. Den Vornamen wußte sie nicht, aber den Nachnamen hatte sie buchstabiert. Die Untersuchung in Belfast ergab, daß ein William Farr in der Mustard Street 59/61 ein Kolonialwarengeschäft gehabt hatte; es lag zwischen der Donegall Street und der North Street. Und wieder war kein anderer Farr mit ähnlichem Beruf verzeichnet.
Bei einer irischen Kommission für Volkskunde wurde angefragt, ob es, wie von Bridey beschrieben, einen irischen Brauch gegeben habe, nach dem bei der Hochzeit ein bestimmter Tanz aufgeführt wurde, »so ein irischer *jig*; die Braut tanzt, und die andern stecken ihr Geld in die Tasche«. Die Antwort lautete: »Das war ein weitverbreiteter Brauch. Die Silbermünzen, die man der Braut in die Tasche steckte, galten als Glücksbringer.«
Nachweislich gab es zu Brideys Lebzeiten mehrere Lieder mit dem Titel »Sean«, und dieser dem englischen »John« entsprechende irische Vorname wird tatsächlich wie »Shawn« ausgesprochen. *The Londonderry Air* war schon damals populär; John Keats war 1795 geboren, seine Werke konnte Bridey also durchaus gelesen haben; desgleichen waren ihre Angaben über die gängigen Münzsorten richtig. Numismatiker, die wegen des seltenen »Tuppence« befragt wurden, hatten zwar anfangs Zweifel geäußert, daß es in der ersten Hälfte des 19. Jahrhunderts eine solche Münze gegeben habe, doch ergab sich dann aus einem Spezialkatalog, daß solche Zweicentstücke von 1797 bis 1850 tatsächlich auf den Britischen Inseln in Umlauf gewesen waren.
Bridey hatte mehrfach angedeutet, daß es im 19. Jahrhundert in Cork allgemein üblich war, hervorragende Ereignisse in der Familie – Geburten, Heiraten, Todesfälle – in die Hausbibel einzutragen. Die Nachforschung bewies, daß dies durchaus stimmte. Ferner: Strohdächer waren zu der fraglichen Zeit in Cork gang und gäbe. Galway war ein bedeutenderer Hafen als heute. Zu Brideys Zeit hatte es in Cork eine große Seilerei und eine Tabakfabrik gegeben. Und die Verwendung der Wörter

»*banshee*« und »*tup*« war absolut korrekt.
Ein bekannter irischer Literaturwissenschaftler bestätigte die Richtigkeit von Brideys Erzählung von Cuchulainn*; jede Einzelheit stimmte.
Bezüglich Brideys Wiedergabe der Geschichte von Deirdre hieß es, sie stimme zwar in fast allen Einzelheiten, doch sei der dort auftretende König der König von Ulster, und nicht der von Schottland. (Bridey hatte gesagt: »Sie war ... ein schönes Mädchen und ... sie sollte heiraten ... den König ... den König von Schottland ... und sie liebte ihn nicht ... und da kam der junge Mann und erlöste sie.«) Es ist richtig, daß Deirdre die Braut des Königs von Ulster werden sollte – und zwar nach den weitaus meisten Versionen der Sage. Ebenso richtig ist es, daß zwei der bekanntesten Bücher, die den Stoff behandeln (W. B. Yeats, *Deirdre*, und J. M. Synge, *Sorrows of Deirdre***), den schottischen König nicht erwähnen. Dennoch hat einer unserer Gewährsleute festgestellt, daß es mindestens zwei weitere Versionen gegeben hat (die eine basiert auf dem Glenn-Masain-Manuskript in der Advocates' Library, Edinburgh, die andere auf einer Übersetzung von Theophilos O'Flanagan), die beide die Episode mit dem *schottischen* König aufweisen: Nachdem ihm Deirdres Schönheit beschrieben worden war, habe er versucht, sie für sich zur Frau zu gewinnen.
Was den Blarney-Stein angeht, so trifft Brideys Bericht für ihre Zeit durchaus zu: »... man hebt die Beine über den Kopf; ... und dann bekommt man die Gabe der Beredsamkeit.« Seltsamerweise hat sich der Vorgang inzwischen geändert. Ein irischer Schriftsteller schrieb uns: »Der Betreffende wurde damals an den Beinen über die Brüstung des alten Burgfrieds hinuntergelassen. Heute jedoch geht das anders vor sich: Wer den Stein küssen will, setzt sich auf den Steinboden innerhalb der Brüstung, wo sich nun ein Loch befindet.«
Bridey hatte eine ganze Menge Einzelheiten angegeben, die zunächst kaum interessant erschienen, die aber später infolge seltsamer Verschränkungen und Querverbindungen an Gewicht gewannen. So hatte sie gesagt, sie habe ein Buch mit dem Titel *The Green Bay* gelesen. Ich hatte dem keine große Bedeutung beigemessen, weil ich glaubte, in Amerika mehr als ein Buch dieses Namens finden zu können. Zu meiner Überra-

* Vgl. auch »Cú-Chulainn-Zyklus« in *Kindlers Literatur-Lexikon*, Bd. II, 425 ff.
** Vgl. auch »Deirdre« in *Kindlers Literatur-Lexikon*, Bd. II, 761 f.

schung konnte ich aber nicht einen einzigen Roman mit diesem Titel feststellen. Unsere Gewährsleute berichteten jedoch, daß es im 19. Jahrhundert in Irland mehrere Bücher mit diesem Titel gegeben habe.

Auf die Frage nach den Getreidearten, die ihre Familie in Cork anbaute, hatte Bridey Flachs, Hafer und Tabak genannt. Dazu ist nicht viel zu sagen, aber eines ist vielleicht nicht uninteressant: Ein Fachmann hatte herausgefunden, daß man in der Umgebung von Cork früher in kleinen Mengen Tabak angebaut hat, aber dies sei keineswegs allgemein bekannt gewesen. (So hat uns zum Beispiel ein amerikanischer Spezialist versichert, Tabak gehöre nicht zu dem, was bei Cork angebaut worden sei.)

Im Hinblick auf Father John und seine Kirche schrieb unser irischer Anwalt leider nur: »Ich habe keine Bestätigung erhalten, daß meine an den Pfarrer von St. Theresa gerichteten Briefe ihren Empfänger erreicht haben.« Das konnte soviel heißen wie: Das Pfarramt hatte die Anfrage nach einem möglichen früheren Geistlichen dieser Kirche, der in einen angeblichen Fall von Reinkarnation verwickelt worden sein soll, kurzerhand ignoriert.

Sowohl die *Belfast News-Letter* als auch die Queen's University hat es zu Brideys Zeit gegeben, und es gibt sie heute noch. Allerdings ließ sich offenbar nicht nachweisen, daß Brian MacCarthy für diese Zeitung geschrieben und an der Universität Vorlesungen gehalten hatte. Immerhin konnte der Schriftsteller Eric J. Dingwall ermitteln, daß um 1840 ein Fitzmaurice und ein McGloin – nicht »McGlone«, wie Bridey buchstabiert hatte – Mitglieder des Kollegiums vom Belfaster Queen's College gewesen waren.

Mehr als einmal kam es vor, daß Fachleute und Spezialisten anderer Ansicht waren als Bridey und es sich dann später doch herausstellte, wie sehr Bridey recht gehabt hatte. Beispielsweise hatte Bridey hartnäckig behauptet, Brian habe an der Oueen's University Vorlesungen gehalten. Gleichzeitig hatte sie betont, Brian sei katholisch gewesen. Die Queen's University war jedoch eine protestantische Institution.* So erhob einer der Fachleute mit allem Nachdruck Einspruch, indem er es als völlig undenkbar bezeichnete, daß gerade an dieser Universität ein Katholik unterrichtet habe. Zuverlässige Nachforschung ergab jedoch, daß es für Lehrer und Lernende keinerlei Religions-

* Vgl. Seite 233.

schranken gegeben hatte. Der Fachmann hatte unrecht, Bridey aber recht behalten.

Einwände wurden auch gegen Brideys Verwendung des Wortes »*slip*« für »Kleidchen« erhoben. Man bemerkte, diese Bezeichnung sei anachronistisch; das Wort »*petticoat*« passe besser in Brideys Zeit. Gründliches Nachforschen ergab indessen, daß »*slip*« ein recht altes Wort ist und daß es in früheren Zeiten für ein Kinderkleidchen oder -röckchen gebraucht wurde – zweifellos in Brideys Zusammenhang die rechte Bedeutung. (Man erinnere sich an die Beschreibung während der sechsten Sitzung: »Da waren breite Schleifen dran.«)

Und dann das Wort »*linen*«. Bridey hatte, als sie während der vierten Sitzung niesen mußte, um ein »*linen*« gebeten. Zweifellos meinte sie ein (Leinen-)Taschentuch, aber das Wort ist heute in Irland nicht gebräuchlich. Und wieder ergab sich, daß eine der Bedeutungen des Wortes »*linen*« – das heute in der Einzahl als veraltet gilt – Taschentuch war.

Brideys Erzählung von dem Onkel, der eine »Orange« geheiratet habe, wurde ebenfalls der Kritik unterzogen. Mehrere Leute behaupteten, es müsse »Orangewoman« heißen und nicht einfach »Orange«. Es ergab sich aber, daß ein einzelnes Mitglied des militant-protestantischen irischen Geheimbundes der »Orangemänner« von 1795, besonders eine Frau, scherzhaft durchaus als »Orange« bezeichnet wurde.

Ein bemerkenswertes Ergebnis erbrachte auch die Untersuchung des höchst seltsamen Namens von Brians Onkel, jenem, der »die Orange geheiratet hat«. Bridey hatte gesagt, er habe Plazz geheißen. Darüber wußte ein irischer Fachmann zu berichten: »Plazz. Das scheint mir die Echtheit des Ganzen in ein besonders helles Licht zu stellen. Es handelt sich um den ausgesprochen seltenen Namen Blaize nach dem irischen Heiligen Blasius, dem Schutzpatron aller, die von einem Hals- oder Kehlkopfleiden betroffen sind.« Und weiter wies unser Gewährsmann darauf hin, daß Plazz die volkstümliche, phonetische Schreibung des Namens Blaize sei.

Mir war es trotz aller Mühe nicht gelungen, in den USA jemanden zu finden, der diesen Namen schon einmal gehört hatte. Es ist also kaum wahrscheinlich, daß Ruth Simmons ihn kennen konnte.

Gerade dieser Fall scheint mir ein wichtiger Beweis für Brideys Glaubwürdigkeit zu sein. Nach dem Namen von Brians Onkel befragt, gibt sie keine knappe, gewissermaßen mechanische

Antwort, wie sie für jemanden typisch wäre, der eine Geschichte erfindet oder wiedergibt. Vielmehr fällt ihr in diesem Zusammenhang noch etwas anderes ein, wie jemandem, der über tatsächliche Erlebnisse und persönliche Erfahrungen nachdenkt. »Meinen Sie den Onkel, der die Orange geheiratet hat?« fragt sie.

Die gleiche Frage erinnert sie daran, Brians Vater habe sich sehr darüber aufgeregt, daß der Onkel eine »Orange« heiratete. Und das wiederum bringt sie auf etwas anderes: »Aber er war nicht wütend, als er (Brian) *mich* heiratete.« Und alle diese Erinnerungen wurden lebendig, nur weil ich nach dem Namen von Brians Onkel fragte. Beispiele dieser Art finden sich in Hülle und Fülle.

Alles in allem hätten wir in Anbetracht der kurzen Zeit, die uns zur Verfügung gestanden hatte, und der unerwarteten Schwierigkeiten bei der Suche nach Bridey Murphy mit den ersten Ergebnissen eigentlich zufrieden sein können. Die skeptischen Wissenschaftler und ein Teil der Öffentlichkeit waren es jedoch ganz und gar nicht. Andererseits war ich mir bewußt, daß die Beweisaufnahme noch längst nicht als abgeschlossen betrachtet werden durfte, sondern vielmehr erst richtig losgehen würde, sobald das Buch erschienen war. Ich hatte große Hoffnung, daß der eine oder andere Leser bestimmte Angaben Bridey Murphys verifizieren und mit speziellen Informationen zur Aufklärung des Falles beitragen konnte.

Der erste, der sich bei mir meldete und mir nach anfänglichem »gesundem Mißtrauen« seine Hilfe bei der Fortsetzung der Suche nach Bridey Murphy zusagte, war William J. Barker von der Zeitung *Denver Post*. Ihm verdanke ich und verdankt die Reinkarnationsforschung die gründlichste und beweiskräftigste Dokumentation über das Leben der Bridey Murphy und die entsprechenden Rückerinnerungen von Ruth Simmons. In den folgenden Kapiteln berichtet er selbst, wie er zu diesem Auftrag kam und wie er ihn durchführte.

William J. Barker

Meine Suche nach Bridey Murphy

Zwanzigtausend Kilometer bin ich hinter einem geisterhaften irischen Mädchen hergejagt, zwanzigtausend Kilometer geflogen, gefahren und gelaufen, um herauszufinden, ob es tatsächlich einst gelebt hat, und zwar genauso wie Ruth Simmons im hypnotischen Tiefschlaf ihren Zuhörern erzählt hat, oder ob jene Bridey Murphy nur eine besondere Art von Hirngespinst, das raffinierte Phantasieprodukt einer neurotischen jungen Frau war.

Als ich zum erstenmal ihren Namen hörte, ahnte ich nicht im geringsten, daß Bridey zum Gegenstand fortdauernder Kontroversen und Spekulationen in der ganzen Welt werden sollte. Ich war zu jener Zeit Kolumnist und Redakteur beim *Empire*, dem Sonntagsmagazin der *Denver Post*. An einem Sommernachmittag gab mir mein Schwager, Robert S. Gast, Rechtsanwalt in Pueblo, Colorado, den Tip, daß ein langjähriger Freund und Nachbar von ihm, ein junger Geschäftsmann namens Morey Bernstein, »eine sensationelle Geschichte auf Lager« habe.

Bernstein, so informierte mich Bob, sei ein angesehener und wohlhabender Mann, sitze im Vorstand von vier führenden Firmen in Pueblo und betätige sich in seiner Freizeit erfolgreich als Hypnotiseur. Er widme sich bereits seit zehn Jahren intensiv dem Studium der Hypnose und sei »Amateur« nur insofern, als er seine Begabung auf diesem noch umstrittenen Gebiet den Ärzten der Stadt auf Wunsch gern zur Verfügung stelle, aber nie ein Honorar für seine Leistung annehme.

»Vor kurzem hat er mehrmals eine Frau hypnotisiert, die, sobald sie in Trance war, redete, als wenn sie vor hundert Jahren gelebt hätte«, erzählte mir Bob Gast. »Wäre das nicht eine Story für dich?«

Wie das Magazin *Time* mir später in den Mund legte, antwortete der Reporter Barker darauf: »Zum Teufel, ja!«

In Wirklichkeit war ich keineswegs so begeistert. Die Sache roch mir verdächtig nach billigem Schwindel und spiritistischem Hokuspokus, aber ich besitze das natürliche Interesse des Journalisten für Merkwürdiges und Unglaubliches, und ich wußte, daß die Leser von Sonntagsblättern Geschichten über Gedankenlesen, Fliegende Untertassen, Wahrsagen und ähnliches lieben.

Ich stand der Sache also durchaus skeptisch gegenüber, als ich meinen Boß, Mr. Palmer Hoyt, fragte, ob er eine Story darüber haben wolle. Wie zu erwarten, hielt er die Geschichte zunächst ebenfalls für einen Bluff. Wenn er trotzdem nicht kategorisch »nein« sagte, so spricht das sowohl für seine Fairneß als auch für seinen »guten Riecher« und nicht zuletzt für sein hohes Verantwortungsbewußtsein der Öffentlichkeit gegenüber, denn er stellte mir vier Bedingungen, von deren Erfüllung er seine Zusage abhängig machen wollte. Er sagte:
»Sie werden nur dann über diesen Fall schreiben, wenn wir uns erstens vergewissert haben, daß die betreffenden Personen vollkommen glaubwürdig sind; zweitens, daß es sich nicht um einen Trick handelt, mit dem Geld gemacht werden soll; drittens, daß die Berichterstattung objektiv ist und die Zeitung nicht Stellung bezieht; und viertens, daß Sie selbst Bernsteins Testperson Ruth Simmons unter Hypnose als die langverstorbene Bridey Murphy haben sprechen hören.«
Es verging fast ein Jahr, bis ich Morey Bernstein persönlich kennenlernte. Er war in dieser Zeit damit beschäftigt, in New York eine Investmentfirma aufzubauen, und nur gelegentlich in seiner Heimatstadt Pueblo.
Seltsamerweise war er ebenso abgeneigt, mich über den Fall Bridey schreiben zu lassen, wie mein Verleger. Morey, ein freundlicher, offenherziger Mann, der eine gewisse Ähnlichkeit mit Frank Sinatra hat, erklärte mir: »Ich befürchte, Ihr Zeitungsleute könntet einen Riesenspektakel aus der Sache machen.«
Immerhin ließ er mich die Tonbandaufnahmen von Ruth Simmons alias Bridey Murphy hören. Sechs Stunden lang hörte ich mir an, was die in Trance versetzte Dame zu erzählen wußte und sagte mir dabei immer wieder: Entweder vernimmst du hier die Stimme einer vollendeten Schauspielerin unter der Führung eines raffinierten Regisseurs – oder es handelt sich tatsächlich um den spontanen Beweis eines durch Hypnose geweckten phantastischen Erinnerungsvermögens über die Geburt, ja, über das Jenseits hinaus.
Ich erfuhr, daß alle Trancesitzungen von Zeugen überwacht worden waren, deren Integrität in Pueblo als über jeden Zweifel erhaben galt. Später befragte ich diese Personen detailliert. Es waren durchweg angesehene Männer in leitenden Funktionen; und sie und ihre Frauen schwören bis zum heutigen Tag, daß bei dem, was sie gehört und gesehen haben, Betrug völlig ausge-

schlossen gewesen sei.
Ich bestürmte Bernstein immer wieder, mich die Geschichte für die Leser der *Denver Post* schreiben zu lassen, und schließlich erklärte er sich einverstanden. Ich bin sicher, es wäre nie dazu gekommen, wenn ich nicht ziemlich nachdrücklich seine langjährige Freundschaft mit meinem Schwager Bob ins Spiel gebracht hätte. Nun sollte die Sache also laufen, und wir verabredeten einen Termin für ein gemeinsames Arbeits-Wochenende.
Ich fand mich mit meiner Frau Lydia und Orin A. Sealy, dem Fotografen des *Empire Magazine,* in Bernsteins Haus in Pueblo ein. »Und jetzt«, bat ich gleich zu Anfang, »lassen Sie bitte Ruth Simmons rüberkommen und hypnotisieren Sie sie, damit wir sie als Bridey erleben.«
Bernstein schüttelte bedauernd den Kopf. »Nichts würde ich lieber tun als das, aber sie hat mir sechsmal den Gefallen getan, und jetzt mag sie nicht mehr. Ruth und ihr Mann haben nun mal für so was nicht viel übrig.« Das Ehepaar Simmons, so konnte ich bald persönlich feststellen, war kontaktfreudig, interessierte sich für ein gutes Baseballspiel, spielte gern Bridge und besuchte regelmäßig die Tanzveranstaltungen des Countryclubs. Hypnose-Experimente gehörten nicht zu dem, was sie sich unter angenehmem Zeitvertreib vorstellten. Die Sitzungen waren besonders für Rex immer sehr beunruhigend gewesen. Er fühlte sich stets unwohl dabei, wenn seine Frau mit der Stimme einer Fremden sprach – noch dazu einer nicht gerade ausgesprochen sympathischen Fremden.
Dennoch drängte ich darauf, daß noch eine einzige Bridey-Sitzung abgehalten werde. Ich erklärte Bernstein zum wiederholten Mal: »Mein Boß hat die Bedingung gestellt, daß ich Mrs. Simmons als Bridey selbst erlebt haben muß, sonst akzeptiert er meine Story nicht.«
Wieder schüttelte Morey den Kopf. Schließlich sagte er resigniert: »Gut, ich werde Ruth anrufen und sie bitten, noch einmal zu kommen. Aber ich bezweifle stark, daß sie sich bereitfinden wird – zumal die beiden einen Horror vor Publizität haben.«
Ich versprach, ihre wirklichen Namen geheimzuhalten und weder ihre Privatadresse noch die Geschäftsanschrift von Rex preiszugeben. Obwohl diese Angaben in der Presse später dennoch veröffentlicht wurden, nennen wir sie in diesem Buch nicht, um nicht das Persönlichkeitsrecht der Betroffenen anzutasten und womöglich juristische Auseinandersetzungen her-

aufzubeschwören.
Bernstein wählte die Nummer der Simmons'. Das Gespräch war kurz. Nachdem er aufgelegt hatte, sagte er ernst: »Also damit ist die Sache endgültig erledigt. Ruth erwartet ein Kind. Und wenn ich auch weiß, daß Hypnose Schwangerschaft und Entbindung nicht im geringsten beeinträchtigen kann, so würde man doch, wenn auch nur eine einzige Sommersprosse an dem Neugeborenen nicht am richtigen Platz sein sollte, die Hypnose dafür verantwortlich machen. Nein, es tut mir leid, aber Ihre Geschichte ist gestorben.«
»Also gut«, sagte ich. »Dann hypnotisieren Sie doch *mich*. Schicken Sie *mich* zurück in Raum und Zeit. Mein Boß wird sich notfalls auch damit zufriedengeben.«
Bernstein blickte mich skeptisch an. Er wies darauf hin, daß bestimmte reizbare, wissensdurstige und autoritäre Typen erfahrungsgemäß schlechte Versuchspersonen sind: Staatsanwälte, Hypnotiseure und neugierige Reporter zum Beispiel. »Leute mit analytischem Verstand interessieren sich so stark für die Methode, mit der sie hypnotisiert werden sollen, daß sie sich unbewußt weigern, sich zu entspannen und die hypnotische Suggestion anzunehmen«, sagte Bernstein. »Aber wir werden es trotzdem mal versuchen.«
Wir gingen ein Steak essen. Bernstein animierte mich dazu, mich ordentlich vollzustopfen (»Ich möchte, daß Sie schön schläfrig werden«); danach zogen wir uns in Bob Gasts Wohnung zurück.
In dem stillen getäfelten Bibliothekszimmer befanden sich Mr. und Mrs. Bernstein, Sealy, der Fotograf, Ann und Bob Gast, meine Frau Lydia und ich. Ich streckte mich in einem bequemen Sessel aus und legte die Füße auf einen dickgepolsterten Schemel.
»Während Bill jetzt dort einschlummert«, sagte Bernstein zu den andern, »möchte ich Sie gern als Gruppe auf Ihre hypnotische Empfänglichkeit testen.«
Schon beim ersten Versuch, der darin bestand, daß jede Person ihre Hände über dem Kopf verschränken sollte, während Morey unablässig und monoton etwas von »Muskelkontrolle« murmelte, zeigte es sich, daß Lydias Finger sich vollkommen verkrampften und sie sie nicht auseinanderzubringen vermochte. Die anderen konnten die Hände ohne Schwierigkeiten auseinandernehmen, aber Lydia stand da und machte ein verlegenes, ja beunruhigtes Gesicht, weil ihre Finger wie erstarrt

waren (s. Anhang D).
Morey versicherte ihr nun, daß sie ihre verschränkten Finger wieder lösen könne, und sie tat es sofort mit einem tiefen Seufzer der Erleichterung.
(Ich hatte mich bei diesem Experiment interessiert aufgerichtet und meinen Auftrag einzuschlummern nach ein paar Minuten total vergessen. Tatsächlich hat Morey mich nie hypnotisiert.)
Meine Frau hatte noch nie an einer Vorführung von Hypnose teilgenommen und verkündete, sie habe keine Lust, sich länger als Versuchskaninchen herzugeben. Doch als wir sie alle bestürmten, sie solle sich einem zweiten Empfänglichkeitstest unterziehen, gab sie schließlich, nicht allzu glücklich, nach.
Obwohl sie hellwach war, bewies sie gleich noch einmal, daß sie als Empfängerin suggestiver Übermittlungen ein Naturtalent war. Beim dritten Versuch überraschte sie uns dadurch, daß sie plötzlich in tiefe Trance fiel, ohne daß ihr dies aufgetragen worden war.
Trotz seiner langjährigen Erfahrung in diesem Bereich hatte Morey eine so ungewöhnliche Reaktion nie zuvor erlebt. Lächelnd sagte er zu uns: »Also die Sache ist so: Aus rechtlichen und moralischen Gründen kann ich Mrs. Barker nicht bitten, irgendwelche Fragen zu beantworten, weil ich ihr Einverständnis, sie zu hypnotisieren, nicht besitze. Ich kann ihr jedoch suggerieren, daß sie sich an Einzelheiten aus ihrer frühesten Kindheit erinnert . . . und später auch an ein früheres Leben. Ich werde sie auffordern, einen Finger zu heben, wenn solch eine Erinnerung in ihr auftaucht, und ich werde ihr versichern, daß sie in der Lage sein wird, diese Einzelheiten laut wiederzugeben, nachdem ich sie aufgeweckt habe, *aber nur dann, wenn sie das will.*«
Und genau das tat er, das heißt, er versuchte im Prinzip das gleiche wie bei Mrs. Simmons, eine Altersrückversetzung. Sobald Morey meine Frau aufgefordert hatte, sich an Szenen aus ihren Babytagen zu erinnern, hob sie prompt den Finger. Nach einer Weile redete er ihr zu, noch weiter durch die Zeit zurückzugleiten, bis sie etwas wahrnähme, das sie in ihrem »vorherigen Leben auf Erden« gesehen habe.
Lydia hob bei dieser Suggestion den Finger viel heftiger, als sie es zuvor getan hatte. Kurz darauf weckte Morey sie auf. Sie wirkte ein bißchen verträumt, konnte uns aber die Kindheitserinnerungen berichten, die während der Trance in ihr wachgerufen worden waren.

Dann stellte Morey ihr die wichtigste Frage: »Welche Szene aus Ihrem vorigen Leben tauchte vor Ihnen auf?«
»Ich sah unsere Nationalfahne«, sagte Lydia mit verschleiertem Blick. »Zunächst nur die Fahne ... dann wurde alles deutlich wie ein Bild. Soldaten kamen auf einer Landstraße auf mich zumarschiert ... Es war Sommer ... wogende Wiesen, ganz grün, und große Laubbäume – ich glaube, es waren Eichen ... Irgend was an der Fahne war komisch.«
»Was denn?« fragte Morey. »Was meinen Sie damit?«
»Die Sterne waren nicht so angeordnet, wie sie es auf unserer heutigen Fahne sind«, sagte Lydia. »Sie bildeten einen Kreis.«
Dann schilderte sie die Szene ausführlicher. Die Soldaten wirkten froh, sie waren zum Teil jung, etwa Mitte zwanzig und trugen »Bauernkleidung«. Sie gaben sich keine Mühe, im Gleichschritt zu marschieren, und Lydia konnte das unrhythmische Knirschen ihrer Stiefel auf dem Boden hören. »Ich war jünger als sie und an die Straße gegangen, um sie vorbeiziehen zu sehen. Ich wußte, sie würden über die Steinbrücke gehen, die hinter mir lag ... Ich mochte die Soldaten sehr gern ... «
Das entscheidende Indiz war die Fahne: Der Amerikanische Kongreß hatte im Jahre 1777 die Fahne mit den im Kreis angeordneten Sternen eingeführt, und so sah unsere Nationalflagge bis 1795 aus.
Gut, aber was hatte ich nun von dem Ganzen zu halten? Zunächst wußte ich, daß Lydia Melodramen verabscheut, daß sie es haßt, im Mittelpunkt der Aufmerksamkeit zu stehen, und daß sie der glaubwürdigste Mensch ist, den ich kenne. Sie hatte mit Bernstein nie unter vier Augen gesprochen; wir hatten ihn überhaupt erst einmal zuvor getroffen. Es gab keinen Grund für Lydia, uns irgend was vorzuschwindeln. Sie hielt nicht viel vom Hypnotisieren und hatte klipp und klar gesagt: »Ich will mich gar nicht daran erinnern, wer ich vielleicht einmal gewesen bin.«
Der Fotograf Sealy hatte schnell die Gelegenheit benutzt und eine Reihe von Fotos von meiner Frau während ihrer kurzen Trance geschossen. Sealy und ich brachten die Bilder und die Story von Lydias überzeugender Reaktion bei Bernsteins Hypnosedemonstration zur *Denver Post.*
Mein Boß wußte, daß Lydia vollkommen vertrauenswürdig war. Wie sich zeigte, war er sogar viel eher dazu bereit, ihr Erlebnis als Beweis dafür zu akzeptieren, daß es sich bei dem

Hypnotiseur aus Pueblo um keinen Schwindler handelte, als wenn ich berichtet hätte, daß ich Ruth Simmons, eine ihm fremde Person, in Trance erlebt hätte.
Kurz, er sagte endlich, ich könne die Bridey-Geschichte schreiben.
Mit Moreys großzügiger Unterstützung arbeitete ich einen dreiteiligen Bericht über seine Erfahrungen mit Hypnose aus. Er erschien mit dem Titel *Die merkwürdige Suche nach Bridey Murphy* am 12., 19. und 26. September 1954 im *Empire Magazine.* Es war die erste gedruckte Erwähnung des Falles Bridey Murphy.

Die Reaktion der Öffentlichkeit war erwartungsgemäß sehr unterschiedlich. Die Mehrzahl der Leser akzeptierte überraschenderweise die Hypothese, daß Bridey möglicherweise den Beweis dafür darstelle, daß der Mensch mehr als einmal lebe. Es gab jedoch auch einige, die den Reinkarnationsgedanken empört zurückwiesen. Die einen fühlten sich in ihren religiösen Gefühlen verletzt, den andern erschien eine solche Vorstellung als »zu schön, um wahr zu sein«.
Ich stellte verblüfft fest, daß unter den Leuten, die bezüglich der Reinkarnation einander in feindlichen Lagern gegenüberstanden, manche die gleichen Bibelzitate benutzten, um ihre einander widersprechenden Argumente zu untermauern. Die einen zitierten beispielsweise die Stelle aus dem Johannes-Evangelium »In meines Vaters Haus sind viele Wohnungen«, um die Reinkarnationstheorie zu erhärten, die anderen, um sie zu widerlegen.
Bestimmten Kreisen schien es heilige Pflicht, Bridey »der Hölle zu überantworten«, da »der Teufel sie als Kronzeugin der Seelenwanderung« für sich in Anspruch nahm. Und die Vorstellung von Karma und Wiedergeburt gilt nun mal den Dogmatikern des Christentums als »Anathema« – um das alte Verdammungsurteil der Inquisition zu gebrauchen.
Eine andere religiöse Gruppe billigte zwar Brideys Reinkarnation, lehnte jedoch die Hypnose ab.
Vor allem aber waren viele Spiritisten, die bekanntlich durch Medien mit Verstorbenen in Kontakt treten – oder dies zumindest behaupten –, heftig gegen Bridey eingestellt. Offenbar war es ihnen nicht geheuer, daß die »Jenseitigen«, mit denen sie sich unterhielten, auch die Möglichkeit haben sollten, erneut auf Erden zu wandeln.

Abgesehen von diesen allen gab es natürlich die große Schar der berufsmäßigen Skeptiker, jene fanatischen Verteidiger des »gesunden Menschenverstandes«, die grundsätzlich nichts glauben, was sie nicht selbst erlebt haben, und für die kein Indiz überzeugend und wissenschaftlich genug sein kann; ganz zu schweigen von den Neidern unter meinen Kollegen von Presse, Funk und Fernsehen, die nach dem aufsehenerregenden Erfolg meiner Bridey-Murphy-Story nur noch eine einzige Chance für sich sahen. Sie bestand nach alter Journalistenerfahrung darin, Bridey »abzuschießen«. Und das versuchten sie denn auch. (Ich komme auf die Kontroversen um Bridey Murphy im Zusammenhang mit meinen späteren Nachforschungen in Irland noch zurück.)

Es sei aber auch erwähnt, daß viele Zeitungen und Zeitschriften meinen Tatsachenbericht nachdruckten oder mehr oder weniger authentische Eigenberichte veröffentlichten. Und dann erschien Morey Bernsteins Buch, das sofort ein großer Erfolg wurde und unterstützt durch Teilabdrucke in unzähligen Blättern, durch Bildberichte und Kritiken im ganzen Kontinent Verbreitung fand.

Eines Tages rief mich Morey von New York aus an und sagte mir, er sei mit den bisherigen Nachforschungen über Bridey in Irland unzufrieden. Wir beide hatten in den ziebzehn Monaten seit Erscheinen meiner Artikelserie oft Vermutungen darüber angestellt, welche Punkte die irischen Rechercheure mit einigem Geschick würden verifizieren können, und waren nun von den erzielten Ergebnissen enttäuscht.

Die Überprüfung der Angaben war zum großen Teil durch Briefe zwischen dem amerikanischen Verleger und einer Handvoll Personen in Irland erfolgt, die keine berufsmäßigen Detektive oder »Schnüffler« waren – kurz, denen einfach das für diese Aufgabe unerläßliche Know-how fehlte. Keiner von ihnen hatte Bernsteins Manuskript zu Gesicht bekommen, da man fürchtete, die Zusammenhänge könnten die Leute negativ beeinflussen. Andererseits hatte man sie auf diese Weise auch nicht gerade für die ihnen übertragene Arbeit interessiert.

Morey sagte mir am Telefon, daß die Suche nach Beweisen für die Richtigkeit von Brideys Erinnerungen seiner Meinung nach sehr oberflächlich und dilettantisch betrieben worden sei. Und dann fragte er mich, ob ich nicht selbst nach Irland fahren und versuchen wolle, die schwer zu fassende Bridey Murphy dingfest zu machen. Ich antwortete, daß der Gedanke tatsächlich

verlockend sei und ich meinen Boß bitten würde, mich mit der Sache zu beauftragen.
Inzwischen hatte die Chicagoer *Daily News* ihren Londoner Korrespondenten Ernie Hill mit dem gleichen Auftrag nach Irland geschickt. Er durcheilte die Fünfhundert-Kilometerstrecke Cork – Dublin – Belfast in einer dreitägigen Hetzjagd nach zusätzlichem Beweismaterial, das anschließend an den Serienabdruck von Bernsteins Buch veröffentlicht werden sollte. Es gelang Hill nicht, irgend etwas Bedeutendes beizubringen – was ja kaum verwunderlich ist, wenn man die knappe Zeit bedenkt, die ihm für seine Bemühungen auf einem so weiten und ihm unvertrauten Gebiet zur Verfügung stand.
Ein paar Tage, nachdem Hills negativer Bericht veröffentlicht worden war, befand ich mich in den Redaktionsräumen der *Daily News* in Chicago. Everett Norlander, der Chefredakteur, erklärte mir, er sei selbst enttäuscht von den minimalen Ergebnissen, die Hills Blitzuntersuchung erbracht habe.
Vier Tage darauf konnte ich Bernstein informieren, daß Palmer Hoyt, der bereits erwähnte Verleger und Herausgeber der *Denver Post*, mich für drei Wochen nach Irland schickte.
Schon im März erschien dann die Reportage über mein irisches Abenteuer unter dem Titel *Die Wahrheit über Bridey Murphy* als zwölfseitige Sonderbeilage; später wurde der Text in zahlreichen amerikanischen und kanadischen Zeitungen nachgedruckt.
Bevor ich auf die Einzelheiten meiner Erkundigungen eingehe, möchte ich betonen, daß ich in jedem Augenblick als unparteiischer Rechercheur und Fährtensucher arbeitete, und in allem, was ich über Bridey schrieb, redigierte weder ich noch irgendein anderer zu ihren (und Morey Bernsteins) Gunsten oder Ungunsten. In einer Art Tagebuch berichtete ich über die Quellen, die ich in Irland zu Rate zog, von den Gelehrten, die ich interviewte, und von den Akten, die ich einsah. Ich nannte ohne Parteilichkeit die Äußerungen Brideys, die nicht nachgeprüft werden konnten, und die, bei denen es mir gelungen war. Ich bezog nicht Stellung, sondern überließ die Entscheidung den Lesern.

Es wurde mir sehr schnell klar, daß selbst drei Wochen nicht ausreichten, um meinen Auftrag in Irland bis zu dem Punkt zu bringen, wo er als abgeschlossen und Brideys wirkliche Existenz als bewiesen bezeichnet werden konnte. Dazu hätte ich vermutlich drei Jahre gebraucht! Da nun aber mein Aufenthalt in Irland auf drei Wochen begrenzt war, konzentrierte ich mich bei meinen Nachforschungen auf eine bestimmte Anzahl von Daten, die Bridey uns gegeben hatte. Ich nahm diese Beschränkung nicht gern vor, doch wird man mir zustimmen, daß sie vernünftig und notwendig war, wenn man sich die besonderen Schwierigkeiten meiner Recherchen vergegenwärtigt.

Ein Beispiel: Laut Bridey hatte ihr Mann etwa fünfundzwanzig Jahre nach ihrer Heirat begonnen, für die *Belfast News-Letter* über »verschiedene Fälle« zu schreiben. Ferner sagte sie, daß sie 1864 gestorben sei. Also stand ursprünglich die Durchsicht aller Nummern der *News-Letter* von 1843 bis 1864 auf meinem Programm, um herauszufinden, ob sie Beiträge eines Brian MacCarthy enthielten. Im Archiv der heute noch erscheinenden Zeitung wurden mir die betreffenden Jahrgänge bereitwillig vorgelegt, wobei man bedauerte, daß eine Kartei aller darin vertretenen Verfasser oder andere, nach Themengruppen geordnete Register nicht existierten. Ein Test ergab, daß ich für die Durchsicht der Nummern eines einzigen Monats etwa fünfundvierzig Minuten brauchte. Das bedeutete, daß ich allein für die Suche nach Brians Signatur oder anderen Beweisen dafür, daß er tatsächlich für dieses Blatt geschrieben hatte, rund zweihundert Stunden meines kostbaren, kurzen Aufenthalts in Irland hätte aufwenden müssen. Gut, ich konnte Glück haben und schon nach relativ wenigen Stunden auf seinen Namen stoßen, aber die Chance schien mir gering. Ich stellte gleich zu Anfang fest, daß die meisten einschlägigen Beiträge anonym oder nur mit *»a Solicitor«* (»ein Rechtsanwalt«) unterzeichnet waren.

Ich beschloß daher, keine Zeit mit der Überprüfung dieser Angabe zu verlieren. Es mußte Daten geben, die schneller zu verifizieren waren.

Außerdem hatte Bernstein schon den leisen Verdacht geäußert, daß Bridey hinsichtlich der Schriftstellerei ihres Mannes schwindelte, um Brian dadurch größeres gesellschaftliches Ansehen zu verleihen. Das spricht durchaus nicht gegen Ruth Simmons' Glaubwürdigkeit; es ist – mit Verlaub gesagt – eher ein authentischer irischer Charakterzug, wenn schon nicht die eigenen Fähigkeiten und Leistungen, dann wenigstens die der Familienangehörigen, der Kinder wie der Ahnen, gehörig herauszustreichen und ein bißchen zu übertreiben. Kenner der romantischen, fabulierfreudigen irischen Seele haben mir immer wieder bestätigt, daß es schwer fällt, einen Iren aufzutreiben, der nicht von einem keltischen König oder einem gälischen

Barden abzustammen behauptet. Jedenfalls ist offenbar ein singender, dichtender oder auch nur »schreibender« Verwandter das mindeste, was ein guter Ire in seiner Familie aufzuweisen haben muß.

Nun zurück zu den zeitraubenden Behinderungen meiner Arbeit. Ich traf buchstäblich keinen einzigen Iren, der zu glauben bereit war, daß es so etwas wie eine Rückerinnerung an ein früheres Leben geben könne. Die religiöse Überzeugung, die bekanntlich im vorwiegend protestantischen Nordirland wie auch in der katholischen Republik Irland eine so entscheidende Rolle im Alltag, im Denken der Menschen und in ihrem Verhältnis zu den Mitmenschen spielt, läßt den Gedanken, daß man mehr als einmal leben könne, einfach nicht zu. Und wenn man mich auch stets mit Höflichkeit behandelte und sich zur Mitarbeit bereit erklärte, so bestand doch auf seiten meiner Helfer kaum irgendein Interesse an der Sache selbst. Aus einer fast unbewußten Abwehrreaktion heraus versuchte beinahe jeder, den ich befragte, Brideys Aussagen spontan als falsch hinzustellen. Man glaubte, das Irland der ersten Hälfte des 19. Jahrhunderts besser zu kennen als sie oder behauptete rundheraus, diese oder jene Angabe sei nicht nachprüfbar. Ich wurde mit Meinungen und Standpunkten konfrontiert, nicht mit Fakten. Und sehr oft erwiesen sich diese Meinungen dann durch das Zeugnis von Dokumenten und Nachschlagewerken als falsch.

Aber ich muß gerechterweise auch von den Ausnahmen berichten:

Der Chef des Irischen Informationsbüros in Dublin, Niall Sheridan, hörte sich meine Bridey-Geschichte so gespannt an, als schilderte ich ihm einen Kriminalfall. Dann sagte er:

»Vor der Teilung Irlands wurden alle Register hier in Dublin aufbewahrt. Und Ihre Bridey Murphy gibt an, von 1798 bis 1864 gelebt zu haben. Also empfehle ich Ihnen, sich erst einmal hier umzuschauen, ehe Sie nach Cork fahren.«

Ich erklärte Sheridan, daß es zwei Arten von Fragen gäbe, auf die ich Antwort suchte: 1. Haben die genannten Personen und Orte jemals existiert? 2. Passen die Bräuche, Wörter, Veröffentlichungen und sonstige Einzelheiten in Brideys Zeit?

Wir saßen in der Halle meines Hotels, dessen Besitzer sich zu uns gesellt hatte. Deshalb erläuterte ich mein Problem an einem Beispiel, das auch ihn interessieren konnte.

»Als Bridey vom Essen sprach, erwähnte sie: ›Ich mag alles, was in *flats* zubereitet wird.‹ *Flats* ist in dieser Bedeutung in Amerika

nicht gebräuchlich.«
Der Hotelier hob die Brauen. »Nein?« fragte er erstaunt. Dann winkte er einen Kellner heran und beauftragte ihn, einige »*flats*« zu bringen.
Was er brachte, waren gewöhnliche irdene Schüsseln. »Bei uns ist das ein ganz gebräuchlicher Ausdruck«, sagte der Hotelier. Das war schon ein kleiner Schuß ins Schwarze, und ich war für den Anfang ganz zufrieden. Die Schwierigkeiten begannen erst am nächsten Tag.
Wie erwartet, fand sich der Name von Bridey Murphys Mann in keinem der alten Adreßbücher. Niall Sheridan, den ich in seinem Büro im Gebäude des Irish Tourist Board in der Pembroke Street 91 aufgesucht hatte, tröstete mich: »Nun, das bedeutet keineswegs, daß es diesen Brian MacCarthy nicht doch gegeben hat. Leute, die zur Miete wohnten und kein eigenes Haus besaßen, wurden gewöhnlich nicht ins Adreßbuch aufgenommen.«
»Auch eine Delilinan MacCarthy habe ich nicht gefunden«, sagte ich. »Das war Brians Großmutter. Das junge Paar soll in einem kleinen Haus – Bridey nennt es ›*hut*‹ – hinter dem Haus der Großmutter in der Dooley Road in Cork gewohnt haben. Auf dem Stadtplan von 1823 ist aber keine Dooley Road zu finden.«
»Manchmal ist das komisch hier in Irland«, meinte Sheridan. »Die Leute geben den Straßen zuweilen Spitznamen. In Cork gibt es eine Patrick Street, die ganz allgemein nur ›Para‹ genannt wird.«
»Bridey spricht von einer St.-Theresa-Kirche«, fuhr ich fort, »einer katholischen Kirche, die zwanzig Minuten von ihrem Häuschen entfernt gewesen sei und ›an der Hauptstraße‹ gelegen habe. Ich habe keine Kirche dieses Namens verzeichnet gefunden.«
»Vielleicht gibt es sie doch, aber unter anderem Namen«, tröstete mich Niall wieder. »Wir haben hier zum Beispiel die Kirche der Franziskaner, die offiziell die Kirche der Unbefleckten Empfängnis heißt. Doch kein Mensch nennt sie so. Sie heißt einfach ›Adam und Eva‹. Warum? Weil man sie zu der Zeit, als es verboten war, eine katholische Kirche an einer wichtigen Straße zu bauen und sie mit einem Turm auszustatten, auf einem schmalen Weg erreichte, der hinter einem Gasthaus mit Namen ›Adam und Eva‹ entlangführte.«
Immer wieder stieß ich auf solche Eigenarten, Unstimmigkeiten und irreführenden Bezeichnungen. Die Archive, Register und Listen waren für meine Begriffe nach merkwürdigen Gesichts-

punkten angelegt, und sie waren nach Auskunft der dafür zuständigen Beamten fast allesamt unvollständig und ungenau. Sheridan hatte mich bei Mr. Sean O'Sullivan von der Irischen Kommission für Volkskunde angemeldet. Der grauhaarige Gelehrte empfing mich in seinem von Bücherregalen eingerahmten Büro am Rande des Parks St. Stephen's Green. »Obwohl ich von dem Gerede über Wiedergeburt und dergleichen nichts halte«, sagte er, »muß ich gestehen, daß mich das Buch von Morey Bernstein fasziniert hat.«

Ich fragte ihn, ob er wohl einige von Brideys Wörtern, Bräuchen, Gewohnheiten usw. bestätigen könne.

Er antwortete vorsichtig. »Manches klingt für die betreffende Zeit ganz überzeugend«, meinte er. »Bei anderen Dingen bin ich nicht so sicher. Vielleicht hat es einen ›Morning Jig‹ gegeben, der mit einer Gebärde des Gähnens endete – aber ich weiß nichts davon. Im Augenblick wird an einem Werk über Jigs in Irland gearbeitet – es soll eine umfassende Studie werden. Es gab Tausende von Jigs. Warum soll sie mit diesem einen nicht recht haben? Jedoch hege ich Zweifel hinsichtlich des ›Sorcerer's Jig‹, aus dem einfachen Grunde, weil ›*sorcerer*‹ (Zauberer, Hexenmeister) damals kein gebräuchliches Wort war. Immerhin könnte es aber in Brideys Gesellschaftskreis gelegentlich angewandt worden sein.«

Zu diesem letzten Punkt berichtete ich O'Sullivan, was Bernstein mir gesagt hatte; daß er nämlich das Gefühl habe, Bridey tue der Wahrheit zuweilen etwas Gewalt an in dem Bestreben, ihre Familie gesellschaftlich zu »heben«. So glaube er zum Beispiel, ihr Vater sei Bauer und nicht Rechtsanwalt gewesen.

»Zunächst sagte sie, er sei Anwalt gewesen«, erzählte ich. »Aber während der sechsten Sitzung wurden ihr ein paar Fangfragen gestellt. So wollte Morey wissen, ob ihr Bruder Duncan Blaine Murphy ›ein Bauer wie sein Vater‹ gewesen sei. Sie antwortete ausweichend: ›Ja . . . Er war . . . das war er wohl. So hieß es jedenfalls.‹ Schon in der fünften Sitzung waren Morey die ersten Bedenken wegen des ›Rechtsanwalts‹ gekommen. Er hatte gefragt: ›Weißt du ganz genau, daß Duncan Murphy‹, dabei meinte er ihren Vater, ›Rechtsanwalt war?‹ Und sie antwortete einfach: ›Jedenfalls hat er das Mutter und mir gesagt.‹ Und als Morey fragte, ob ihr Vater noch andere Arbeiten verrichtet habe, gab sie zur Antwort: ›Hm, er hat ein bißchen . . . geakkert.‹«

O'Sullivan konnte die Echtheit von Brideys hübschem Lied von

»Vaters Tanzpüppchen« weder bestätigen noch bestreiten, und ich hatte keine Bandaufnahme bei mir, so daß ich es ihm leider nicht vorspielen konnte. Sie hatte es so ungezwungen gesungen, daß dies, zumindest für mich, ein Beweis dafür war, daß es sich um eine echte Erinnerung handelte; es schien mir unmöglich, so etwas im Augenblick zu erfinden. Irgendwann, irgendwo muß es dieses Kinderlied gegeben haben.

Auch mit dem Tischgebet konnte O'Sullivan nichts anfangen, das Bridey nach ihrer Aussage in früher Jugend immer gesprochen hatte.

»Und nun zur ›Faßbutter‹«, fuhr der Volkskundler fort. Hier berührte er einen wunden Punkt in der Befragung Brideys. Morey hatte, um ihre Kenntnisse speziell irischer Wörter und Eigenheiten zu prüfen, in einschlägigen Büchern nachgelesen und war dabei auf das Wort »*firkin butter*« gestoßen. Er fragte Bridey bei der nächsten Sitzung, was das sei, und sie antwortete: »Etwas zum Essen.«

»Und stimmt das etwa nicht?« fragte ich O'Sullivan.

Er fand die Antwort zu allgemein. »Jede Butter ist zum Essen da. Ein ›*firkin*‹ ist aber ein kleines Faß, ein Behälter, in dem die Landleute ihre Butter aufbewahrten und auch verschickten.«

Vielleicht war »*firkin butter*« für sie ein so alltäglicher Gegenstand, daß sie annahm, diese lapidare Antwort genüge auch ihrem Inquisitor Morey Bernstein. Auf jeden Fall hätte er aber nach dem Behälter fragen sollen und nicht nach der Butter.

»Sie hat auch gesagt, der Flachs sei zur Erntezeit *geschnitten* worden«, erinnerte sich O'Sullivan. »Flachs wird aber nicht geschnitten, sondern gerauft.«

Etwas verlegen, die so uninformierte Irin verteidigen zu müssen, wies ich darauf hin, daß Bridey, obwohl sie auf dem Lande groß geworden sei, niemals behauptet habe, etwas von Landwirtschaft zu verstehen. Im Gegenteil, sie legte Wert darauf, als Städterin zu erscheinen. Sie hatte mehrfach betont, daß sie in Cork in einem hübschen »Holzhaus ... weiß ... zwei Stockwerke« gewohnt habe.

Das war wieder so eine Aussage, die gegen die Glaubwürdigkeit von Ruth Simmons' Rückerinnerung an ihr Bridey-Dasein zu sprechen schien. Nach übereinstimmenden Feststellungen mehrerer Fachleute waren Holzhäuser zu jener Zeit in Irland äußerst selten, da Bauholz auf der waldarmen Insel knapp und teuer war. Nur sehr wohlhabende Leute konnten sich ein Haus aus Holz leisten. Die Stadt Cork bestand fast ausschließlich aus

Stein- und Ziegelbauten. Aber hatte die um ihr Renommee besorgte Bridey nicht vielleicht gerade deswegen behauptet, in einem Holzhaus gewohnt zu haben? Wie viele von uns beschreiben ihre Kindheit als Paradies und ihr Elternhaus als Traumschloß! Warum also sollte man Bridey kein Holzhaus zubilligen?

Ihre Adresse in Cork soll »The Meadows« (»Die Wiesen«) gelautet haben. In Cork erhielt ich von allen städtischen Behörden, die ich nach einer Straße, einem Stadtviertel oder einem Vorort mit diesem Namen fragte, die Antwort: »Hat es nie gegeben!«

Und nun liegt, während ich dies schreibe, ein wunderbar detaillierter Plan von Cork vor mir, der 1801 von William Beauford entworfen wurde. Es geht daraus hervor, daß der westliche Stadtrand »The Mardike Meadows« genannt wurde. In diesem Gebiet sind sieben oder acht weit verstreute Gebäude eingezeichnet. War eines davon Brideys Holzhaus? Sie hatte gesagt: »Wir haben keine Nachbarn ... wohnen draußen vor dem Ort.«

Sonderbar, daß der Corker Stadtbibliothekar Dermot Foley und ich zahllose Quellenwerke durchforscht und Karten abgesucht hatten und uns »The Mardike Meadows« oder eine andere »Meadow« nicht aufgefallen war. Sie wurde erst entdeckt, als ich wieder zu Hause in Denver war und den alten Stadtplan meiner Frau zeigte. Nach einem kurzen Blick darauf sagte Lydia: »Schön, ich sehe, du hast diese ›Meadows‹ gefunden.«

»Was?« rief ich. »Wo denn?«

»Na, hier!« sagte sie, sichtlich erstaunt über meine Blindheit. Sie zeigte auf das Wort »Meadows«; es war gut einen Zentimeter lang.

Ich schrieb deswegen sofort an Mr. Foley und erhielt darauf zunächst die unvermeidlich negative Antwort, dieses jetzt bebaute Gelände sei »in den alten Tagen unter Wasser gewesen«, womit er wohl eine Art Überschwemmungsgebiet meinte. Doch dann schickte er einen Luftpostbrief hinterher, in dem es in der poetischen Sprache der Iren hieß:

»Was die ›Mardike Meadows‹ betrifft, so habe ich gerade einen Stich aus dem Jahre 1806 gesehen ... Die Felder an der Flußseite sehen aus wie ein Park, mit grasendem Vieh und einem solchen Ausdruck von ländlichem Frieden, wie man ihn nur in Shakespeares Land erwartet. Dichterische Freiheit, selbstverständlich, aber ein anziehender Platz, und ich möchte keinen tadeln, der glücklich jener Tage in den ›Meadows‹ nachsinnt. So ist die

Bridey-Theorie wieder einmal vorstellbar ...«
Obwohl Mr. Foley anerkennen mußte, daß »Mardike Meadows« tatsächlich existiert hatte und von den Anwohnern einfach »The Meadows» genannt worden sein mochte, schloß er als strenggläubiger Katholik seinen Brief doch mit der hartnäckigen Behauptung, daß »die ganze Sache irgendwie eine falsche Grundlage« habe.
Aus ihrer Kindheit in »The Meadows« im Jahre 1802 hatte Klein-Bridey berichtet, daß sie die Farbe von ihrem Metallbettgestell abgekratzt habe. Der in wenigen Tagen durch Irland hetzende Reporter der *Chicago Daily News* und die *Life*-Korrespondentin Ruth Lyman hatten darauf bestanden, ihren Erkundigungen zufolge seien eiserne Bettstellen in Irland nicht vor 1850 eingeführt worden.
Ich ließ diesen Punkt durch den Genealogen-Bibliothekar und Ex-Polizisten Basil O'Connell in Dublin untersuchen, der drei oder vier Antiquitätenhändler darüber befragte. Keiner von ihnen war in der Lage, eindeutig zu sagen, daß Metallbetten im Jahre 1802 nicht gebräuchlich waren. Aber sie stimmten gegen Brideys Aussage. Dermot Foley und ich kamen in Cork zu keinem anderen Ergebnis (womit gesagt sei, daß die befragten Corker, die wußten, daß Bridey dies behauptet hatte, gern annahmen, daß es Metallbetten in ihrer Kindheit nicht gegeben hatte).
Ich stieß jedoch zufällig auf William Makepeace Thackerays Beschreibung des knapp drei Meilen von der »Stadt« (Cork) entfernten Ursulinenklosters in Bladrock in seinem *Irish Sketch Book* von 1843. Er spricht von den »mit eisernen Betten ausgestatteten kahlen Räumen der Nonnen«. Ich habe das Wort »Stadt« hervorgehoben, denn über Brideys Äußerung, Cork sei zu ihrer Zeit eine lebhafte Stadt gewesen, haben viele irische Autoritäten gespöttelt; sie meinten, ein so unbedeutender Ort könne nicht als »*town*« bezeichnet werden. Doch der im Jahre 1842 schreibende Thackeray bezeichnete sie ebenso, wie er auch beiläufig von eisernen Betten sprach. Man beachte, daß er die eisernen Betten nicht sehr wichtig nimmt. Sichtlich berichtet er nicht über eine revolutionäre Erfindung. Er erwähnt sie mehr so, als wolle er sagen, daß die armen Nonnen, da sie nicht in der Lage waren, etwas Besseres zu kaufen, in diesen billigen Metalldingern schlafen mußten.
Und die *Encyclopaedia Britannica* führt an: »Eiserne Betten kamen in England im 18. Jahrhundert auf. Die Anpreisungen

empfahlen sie als frei von Ungeziefer, das die Holzbettstellen oft befalle.«

Zwischen Cork und englischen Häfen bestand regelmäßiger Schiffsverkehr. Warum sollte also Bridey zu Beginn des 19. Jahrhunderts kein Metallbettchen gehabt haben, das man leicht aus dem industrialisierten England hat einführen können!

Die *Life*-Korrespondentin hatte noch eine Reihe anderer Beweise gegen die Authentizität von Bridey Murphys Irland-Bild des frühen 19. Jahrhunderts vorgebracht, die mit einiger Mühe und Sachkenntnis zu entkräften waren.

Life schrieb zum Beispiel, daß Brideys Mann Brian MacCarthy zu der angegebenen Zeit (nach 1847) nicht an der Queen's University in Belfast Jurisprudenz gelehrt haben könne, da es damals noch keine Rechtsfakultät gab. Im übrigen habe die Lehranstalt bis 1908 Queen's College geheißen und erst danach Queen's University.

Ich fand folgendes heraus: Das Belfaster Queen's College gab jährlich einen gebundenen *Calendar* heraus, ein Mittelding zwischen Vorlesungsverzeichnis und Almanach. In dem Band für das Jahr 1862 (gedruckt bei Alexander Mayne, High Street, Belfast) stieß ich auf folgenden Text einer Verordnung der Königin Victoria:

»Wir ... an unserem Hof von St. James am neunzehnten Tag des Dezembers Eintausendachthundertfünfundvierzig, im neunten Jahre unserer Regierung ... befehlen ..., daß ein College für die Studenten der Kunst, des *Rechts* und der Physik errichtet werden soll ... welches *Queen's College, Belfast*, genannt werden soll ... « (Hervorhebung durch mich).

Gleichzeitig gründete die Königin die Colleges in Cork und Galway. Das Kollegium von Queen's College wurde ernannt und arbeitete während der folgenden Jahre, um die drei Institute in Gang zu bringen. Die ersten Studenten bezogen die Colleges am 30. Oktober 1849.

Dann dekretierte Victoria »am fünfzehnten Tag des Augusts Eintausendachthundertfünfzig, in dem vierzehnten Jahr unserer Regierung ... : Wir gründen ... *The Queen's College University in Irland* ... Wir ordnen an ..., daß die besagten Colleges hiermit zu Colleges unserer besagten Universität ernannt werden ... «

Mit anderen Worten: Es spricht absolut nichts dagegen, daß Brian am Queen's College, Belfast, einem Teil der Queen's University, seit 1850 gelehrt hat.

Wenn ich dies dennoch bezweifle, so deshalb, weil ich den Verdacht nicht loswerde, daß Bridey auch durch diese Erwähnung einer Lehrtätigkeit an der Universität die gesellschaftliche Stellung ihres Mannes aufwerten wollte. Man darf nicht vergessen, daß Bridey behauptete, Protestantin gewesen zu sein. Protestanten erfreuten sich im Irland des 18. Jahrhunderts gewisser Privilegien – oder nahmen sie sich heraus. Sie pflegten den englischen Lebensstil, bemühten sich, akzentfreies Englisch zu sprechen, und fühlten sich, auch wenn sie kaum vermögend waren, zum gehobenen Mittelstand gehörig. Kein Wunder, daß Bridey davon spricht, ihr Großvater habe nicht gälisch sprechen mögen, das »nur etwas für die Bauern« sei.
Es liegt insofern durchaus kein Widerspruch vor, wenn Bridey einmal Ausdrücke benutzt, die Kenner als »völlig unirisch« bezeichneten, und dann wieder gälische Wörter einfließen läßt, die das Kind von der Hausmagd, in der Schule oder sonstwo aufgeschnappt hat. Auch daß sie die genaue Bedeutung solcher Wörter manchmal nicht zu wissen scheint, ist nicht verwunderlich. Ein Kind plappert viel – und, wie jedermann weiß, nicht nur ein Kind –, ohne sich Gedanken darüber zu machen.
Und doch haben jene Bridey-Kritiker, die sie vor allem aufgrund des von ihr gebrauchten sonderbaren Vokabulars zu diskreditieren versuchten, sich viel öfter geirrt als die kleine Irin. Keineswegs haben »alle Gelehrten gelacht«, wie ein Reporter schrieb, als man ihnen eine Liste mit Brideys »irischen Brocken« vorlegte. Professor Seamus Kavanagh vom University College in Cork stellte »*tup*« in der Bedeutung »Holzkopf«, die Bridey dem Wort gab, in einem alten Wörterbuch fest. Ferner bestätigte er, daß »feine Damen« bis ins vorige Jahrhundert ihr Taschentuch »*linen*« nannten. Mr. Thomas Evans aus Richmond, Kalifornien, der 1879 in Carrick-on-Shannon (Irland) geboren wurde, versicherte mir, daß dieses Wort noch in seiner Kinderzeit gebräuchlich war.
Das von Bridey verwandte Wort »*brate*« ist schwieriger zu verifizieren. Mr. Sean Nugent aus Dublin schrieb dazu an Morey Bernstein, es könne sich hier eigentlich nur um die anglisierte Form des gälischen »*breach*« handeln, worunter man »einen altertümlichen Gegenstand verstand, mit dem Wünsche ausgebracht wurden«. Im Nationalmuseum Dublin werde ein »Breach Mordeagn« aufbewahrt. Mr. Basil O'Connell zeigte mir einen solchen Becher, den sein Vater von seinem Regiment als Geschenk erhalten hatte und der speziell zum Ausbringen

von feierlichen Toastsprüchen bestimmt war.
Jener Mr. Nugent, der uns auf diese Spur brachte, schrieb übrigens an Bernstein auch noch folgendes:
»Kein Lebender oder Toter hätte Brideys Geschichte schreiben können. Ein Professional hätte des Guten zuviel getan. Ihre Geschichte entspricht genau jenem schwierigen Lebenslauf in Irland, wenn Protestanten der zweiten Generation in eine katholische Familie heiraten.«
In diesem Zusammenhang möchte ich nochmals auf den oft beanstandeten Begriff die oder der »Orange« zurückkommen. Im Unterschied zu der *Life*-Korrespondentin kann ich mich an niemanden in Irland erinnern, der die spöttische Bezeichnung »Orange« für eine »Orangewoman« oder einen »Orangeman« in Frage gestellt hätte. Ein Amerikaner irischer Abkunft bestätigte, daß man in seinem Bekanntenkreis noch heute fanatisch-protestantische Nordiren kurz »Orangen« nenne.*
Aber kehren wir zurück zu den »irischen Brocken«. Man hat eingewandt, »*lough*« könne nur »See« bedeuten, aber nicht auch »Fluß« oder ein anderes Gewässer. Das mag für das heutige Irisch zutreffen. Was die einstige Bedeutung betrifft, so muß man sich Brideys etwas komplizierte Aussage zu diesem Punkt vergegenwärtigen, um der Sache auf den Grund zu kommen. Sie gibt an, ihr Mann Brian habe »*lough*« wie »*lock*« ausgesprochen, ihre Mutter dagegen so, als ob es sich auf »*plough*« (Pflug) reime. Das *Oxford English Dictionary* (1933) gibt an, daß die anglo-irische Form von »*lough*« einst »*lowe*«, »*logh*« oder »*low*« war und »See, Loch, Fluß, Wasser« bedeutet habe.
Man zweifelte sogar daran, daß Bridey schon die heute so beliebten »*muffins*« (flache, runde Semmeln) gegessen haben könne. Tatsache ist, daß es sie auf den Britischen Inseln schon lange vor ihrer Zeit gab. In der Literatur des 18. Jahrhunderts stößt man häufig auf »*moofins*« und »*muffings*«. Wer es nicht glaubt, mag sich bei mir nach den Quellen erkundigen.
Und was hatte es mit »etwas Schwarzem« auf sich, der Krankheit, an der Brideys jüngerer Bruder angeblich gestorben ist? Schwarz (»*black*«) war für die Iren der unteren Bildungsschicht und für die Kinder alles, was böse erschien. Das »Schwarze« (oder »Böse«) ist demnach nichts anderes als eine schlimme Krankheit, die Bridey nicht genau benennen kann oder die auch gar nicht genau diagnostiziert worden ist.

* Vgl. Seite 212.

Man hat sich nicht wenig darüber mokiert, daß Bridey auch typisch amerikanische Ausdrücke verwendet hat. Sie aß »*candy*« und nannte den Dichter Keats einen »*Britisher*«. Zugegeben, diese Worte klingen aus dem Munde Bridey Murphys seltsam, sie sind einfach anachronistisch. Vergessen wir aber doch nicht, daß es Ruth Simmons ist, die sich in Trance daran erinnert, wer sie früher war. Auch im Tiefschlaf hört sie – glücklicherweise! – nicht auf, die Amerikanerin Mrs. Simmons zu sein. Ihre Sprache, ihr Denken »färbt« die Darstellung der in ihr reinkarnierten Bridey Murphy genauso wie die Rückerinnerung an ihre eigene Kindheit als Ruth Mills. Das Merkwürdige ist also gewiß nicht, daß Ruth alias Bridey Amerikanismen verwendet, sondern daß sie plötzlich mit irischem Akzent oder gar gälisch spricht.
Die idiomatischen Unterschiede zwischen amerikanischer, englischer und irischer Schreibweise und Aussprache mögen die Ursache sowohl für phonetische Unstimmigkeiten bei Bridey als auch für akustische Irrtümer bei den Zuhörern sein. Es beginnt schon damit, daß die Iren den Kosenamen für Bridget stets *Bridie* schreiben und nicht *Bridey* wie die Engländer. Bridey selbst sind diese Diskrepanzen vielleicht nie so recht bewußt geworden. Schließlich nahm man es in der ersten Hälfte des vorigen Jahrhunderts ganz allgemein mit der Orthographie noch nicht sehr genau. Und wenn wir heute nach vielen Örtlichkeiten und lokalen Begriffen vergeblich suchen, so mag das nicht zuletzt daran liegen, daß Bridey sie auf ungewöhnliche Weise ausgesprochen und buchstabiert hat oder daß wir Bridey einfach falsch verstanden haben.
Es gab um 1815 in Cork mindestens vier Mädchenschulen bzw. kleine Pensionate mit weiblichen Leiterinnen, aber es ließ sich nicht ermitteln, ob auch »Mrs. Strayne's Internat« darunter war, das Bridey besucht haben wollte. Möglicherweise war es eine allzu kurzlebige Einrichtung oder keine Schule, sondern nur ein privates Unterrichtskränzchen für junge Mädchen.
Genau lokalisierbar, also existent, sind die meisten Orte, die Bridey erwähnt. Die Mehrzahl liegt in Nordirland – Carlingford, Mourne, the Glens, Foyle usw. –, wo Bridey als Erwachsene lebte. Von südlicher gelegenen Orten kann sie nur wenig sagen, was gut verständlich ist, da sie ja nach ihrer Aussage nur zwei Reisen in ihrem Leben gemacht hat: eine als Kind von Cork nach Antrim und die andere, ihre Hochzeitsreise, von Cork nach Belfast.

Alle, die die Schluchten *(»glens«)* von Antrim kennen, sind sich darüber einig, daß Brideys Beschreibung »überzeugend richtig« war, wie selbst *Life* zugeben mußte. (»Da sind Klippen ... das Wasser fließt, kleine Ströme rauschen eilig hinunter und bilden ... graben sich schmale Bachbetten durch den Grund, um das Meer zu erreichen ... ganz weiße Klippen ... «)
Interessant fanden einige Brideys Hinweis auf »*black ballast*« und sahen darin eine typisch irische Verballhornung des Wortes »*basalt*« für die dort vorherrschende Gesteinsart.
Äußerst aufschlußreich war auch Brideys Erwähnung von Bailings Crossing und Doby – zwei Plätze, an die sie sich im Zusammenhang mit ihrer Hochzeitsreise zu erinnern glaubte. Wenn es auch viele Orte mit der Vorsilbe Baili-, Bali- oder so ähnlich gibt, vermutete ich, daß am ehesten die Straßenkreuzung Bailies Cross in der Grafschaft Cavan in Frage käme, wo eine englische Familie namens Bailie residierte. Was mich in dieser Annahme bestärkte, war die Tatsache, daß etwas nördlich davon, im Gebiet von Cootehill (Monaghan), die Überreste eines Dorfes zu finden sind, das Dopy hieß. Es lag am alten Fuhrweg nach Carlingford.
Zu dieser Frage erhielt ich nach einer Sendung im Rundfunksender Dublin über meine Nachforschungen drei Zuschriften, die unabhängig voneinander übereinstimmend den Ort Dovea bei Thurles in der Grafschaft Tipperary als Brideys Doby vorschlugen.
Mr. Raymond Smith, Redakteur des *Tipperary Star*, begründete die Vermutung folgendermaßen: »Dovea liegt ungefähr fünf Kilometer von Thurles entfernt. Früher führte eine Straße durch das gutbekannte Dovea. Bridey Murphy könnte auf ihrer Reise von Cork nach Belfast hier durchgekommen sein.«
Mr. C. G. N. Stanley, Dekan von Lismore, schrieb: »In Dovea wohnte eine Familie Trant MacCarthy. Vielleicht handelt es sich hier um mehr als eine nur zufällige Namensgleichheit.«
Wie man weiß, wählten Reisende, die nicht die öffentlichen Verkehrsmittel, also in der Regel die Postkutsche, benutzten, Straßen, auf denen sie, selbst wenn es nicht die kürzesten Verbindungen waren, am Abend zur Rast bei Verwandten und Freunden einkehren konnten. Vielleicht fuhr das junge Paar Brian und Bridey MacCarthy deshalb über Dovea. Aber das ist natürlich nur eine romantische Spekulation.
Unauffindbar blieb die Dooley Road, in der Bridey in Belfast gewohnt haben will. Sie war auf keiner Karte und in keinem

Archiv eingetragen. Wie ich erfuhr, war es früher in Irland eine Gewohnheit, kurze Straßen und Gassen mit dem Namen der Familie zu bezeichnen, die an ihrem Ende zur nächsten größeren Straße hin wohnte, oder die sich hier als erste niedergelassen hatte oder der überhaupt der Grund und Boden gehörte. Ebenso konnte die Straße aber auch nach einer Kneipe oder einem Kaufladen genannt werden. Solche »Spitznamen« waren den Leuten im Stadtviertel zwar allgemein bekannt, wurden aber nicht in den offiziellen Plänen vermerkt.
Dasselbe traf, wie wir schon hörten, für Kirchen zu. Ungewiß ist, ob es schon vor der heutigen, im Jahre 1911 erbauten St.-Theresa-Kirche eine andere dieses Namens in Belfast gab. War dies der Fall, so mußte es sich um eine nur mündlich überlieferte Bezeichnung handeln. Es gibt auch heute noch in Irland und auch anderswo Kirchen, deren volkstümlicher Name ganz anders lautet als der offizielle. Andererseits liegt hier die Vermutung nahe, daß Bridey sich einfach geirrt hat und die Namen von Gotteshäusern in ihrer Bridey-Murphy-Existenz und ihrem Leben als Ruth Simmons durcheinandergebracht hat. Das ist zwar hinsichtlich unserer Beweisaufnahme sehr bedauerlich, aber nicht mehr als einer jener allzu menschlichen Irrtümer, die jedem von uns schon passiert sind.
Da Bridey behauptet hatte, die Theresa-Kirche habe am »*main way*« gelegen, sagte man mir mehrfach, die Kirche habe wahrscheinlich gar nicht in Irland gestanden, denn »*main way*« sei nicht typisch irisch. Als ich jedoch in dem nordirischen Städtchen Armagh nach dem Weg ins Zentrum fragte, sagte mir ein Verkehrspolizist: »Fahren Sie nur immer weiter geradeaus, folgen Sie einfach dem ›*main way*‹!« – Wieder ein Beispiel dafür, daß in Irland offenbar nicht überall »typisch irisch« gesprochen wird.
Daß es die Kaufläden von Carrigan und von Farr, die Bridey erwähnt hatte, zu ihrer Zeit tatsächlich in Belfast gab, war Morey bereits durch einen dortigen Archivar bestätigt worden. Weniger Glück hatte ich mit Cadenns House, wo Bridey angeblich »Damenkleidung« eingekauft hatte. Wer war Cadenn? In den Adreßbüchern pflegten, wie gesagt, nur die Besitzer, nicht aber die Pächter von Geschäften eingetragen zu werden.
Ich glaube, die Verifizierung der von Bridey genannten Eigennamen scheiterte oft tatsächlich schon an der undeutlichen Aussprache oder falschen Buchstabierung. Für diese Annahme spricht, daß Bridey auch die Namen bekannter Gestalten aus der

irischen Sage und Dichtung teilweise nicht korrekt aussprach - besser gesagt, bemüht war, sie englisch statt irisch auszusprechen, zum Beispiel Deirdre und Cuchulainn. Hier ließ sich schnell ermitteln, welche Figur sie jeweils meinte, und es zeugt nur für Brideys englisch-protestantischen Snobismus, daß sie sich so gebildet wie irgend möglich ausdrücken wollte und dabei – wie es so oft vorkommt – des Guten zuviel tat.
Wie Morey Bernstein selbst berichtet hat, konnte nachgewiesen werden, daß Bridey die Sagen um Deirdre und Cuchulainn in der Version, die sie uns erzählt hat, wirklich von ihrer Mutter oder jemand anderem gehört haben kann. Nicht ganz geklärt ist der »Morgen Jig«. In Irland erfuhr ich von verschiedenen Seiten, daß es Tausende von solchen Jigs gibt, und nur ein kleiner Teil sei schriftlich fixiert worden. Miß Louise Steindel aus St. Louis, Missouri, konnte mir zwei Jigs nennen, die mit dem Morgen zu tun haben: *How She Got up in the Morning* und *Up in the Morning Early* (»Wie sie am Morgen aufsteht« und »Aufstehen am frühen Morgen«). Die Dame sandte mir ein altes Buch (ohne Publikationsdatum) mit Texten schottischer und irischer Jigs. Ob einer der Morgen-Jigs, wie Ruth-Bridey es vormachte, mit einem Gähnen abschloß, ging daraus nicht hervor.
Eine andere Dame teilte mir mit, sie könne sich gut daran erinnern, daß ihre Eltern noch den »Sorcerer's Jig« getanzt haben und beschrieb die Tanzschritte ganz genau – für den Fall, daß ich den Tanz erlernen wollte. Vielleicht schreibt uns eines Tages ein Leser dieses Buches, daß er das Liedchen *Father's Girl 's a Dancing Doll* kenne, das Bridey gesungen hat. Alles spricht dafür, daß es dieses Lied wirklich gegeben hat. Das gleiche gilt für das Spiel »Fancy«, das Bridey mit ihrem Bruder gespielt hat und an dessen Spielregeln sie sich noch erinnert. Merkwürdigerweise hat bisher auch niemand Brideys Tischgebet wiedererkannt, obwohl es so hübsch und originell ist, daß jeder, der es einmal gehört hat, es kaum mehr vergessen kann. Es lautet:

Bless this house in all the weather,
Keep it gay in the springy heather,
Bless the children, bless the food,
Keep us happy, bright and good.

Es kann allerdings sein, daß ein Familienmitglied diese Verse gedichtet hat oder ein Nachbar oder Father John Gorman. Dann verliefe diese Spur natürlich im Sande. Auszuschließen ist indessen, daß Ruth/Bridey dieses gereimte Gebet unter Hypnose extemporiert, das heißt spontan erfunden hat.

Brideys Erwähnung und Aussprache der »Uilleann-Pfeifen« ist ein wichtiger Punkt. Nur wenige Menschen außerhalb Irlands wissen, daß der Ton dieses Instruments, das für Hausmusik und feierliche Gelegenheiten gedacht war, weich und süß ist und daß es (ungleich den kriegerischen Dudelsackpfeifen der schottischen Regimenter) nur von einem sitzenden Musikanten gespielt werden konnte. Das Wort »*uilleann*« will sagen, daß das Instrument gespielt wird, indem man es unter den Ellbogen quetscht. Daß es, wie Bridey erzählt, auch bei Beerdigungen gespielt wurde, ist verbürgt.

Eine weitere Besonderheit, die Bridey kaum irgendwo gelesen oder aufgeschnappt haben kann, da sie nur wenigen Fachleuten bekannt sein dürfte, ist die beiläufige Erwähnung, daß man wegen eines Buches zu einem »Verleiher« gehen konnte. Buchhandelsexperten hatten zunächst bestritten, daß es in Irland Anfang des 19. Jahrhunderts schon Leihbüchereien gegeben habe. In Belfast bestätigte man mir indessen, daß die dortige Linen Hall Library schon seit 1788 Bücher ausgeliehen habe.

Korrekt ist auch folgende Erinnerung Brideys: Im Zusammenhang mit ihrer katholischen Eheschließung erzählt sie von ihrem Aufgebot: »Da stand *alles* über uns geschrieben ... woher wir stammten ... wieviel Geld wir besaßen ... einfach alles ... jeder aus der Familie, der irgend einmal gehängt worden war. Sie wissen ja!«

Das ist geschichtlich erhärtet. Weniger die Kirche als die Vertreter der Krone forderten diese Art öffentlicher Darlegung der Familienverhältnisse von Brautleuten. Es war eine Polizeimaßnahme, um »die Spur der rebellischen Katholiken« festzuhalten, und das Gesetz verlangte buchstäblich die Angabe, ob in der Familie jemand gehängt bzw. hingerichtet worden sei und den Grund für die Verurteilung.

Auch Brideys Bericht von der Kindergesellschaft an ihrem siebenten Geburtstag hat den Klang der Wahrheit, und zwar nicht zuletzt wegen einer kleinen Einzelheit. Von dem Hausmädchen erzählt Bridey: »Mary war da ... sie besorgte die Küche.« Und dann gibt sie auf Befragen zu, daß sie nicht wußte, wie Mary mit Nachnamen hieß. Mehrere Personen in Irland kommentierten dies mit den Worten: »Typisch! In jedem Haus gab es die unvermeidliche Mary, die für die Küche zuständig war – und niemand wußte, wie sie eigentlich mit Nachnamen hieß. Man konnte denken, sie habe gar keinen.«

Es ist natürlich auch denkbar, daß Bridey Marys Nachnamen deshalb nicht zu nennen wußte, weil die Murphys gar kein Dienstmädchen hatten und diese Mary eine der Ausschmückungen war, mit denen Bridey eine gehobene soziale Position ihrer Familie glaubhaft machen wollte. Das scheint nun einmal ihre Schwäche gewesen zu sein, obwohl auch dies nur eine Vermutung ist und bisher nicht bewiesen werden konnte.
Es spricht jedoch, wie schon mehrmals hervorgehoben wurde, einiges für diese Annahme, unter anderem auch die von ihr angegebene »vornehme« Schreibweise des Namens ihres Mannes: MacCarthy (statt wie üblich McCarthy). In den alten Adreßbüchern waren alle Träger dieses Namens unter M'Carthy eingeordnet, und da alle offiziellen Register von der britischen Verwaltung angelegt worden waren, hatte man die irischen Vornamen anglisiert. Aus »Sean«, dem ersten Vornamen von Brideys Gatten, wäre auf diese Weise ein »John« geworden.
Das Belfaster Adreßbuch von 1858/59 weist einen John M'Carthy in der Fleet Street 46 auf; er erscheint in der Ausgabe von 1861/62 wieder unter der Anschrift York Street 259 und mit der Berufsangabe »Buchhalter«.
Man wird sich daran erinnern, daß Morey Bernstein während der letzten Hypnosesitzung von einer Liste die Namen einer Reihe von Firmen ablas, die er aus einer Nummer der *Belfast News-Letter* irgendwann aus dem Jahre 1847 exzerpiert hatte, um Bridey zu weiteren detaillierten Erinnerungen an die berufliche Tätigkeit ihres Mannes anzuregen. (Selbstverständlich verriet er nicht den Zweck dieser Namensnennungen.)
Als er John Craig, Eisenwarenhandlung, erwähnte, fragte Bridey: »Haben Sie etwa in Brians Büchern nachgeschaut?«
Und kurz darauf: »Ich weiß genau, daß es eine große Tabakfabrik in Belfast gibt ... sie steht auch in Brians Büchern.«
Und als sie von Cadenns House sprach, sagte sie verlegen: »Brian war für Leute tätig ... Es gab Geschäfte, in denen er einkaufen mußte, weil er bestimmte Abmachungen ... weil er Geld bei den Inhabern guthatte.«
Ich möchte meinen, daß ein *»barrister«* (also ein am Hohen Gericht zugelassener Anwalt, im Gegensatz zu einem *»solicitor«*, der nur bei den Amtsgerichten der Provinz akkreditiert war), der Brian ja gewesen sein soll, zu hochstehend war, um selbst buchzuführen. Diese untergeordnete Arbeit wäre einem seiner Angestellten, einem »Schreiber«, zugekommen. Viel wahrscheinlicher ist, daß Sean (John) Brian M'Carthy ein frei-

beruflicher Buchhalter war, der für mehrere Unternehmen arbeitete, für die Tabakfabrik, für Cadenns House und möglicherweise sogar für das Queen's College. Und ich glaube auch nicht, daß Brideys Vater Rechtsanwalt war; er war eher Landwirt.

Hätte sich Bridey nur nicht so sehr bemüht, Eindruck auf uns zu machen – ich hätte gewiß viel mehr von dem, was sie erzählt hat, bestätigt gefunden.

Immerhin behielt Bridey absolut recht in wenigstens zwei Dutzend Punkten, über die sich Ruth Simmons in den USA nicht offiziell oder gar insgeheim hätte informieren können, selbst dann nicht, wenn sie sich systematisch Jahre hindurch mit dem Studium entlegener Fakten aus dem Irland des 18. und 19. Jahrhunderts befaßt hätte. Vor allem aber hätte sie diese Kenntnisse nicht aus irischen Sagenbüchern und durch Erzählungen von Verwandten und Bekannten erwerben können. Hätte sie überhaupt Detailangaben aus diesem Gebiet und dieser Zeit gesammelt, um sie uns als Bridey Murphy aufzutischen, dann hätte sie in ihrem eigenen Interesse relativ leicht nachprüfbare Daten zum besten gegeben. Hätten die Hypnose und suggestive Befragung längst vergessene Erinnerungen an Eindrücke aus Ruths Kindheit ans Licht gebracht (Kryptomnesie), so hätten sich die Quellen dieser Eindrücke ohne allzu große Mühe ausfindig machen lassen. Sämtliche in diese Richtung zielenden Behauptungen der »Bridey-Murphy-Entlarver« erwiesen sich jedoch, wie sich noch zeigen wird, als leichtfertige Spekulation, wenn nicht sogar als Schwindel.

Wären auch noch weniger Details aus Brideys Erzählungen, als es der Fall ist, verifizierbar, so bliebe doch ein anderes Faktum, das dem ganzen Phänomen Wahrhaftigkeit verleiht: Während der sechs Hypnosesitzungen wandelte sich Brideys Stimme jedesmal auf subtile Weise entsprechend der Altersstufe, in die sie zurückversetzt wurde, und der irische Tonfall, in dem sie sprach, war für jeden, der einmal wirklich echte Iren reden hörte, überzeugend. Bridey lieferte nicht etwa den forcierten irischen Akzent der »Berufsiren« in den Staaten; in ihren raschen Antworten ist keine Spur von »Bühnen-Irisch«. Nein, wenn man das gesamte Material von und über Bridey im Zusammenhang sieht, stellt man fest, daß es das Signum der Wahrheit hat – was immer diese Wahrheit letztlich bedeuten mag.

Die Entlarvung der »Bridey-Entlarver«

Kurze Zeit nachdem in mehr als fünfzig Zeitungen meine Artikelserie mit den Ergebnissen meiner dreiwöchigen Suche nach Bridey Murphy in Irland erschienen war, läutete an der Haustür des Ehepaars Simmons in Pueblo ein gewisser Reverend Wally White. Er stellte sich Ruth, die ihm öffnete, als Pfarrer vom Chicago Gospel Tabernacle vor und sagte, daß er für sie beten werde. Ruth hatte den Geistlichen nie zuvor gesehen, doch die Kirche, die er nannte, war ihr bekannt. Dort hatte sie in ihrer Kindheit die Sonntagsschule besucht.
Reverend White behauptete keinesfalls, Mrs. Simmons aus ihren Jugendtagen zu kennen. Seinen Fragen war zu entnehmen, daß er über sie und ihre in Chicago verbrachten Jahre praktisch nichts wußte. In der Bildzeitung *American*, die zur Hearst-Presse gehört, las es sich dann allerdings so, als wäre Reverend White der Seelsorger ihrer Jugend gewesen und habe aufgrund dessen Wesentliches zur Entlarvung der Bridey-Murphy-Geschichte beizutragen. In Wahrheit war er zu Ruths Chicagoer Zeit noch gar nicht an dieser Kirche tätig, und es ging ihm auch nicht speziell um das Seelenheil eines ehemaligen Gemeindekindes, sondern einzig und allein darum, »die Reinkarnation zu entlarven, weil sie einen Angriff auf die anerkannten religiösen Glaubenslehren darstellt«. Aus dieser Überzeugung deckte er mit seinem Namen und seiner Würde eine Enthüllungsstory, die auf geradezu lächerliche Argumente, auf Unterstellungen und teilweise sogar auf puren Schwindel aufgebaut war. Viele Blätter druckten die Sache nach, und dank ihrer ungeheuren Verbreitung gelang es der Hearst-Presse, die öffentliche Meinung gegen den Fall Bridey Murphy einzunehmen und Ruth Simmons sowie Morey Bernstein in den Ruf von Ignoranten und Betrügern zu bringen.
Nur halbwegs mit den realen Fakten des Falls Vertraute waren in der Lage, die unüberbietbare Naivität der »Enthüllungen« im *American* und die Absicht dieser Kampagne zu durchschauen.
Enthüllung Nr. 1: Ruth Simmons habe als junges Mädchen eine Zeitlang mit einer Tante namens Mrs. Marie Burns zusammengewohnt, die »so irisch war wie die Seen von Kilkenny«, und diese Mrs. Burns habe Ruth »mit Erzählungen aus Irland ergötzt«.

Tatsache: Jene »Tante Marie« war zwar schottisch-irischer Abstammung, aber schon in New York geboren worden. Sie verbrachte den größten Teil ihres Lebens in Chicago. Als Ruth Simmons achtzehn Jahre alt war, hatte die Tante eine Zeitlang bei ihnen gewohnt. Ruth konnte sich gut daran erinnern. Sie sagte: »Wenn mich Tante Marie mit Geschichten aus Irland ›ergötzt‹ hätte, würde ich das noch wissen. ›Irland‹ war bei uns zu Hause nie ein Gesprächsthema.«
Insofern hatte der *American* völlig recht, wenn er behauptete, Mrs. Burns sei »so irisch wie die Seen von Kilkenny«. In der Grafschaft Kilkenny gibt es nämlich gar keine Seen! Wie man sieht, stimmten nicht einmal die symbolischen Vergleiche des *American!*
Enthüllung Nr. 2: Ruth Simmons sei als Kind eine begabte Tänzerin gewesen und habe »schon früh Unterricht in Sprechkunst erhalten«. Unter den Vortragstexten, die sie habe lernen müssen, seien auch »komplizierte irische Dialektgedichte« gewesen, zum Beispiel *Mr. Dooley on Archey Road.* Ferner habe sie den irischen Jig tanzen gelernt.
Tatsache: Ruth Simmons hatte als Backfisch einige Rezitationsstunden. Sie sagte dazu: »1935 oder 36 wohnte im gleichen Haus wie eine meiner Tanten eine wohlhabende Dame, die aus Spaß einer kleinen Gruppe von Kindern Rezitationsunterricht gab. Als ich zwölf oder dreizehn Jahre alt war, ging ich an bestimmten Tagen nach der Schule zu ihr. Sie hieß Mrs. Saulnier. Ich fürchte, ich war nicht sehr begabt für das Gedichteaufsagen; ich ging auch nicht lange hin und kann mich heute nicht mehr daran erinnern, was sie uns eigentlich beigebracht hat. – Und was die Jigs betrifft, die ich angeblich gelernt habe ... Ich kann nur sagen, meine Tänze hießen Black Bottom und Charleston.«
Bob Byers von der *Denver Post* machte jene Mrs. Saulnier ausfindig. Sie erklärte ihm etwas verlegen, daß Ruth Mills (die spätere Mrs. Simmons) wohl ein paarmal bei ihr gewesen sei, »doch ist sie mir nicht besonders aufgefallen, sonst würde ich mich genauer an sie erinnern«. Ganz sicher war Mrs. Saulnier dagegen, daß sie mit ihren Schülern nie ein Gedicht mit dem Titel *Mr. Dooley on Archey Road* oder so ähnlich eingeübt habe. Sie konnte sich auch nicht erinnern, jemals irische Dichtung behandelt zu haben.
Enthüllung Nr. 3: Es seien auffällige Parallelen zwischen Gegebenheiten in Ruths Kindheit und Brideys Schilderungen aus ihrem Leben festzustellen. Zum Beispiel habe Ruth in jungen

Jahren in einem weißen Fachwerkhaus in Madison, Wisconsin, gewohnt. Bridey gab an, sie habe als Kind in einem weißen Haus, einem Holzhaus, gelebt. Weniger als vier Kilometer von Ruths Elternhaus in Madison entfernt lag ein Park an einem Seeufer. Auf einer Wiese *(»meadow«)* in diesem Park habe Ruth oft gespielt. Bridey gab an, ihre Adresse in Cork habe »The Meadows« gelautet. Und schließlich: »Ruth hatte einen jüngeren Bruder, der tot geboren wurde. Bridey gab an, ihr Bruder sei an ›etwas Schwarzem‹ gestorben, als sie vier Jahre alt war.«
Tatsache: Zum letzten Punkt erwiderte Ruth empört: »Ich habe nie einen jüngeren Bruder gehabt. Was die Chicagoer Zeitung da schreibt, ist einfach grotesk.« Offenbar fanden selbst die Hearst-Reporter diesen ihrem Opfer angedichteten Bruder zu unglaubwürdig, denn in den zahlreichen Nachdrucken der »Enthüllungen« fehlte diese Behauptung.
Zu den anderen »Parallelen« sagte Ruth: »Wir zogen von Madison weg, als ich drei Jahre alt war. Ich habe keine bewußten Erinnerungen an diese Zeit. Heute wohnen wir auch in einem weißen Haus; aus Holz ist es natürlich nicht. Sind nicht die meisten Häuser weiß?« Und das gleiche gilt auch für die nächste »Parallele«: Hat nicht jedes Kind, das nicht gerade in Großstadt-Slums aufgewachsen ist, oft und gern auf einer Wiese gespielt? In der Tat waren die angeblich auffälligen Übereinstimmungen so allgemeiner Natur, daß sie nahezu auf jeden Amerikaner – wie auch auf jeden Iren – zutreffen konnten.
Bevor ich auf einen gravierenden Vorwurf eingehe, kann ich es mir nicht verkneifen, auch noch die naivste Übereinstimmung zwischen Ruth und Bridey zu nennen, die der *American* seinen Lesern allen Ernstes auftischte.
Wie wir wissen, mußte Ruth Simmons während der vierten Hypnosesitzung plötzlich niesen und bat danach um ein *»linen«*. Eine Freundin aus Ruths Mädchenjahren, die von der Chicagoer Bildzeitung nur »Ann« genannt wurde, erklärte dazu mit bedeutungsschwangerer Stimme: »Wenn jemand kräftig niesen konnte, dann war es Ruth.«
Kommentar überflüssig.
Enthüllung Nr. 4: Gegenüber dem Haus, in dem Ruth in Chicago lebte, habe eine Mrs. Anthony Corkell gewohnt, die aus Irland stammte – und diese Frau sei eine geborene Bridey Murphy gewesen! Von ihr habe sich Ruth über Irland erzählen lassen und von ihr auch den Namen für ihre »Figur« entlehnt.
Tatsache: »Ja, ich kann mich erinnern, daß uns gegenüber eine

Mrs. Corkell wohnte«, sagte Ruth Simmons dazu, »aber ihren Vornamen oder gar ihren Mädchennamen kannte ich mit Sicherheit nicht. Ich habe manchmal mit den Kindern von Mrs. Corkell gespielt; mit ihr selbst habe ich, soviel ich weiß, nie gesprochen.«

Bob Byers, mein Kollege von der *Denver Post*, wollte dieser ein bißchen heißer erscheinenden Spur nachgehen und bat Mrs. Corkell um ein kurzes Interview. Es wurde ihm verweigert. Ihr Gemeindepfarrer konnte Byers bestätigen, daß Mrs. Corkell Bridie mit Vornamen heiße; ihren Mädchennamen kannte er nicht. Bevor Byers weitere Nachforschungen anstellte, erfuhr er, daß der Sohn dieser Frau, Mr. John Corkell, Redakteur beim *American* war, also bei der Bildzeitung, die diese »Enthüllungen über Bridey Murphy« veröffentlicht hatte. Ferner fand er im Chicagoer Telefonbuch nicht weniger als acht Eintragungen »Murphy, Bridget«. Wer weiß, wieviel Bridget (Bridey) Murphys allein in Chicago lebten! Man kann annehmen, mehr als zwei Dutzend. Eine Bridey MacCarthy (oder McCarthy) fand Byers indessen nicht eingetragen und auch keinen anderen Namen aus Bridey Murphys Familie und Bekanntenkreis.

Ist es schon in Anbetracht der Häufigkeit des Namens Bridey Murphy reine Theorie, Mrs. Corkell als das Namensvorbild für Ruths Bridey Murphy anzunehmen, so macht die folgende Feststellung jede Spekulation, Ruth könne ihre Informationen über das alte Irland von jener Frau haben, völlig zunichte: Mrs. Corkell stammte aus der Grafschaft Mayo im Mittelwesten Irlands, Bridey Murphy stammte aus Cork im äußersten Süden der Insel und lebte später in Belfast, also im Nordosten. Nur wenn Mrs. Corkell in ihrer Jugend in Irland viel herumgereist wäre und Einzelheiten über Gemeinden, die weit weg von Mayo entfernt liegen, erfahren hätte, wäre sie imstande gewesen, direkt oder indirekt, etwa auf telepathischem Wege, Ruth Simmons die Kenntnisse zu übertragen, die diese als Bridey besaß. Es wäre allerdings äußerst ungewöhnlich, wenn sich das kleine Mädchen, das später Mrs. Corkell wurde, ausgerechnet für solche spitzfindigen und für jedes Kind langweiligen Details aus dem irischen Leben zu Anfang des 19. Jahrhunderts interessiert hätte, wie Bridey Murphy sie zum Teil berichtete. Andererseits hatte Bridey kein Wort davon erwähnt, daß sie jemals in der Grafschaft Mayo war oder jemand von dort gekannt habe.

Ich könnte mit dem Zerpflücken der »Enthüllungen« des *American* noch eine Weile fortfahren, doch käme nichts anderes dabei heraus als das, was bereits jetzt, wie ich meine, klar zu erkennen ist, nämlich, daß es sich hier um aus der Luft gegriffene oder an den Haaren herbeigezogene Erklärungen des Bridey-Phänomens handelt, die einzig und allein darauf abzielten, die ganze Sache als Schwindel abzutun – oder bestenfalls als irrelevantes Ergebnis zweifelhafter Hypnose-Experimente gelten zu lassen. Und mit dem Hinweis auf die vage Möglichkeit solcher finsteren Experimente übergab man das Richtschwert den Medizinern und Psychologen, die sich alsbald in verschiedenen Zeitschriften sozusagen auf höherer Ebene zu Wort meldeten.
Der Öffentlichkeit wurde weisgemacht, »die Wissenschaftler« nähmen die Bridey-Murphy-Phänomene in Bausch und Bogen nicht ernst. Daß dies nicht den Tatsachen entsprach, und vor allem, daß es »die« Wissenschaftler als eine Berufsgruppe von Gleichgesinnten nicht gibt und nie geben wird, war wohl nur einem kleinen Prozentsatz von *American*-Lesern bekannt. Die Wahrheit ist, daß der Fall Bridey Murphy eine hitzige Kontroverse auch unter den Fachwissenschaftlern auslöste und auf der Pro- wie auf der Kontra-Seite Namen von Rang standen. Die Hauptmacht im Lager der Gegner bildeten die Psychoanalytiker, die Bridey Murphy dadurch ad absurdum zu führen versuchten, daß sie ihre »Schöpfer«, also Morey Bernstein und Ruth Simmons, analysierten.
Die Ergebnisse dieser Fern-Psychoanalyse – denn keiner der Psychologen hatte einen der beiden »Patienten« jemals persönlich gesehen – wurden in einem von Dr. Milton V. Kline herausgegebenen *Scientific Report* veröffentlicht, der, nach der Meinung der Beiträger, »das letzte Wort«, über den Fall darstellen sollte – praktisch also das Todesurteil über Bridey Murphy und das wissenschaftliche Verdammungsurteil über Bernstein.
Was jedem objektiven Leser dieser psychologischen Gutachten auffallen mußte, war ihre unwissenschaftlich aggressive Diktion und die Fahrlässigkeit in den Schlußfolgerungen über Vorgänge und Personen, die die Verfasser nur aus mehr oder weniger seriösen und spektakulären Zeitungsberichten kannten! Eine Psychologin namens Margaretta K. Bowers kam zu der Diagnose, daß »Morey eine Todesfixierung und den Wunsch nach Allmächtigkeit habe, die wohl einem Gefühl der Schwäche in bezug auf die Vaterfiguren in seinem Leben entstammen – Morey ersehnt offenbar die ›selige See‹ durch die telepathische,

hypnotische Einheit mit (und in ?) einer Bridey, die in der Astralwelt schwebt. Dies könnte sehr wohl das wirkliche Motiv für seine Experimente sein.«

Da Mrs. Bowers das Objekt ihrer Analyse stets freundschaftlich beim Vornamen nannte, sollte man glauben, daß sie ihn gut kannte. In einer Fußnote erklärte sie allerdings, daß sie Mr. Bernstein nie begegnet sei und leider auch keine Gelegenheit gehabt habe, sein Buch zu lesen.

Sie war nicht die einzige, die versuchte, Bernstein durch psychoanalytische Spekulationen in Mißkredit zu bringen. Der Herausgeber, Dr. Kline, übertraf sie darin noch. Er schrieb: »Bernstein scheint Tanzen mit Hypnose gleichzusetzen. Man kann annehmen, da der Tanz selbst ein kultureller Ausdruck sozialer Funktionen ist, daß die Hypnose für den Autor zum sexuellen Ausdruck geworden ist.«

Das war ein schlechtgezielter Schuß aus den freudianischen Wäldern, ein geradezu klassischer Fall von leichtfertiger Fehlinterpretation, denn:

Im *Original*manuskript zu seinem Buch hatte Bernstein geschrieben: »Ich fand heraus, daß jeder lernen kann zu hypnotisieren; es sind keine geheimnisvollen Kräfte dabei im Spiel. Genau wie jedermann lernen kann, auf einer Schreibmaschine zu *tippen* – wenn er eine gewisse natürliche Begabung mit Übung und Training verbindet; genauso ist es mit der Hypnose.«

Als er sich den Text dann noch einmal durchlas, kam ihm der Vergleich mit dem Schreibmaschinenschreiben etwas plagiatorisch vor. Er gestand dem Verlagslektor, daß Dr. S. J. Van Pelt in seinem Buch *Hypnotism and the Power Within* das gleiche Bild gebraucht habe, und fragte, was zu machen sei. Der Lektor meinte daraufhin: »Na gut, dann wandeln Sie den Vergleich doch etwas ab – wie wär's denn mit ›tanzen‹?«

Also hat Dr. Kline aufgrund der Tanz-Metapher nicht Morey Bernstein, sondern seinen Lektor »sexuell belastet« – und damit herzlich wenig zur Klärung des Bridey-Murphy-Phänomens beigetragen.

Der Psychoanalytiker Dr. George Devreux deutete Ruth Simmons' Aussagen in Trance als »maskierte Wunscherfüllung«. Sie fühle sich in der Hypnose als Versuchsperson eng verbunden mit dem Hypnotiseur Bernstein (das bekannte Phänomen der »Übertragung«) und werde nun sozusagen seine Braut (Bridey = *bridy, bride*, englisch »Braut«!), wobei Devreux noch darauf hinwies, daß der Name Morey Bernstein fast die gleichen Buchstaben habe wie der Name des Mannes in Mrs. Simmons angeblichem früheren Leben, Brian MacCarthy. Beide Namen haben das gleiche Monogramm, nur vertauscht: MB – BM, und *Brian* klinge deutlich an Bernstein an usw. Ruth Simmons sei ein Adoptivkind gewesen, sie habe also schon in ihrem jetzigen Dasein gewissermaßen zwei Leben (vor und nach der Adoption) durchgemacht. Devreux bedauerte, daß man nicht mehr über die Vergangenheit und das gegenwärtige Leben der Versuchsperson wisse, sonst hätte sich wohl viel mehr »in ähnlicher Weise aufhellen lassen«. Und nur als Ausgangspunkt für solche Analysen könne der Fall überhaupt Interesse für sich beanspruchen.

In all diesen Untersuchungen ist, wie man sieht, von Reinkarnation gar nicht mehr die Rede. Des Rätsels Lösung ist für die Psychologen ganz einfach in den beiden Hauptpersonen (Hypnotiseur und Medium) und im Hypnoseverfahren selbst zu finden. Da heißt es: »Bernstein hat Ruth oft und präzise suggeriert, was er von ihr erwarte ... Ein Hypnotisierter kann alles, was man von ihm verlangt – er kann dichten, wie er es im Wachzustand niemals könnte, er spricht Fremdsprachen, die er seit seiner Kindheit nie mehr gehört und *die er auch nie richtig verstanden hat,* er vermag ein Buch wortgetreu zu rezitieren, das man ihm im Alter von drei Jahren vorgelesen und das er seit dieser Zeit nie mehr gesehen hat.« (L. R. Wolberg)

Professor John Dollard von der Yale-Universität war fest davon überzeugt, daß »eine gründliche psychologische Überprüfung der Versuchsperson alle ›Geheimnisse‹ aus dem Fall herausnähme«. Aber auch er unternahm keine konkreten Schritte in dieser Richtung.

Einen anderen Kritiker, F. L. Marcuse, ärgerte vor allem eine Behauptung Bernsteins, die dieser jedoch nie aufgestellt hatte, nämlich, daß »die Anwendung von Hypnose bei allen möglichen Leiden fast immer einen raschen und unfehlbaren Heilerfolg erziele«.

So hat sich Bernstein nie geäußert. Im Anhang D schreibt er: »Die meisten Fachleute stimmen darin überein, daß nahezu 90 Prozent aller Menschen zu hypnotisieren sind. Meine eigenen Erfahrungen jedoch rücken diese Ziffer wesentlich näher an 50 Prozent heran. Der Rest zerfällt in drei Gruppen: diejenigen, die nicht hypnotisiert werden können; diejenigen, bei denen es zu lange dauert, bis sie hypnotisiert sind; und diejenigen, die nur in

eine derartig leichte Trance versinken, daß sie es überhaupt nicht merken.«
Und im Anhang B: »Hypnose ist zweifellos kein Allheilmittel.«
Ferner heißt es, Bernstein habe unverantwortlicherweise behauptet, daß die Anwendung von Hypnose völlig ungefährlich sei.
Auch das ist falsch. Was Bernstein wirklich geschrieben hat, ist in diesem Buch nachzulesen.
Kurz und gut, über vieles, was in der Kontroverse um die Bernstein-Experimente zur Sprache kam, hätte gar nicht erst diskutiert werden müssen, aber es hatte den Anschein, als rede man über längst ad acta gelegte Streitfragen immer noch lieber als über ein so heikles und schwieriges Problem wie die Reinkarnation oder auch nur die Telepathie. Im Eifer des Gefechts warf Dr. Kline Bernstein sogar Ansichten vor, die er nachweislich mit ihm teilte. Er mokierte sich beispielsweise über dessen »irrige« Feststellung, daß selbst den Wissenschaftlern über Hypnose noch viel zu wenig bekannt ist, und schrieb dann:
»Ein Großteil der Psychologen und Psychiater unserer Zeit haben relativ wenig Ahnung von der Forschung und der Methodologie in der klinischen und experimentellen Hypnose.«
Und genau das hatte Bernstein auch festgestellt!
Der fundamentale Widerspruch in Dr. Klines Ausführungen bestand jedoch darin, daß er den Fall Bridey Murphy einerseits pauschal als Schwindel entlarven zu können glaubte und ihn andererseits als ein Musterbeispiel von Persönlichkeitsspaltung bezeichnete: »Die Analyse des Tonbands der Bridey Murphy ergibt das außerordentlich aufschlußreiche Bild einer gespaltenen Persönlichkeit.«
Der Begriff »gespaltene Persönlichkeit« ist ein praktisches Etikett zum Zweck der Klassifizierung, aber er sagt nicht allzuviel aus. Wenn hingegen eine *Sekundär*persönlichkeit (Bridey) Tatsachenmaterial hervorbringt, das ganz eindeutig der *Primär*persönlichkeit (Ruth) unbekannt war, könnte man darin tatsächlich einen Weg zu einer besseren Behandlungsmethode für Probleme der »Persönlichkeitsspaltung« sehen, die bis heute für die Psychologie noch immer eine Herausforderung sind.
Morey Bernstein hat, wie wir gelesen haben, offen zugegeben, daß er im Verlauf der sechs Hypnosesitzungen mit Ruth Simmons Unterlassungssünden und Fehler begangen habe, und er hat nie Zweifel daran gelassen, daß unter besseren Bedingungen gewiß mehr aus Bridey Murphy »herauszuholen« gewesen

wäre. Und so fest er auch schließlich selbst überzeugt war, es mit einem exzeptionellen Phänomen zu tun zu haben, so hat er doch nirgendwo behauptet, daß die Aussagen Bridey Murphys einen Beweis für die Reinkarnation darstellen. Er war lediglich der Meinung, daß es sich »um ein interessantes Stück Beweismaterial handelt, das möglicherweise den Weg zur weiteren Erforschung weisen könnte«, wie er in einem Interview sagte. Er schloß dieses Gespräch übrigens mit den resignierenden Worten:

»Ich hatte die Hoffnung, daß sich die Wissenschaftler mit diesen Problemen beschäftigen würden. Aber dieser Optimismus ist mir vergangen ... Ich bin gegen eine Mauer gestoßen. Mit Bridey Murphy kann ich nur sagen: ›Sie wollen nicht zuhören!‹«

Bridey ist nicht allein

Was jene Wissenschaftler, die in der Bridey-Murphy-Kontroverse eine Lanze für den Experimentator und sein Medium brachen und sich bemühten, das umstrittene Phänomen objektiv zu betrachten, grundsätzlich von den Bridey-Gegnern unterschied, war ihre fundierte spezielle Sachkenntnis und oft jahrzehntelange Erfahrung auf dem Gebiet des parapsychologischen Experimentierens. Auch für sie war der Fall natürlich hochinteressant, jedoch keineswegs abnorm und etwa schon deswegen suspekt, »weil so etwas sonst nie vorkommt«.
Morey Bernstein war durchaus nicht der erste Hypnotiseur, dem die Rückversetzung einer Versuchsperson in ein früheres Leben gelungen zu sein schien. Es hatte schon viele Brideys gegeben, nur waren diese Fälle in der Regel nicht so bekannt geworden, da sie sich nicht in einer so publicitysüchtigen und sensationshungrigen Gesellschaft ereignet hatten (s. Anhang J).
Für alle Praktiker der Psi-Forschung war gerade die Vehemenz, mit der gewisse Kreise und die hinter ihnen stehende Presse Bridey Murphy den Garaus machen wollten, ein Zeichen dafür, daß hier Leute urteilten, die im Grunde keine – oder wenig – Ahnung von den Grundlagen der Materie hatten.
Professor Curt J. Ducasse, der emeritierte Ordinarius der Philosophischen Fakultät der Brown-Universität in Providence, Rhode Island, und Präsident der ehrwürdigen American Philosophical Association, unternahm in seinem Buch *A Critical Examination of the Belief in a Life After Death* eine eingehende Untersuchung des Bridey-Murphy-Falls und gelangte zu dem Schluß, daß »weder die Artikel in Zeitungen und Magazinen ... noch die Kommentare von ... Psychologen, die der Hypothese von einer Reinkarnation feindlich gesonnen sind, erfolgreich die Möglichkeit widerlegt haben, ja, nicht einmal handfeste Beweise dagegen zu erbringen vermochten, daß viele Erklärungen der Bridey-Persönlichkeit nur echte Erinnerungen der Ruth Simmons an ein früheres Leben in Irland vor mehr als einem Jahrhundert sein können.«
Ausführlicher sei D. Dr. John Björkhem zitiert, der neben J. B. Rhine und dem Holländer W. H. C. Tenhaeff als einer der Väter der Parapsychologie gilt. Der schwedische Theologe und Arzt stellte zunächst fest:

»Jeder Forscher und Experimentator auf dem Gebiet der Hypnose und ganz allgemein der Parapsychologie findet in Morey Bernsteins Buch eigene Erfahrungen bestätigt.« Dann weist er mit Bedauern auf die Unzulänglichkeiten im Ablauf des Experiments hin, deren sich Bernstein ja selbst bewußt war, der »fragend einer Menge psychologischer Phänomene gegenüberstand, die eine in solchen Experimenten besser geschulte Persönlichkeit rasch zu analysieren vermocht hätte«.
Zweifellos hatte Bernstein mehr Glück als Erfahrung, und doch verdanken wir möglicherweise seiner frischen Unbefangenheit, mit der er an das Unternehmen einer hypnotischen Rückführung in ein früheres Leben heranging, das großartigste Faktum im Zusammenhang mit Bridey Murphy, nämlich, daß die Rückführung in einer Serie von sechs Sitzungen jedesmal von neuem gelang und konsequent übereinstimmende Aussagen über das gleiche Leben und die gleichen Personen erbrachte. Es ist nicht zuletzt diese ungewöhnliche Kontinuität, die den Fall Bridey Murphy aus all den gleichartigen Phänomenen heraushebt. Das aber konnte – wie so manches andere – keiner der Kritiker erkennen, denn es fehlte ihnen ja der Vergleichsmaßstab.
Björkhem hat die Vor- und Nachteile des Umstandes, daß Bernstein als Hypnotiseur und Psi-Forscher Autodidakt war, sorgfältig gegeneinander abgewogen, und er kam zu dem Schluß, daß Bernstein im Prinzip richtig vorgegangen ist, daß er verantwortungsvoll gehandelt hat, und zwar sowohl der Versuchsperson als auch der Wissenschaft gegenüber. Weiter heißt es:
»Er hat unbestreitbar die Fähigkeit, die Vorgänge so zu beschreiben, wie er sie erlebt hat ... Wie eigenartig diese Phänomene auch sein mögen, so bringt er sie doch gerade dem Alltagsmenschen nahe. Er macht sie nicht verwickelter, als sie tatsächlich zu sein scheinen, er bringt keine aufdringliche Philosophie und Weltanschauung, er will sich überall an unmittelbar beobachtete Tatsachen halten, auch wenn er hernach im einen oder anderen Sinn weiter geht, als man ihm folgen kann. Da die allgemeine Wissenschaft ihm keine überzeugende Erklärung geben konnte, handelt er, wie die meisten Menschen in seiner Lage es tun würden: Er prüft die Hypothesen, die von seinem Ausgangspunkt und seinen Erfahrungen aus möglich zu sein scheinen ... Die Wissenschaft kann in ihrem heutigen Stadium in vielen Fällen diese Erfahrungen erklären und auf bekannte psychologische Mechanismen zurückführen, aber man darf sich

nicht der Tatsache verschließen, daß nach wie vor ein Rest bleibt, der für Wissenschaftler und Laien gleichermaßen rätselhaft ist. Es gibt viele, die beharrlich die Auffassung vertreten, daß gerade in diesem ›Rest‹ die Faktoren zu suchen sind, die Wesen und Schicksal des Menschen bestimmen.
Wenn an Bernsteins ›Methode‹ auch manches zu bemängeln ist, so kann man das größtenteils doch damit entschuldigen, daß letzten Endes nichts um seiner Mängel, sondern um seiner Vorzüge willen getan wird. Bei Untersuchungen auf solchen Gebieten läuft man ohnehin große Gefahr; Bernstein war sich wohl darüber im klaren, aber er hat es gewagt, sich ihr auszusetzen, und das ist sein unbestreitbares Verdienst. Bei weitem nicht alle Wissenschaftler sind bereit, das zu riskieren, was er auf sich genommen hat. In der Einstellung Bernsteins liegt somit etwas, das in hohem Maße mit der Neugier des ursprünglichen Menschen sich selbst und seiner Umwelt gegenüber verwandt ist. Er will selbst sehen und seine Erfahrungen machen und das auf Gebieten, auf die sich nur wenige gewagt haben. Sein Buch hat er in der richtigen Stimmung der Entdeckerfreude und mit den gewaltigsten Ausblicken vor Augen geschrieben. Bücher dieser Art sind recht selten, und es sind derer nicht wenige, die sich über sie ärgern. Sicher ist jedoch, daß diese Bücher stets zu weiterem Forschen anregen und recht oft Gesichtspunkte von entscheidender Bedeutung ans Tageslicht bringen.
Die Diskussion über Bridey Murphy hat immer weitere Kreise gezogen. Man ist sich heute in der Fachwissenschaft ganz allgemein darüber einig, daß Bernsteins Versuch *allein* die Reinkarnation als solche nicht beweisen kann. Das hypnotische Bewußtsein arbeitet in eigenartiger Weise und zunächst herrscht einmal die Hypothese, daß die Versuchsperson Ruth Simmons die ›sekundäre Persönlichkeit Bridey Murphy‹ aus unterbewußten Erinnerungen aufgebaut hat, obgleich die Ergebnisse Barkers bei der Nachprüfung von Brideys Berichten in Irland überraschend positiv ausgefallen sind. Dem, der das Phänomen selbst in all seiner Anschaulichkeit und Dramatik sieht, mag diese Behauptung verwegen erscheinen, aber wenn man bedenkt, wie das hypnotische Bewußtsein funktioniert, und wenn man das Phänomen in all seinen Einzelheiten zu analysieren sucht, so scheint diese Hypothese ohne weiteres beweisbar zu sein. Indessen muß man sagen, daß das letzte Wort über dieses Phänomen damit keineswegs gesprochen ist.
Einerseits muß festgestellt werden, daß ein solcher Reinkarna-

tionsversuch wirklich in jeder Hinsicht eine direkte Wiederholung einer der altüberlieferten indischen Wunderleistungen darstellt. Ein religionspsychologisches Rätsel von großem Interesse wäre damit fast gelöst. Andererseits wissen wir immer noch unendlich wenig darüber, wie diese Erscheinung hervorgerufen wird. Die hypnotische Methode ist nach wie vor äußerst unvollkommen. Niemand weiß, wie sich das Phänomen ausnehmen würde, wenn man es wirklich in absolut reiner Form erhalten könnte, also ohne die Fehlerquellen, zu denen unsere mangelnde Kenntnis der Mechanismen der Hypnose Anlaß gibt. Die Methode Bernsteins hat große Schwächen, und das ist wahrscheinlich der Grund dafür, daß die erhaltenen Phänomene trotz allem ziemlich fragmentarisch sind. Daß sie eine Menge Aspekte aufweisen, die in Bernsteins Buch gar nicht durchschimmern, ist eine andere Sache ...

Es liegt ein recht umfangreiches Material vor zur Beleuchtung der Frage, wie die psychologischen Mechanismen bei der Schaffung der sekundären Persönlichkeiten funktionieren. Indessen ist mein Eindruck, daß die allgemeine psychologische Diskussion noch nicht dahin gelangt ist, wo sie voraussetzungslos Probleme dieser ungemein komplizierten Art aufgreifen könnte.

Hier liegen also höchst bedeutende Forschungsaufgaben, und wenn sie einmal zu Ende geführt werden können, so ist es keineswegs unwahrscheinlich, daß die Menschheit vor ganz neuen Ausblicken hinsichtlich ihres Daseins steht.«

Soweit Dr. Björkhem. Es sei erwähnt, daß sich in seinen eigenen Versuchsreihen das »Verjüngungsphänomen« (was nicht unbedingt gleichbedeutend mit der Rückführung in ein früheres Leben sein muß) bei nicht weniger als 600 Personen einstellte.

Auch die bekannte amerikanische Parapsychologin Dr. Gina Cerminara hat für Bernstein Partei ergriffen, und wieder geschah es aus der Kenntnis einer Vielzahl von Phänomenen, die für die Annahme einer Reinkarnation der Psyche sprechen. In ihrem Buch *Die Welt der Seele* hat sie die ebenso zerstörerische wie aufrüttelnde Publicity um Bridey Murphy mit dem Angriff auf Pearl Harbor und dem Atombombenabwurf auf Hiroshima verglichen. Das klingt übertrieben, doch man versteht schnell, wie die Autorin das meint, wenn man sich – abgesehen von den Kontroversen in der Presse – den »Bridey-Murphy-Rummel« vergegenwärtigt, der schon in den ersten Wochen nach Erschei-

nen des Buches einsetzte:
»In fünf Monaten erlebte das Buch fünf Auflagen mit zusammen 205 500 Exemplaren*. Die Buchhandlungen hatten Mühe, die Nachfrage zu befriedigen ... Die Paramount-Filmgesellschaft erwarb die Rechte für einen Dokumentarfilm ... Es wurden Kostümfeste veranstaltet, zu denen jeder das anziehen sollte, was er in seinem letzten Leben getragen hatte; eine Cocktailbar in Houston, Texas, bot einen Wiederverkörperungs-Cocktail an; Nightclub-Künstler führten Reinkarnationsnummern vor ... ; und eine Rock 'n' Roll-Gruppe sang: ›Bridey tanzte schon vor hundert Jahren Rock 'n' Roll. Hallo, Bridey Murphy!‹ Gleichzeitig kamen zahlreiche Bridey-Witze auf. Man wollte von einem Mann wissen, der die Geschichte Bridey Murphys gelesen hatte und danach sein Testament änderte: Er vermachte alles sich selbst ... Man erzählte auch von einem Mann, der seine Frau bis ins 17. Jahrhundert zurückversetzte und sie in diesem Abschnitt bleiben ließ ... Ein Karikaturist zeichnete zwei Frauen in einem Supermarkt, von denen die eine ärgerlich zu der anderen sagte: ›Dann fing er an, mich Bridey Murphy zu nennen, denn niemand könne in einem einzigen Leben so schlecht kochen lernen wie ich.‹ ... Morey Bernstein war sozusagen der Liberace** der Reinkarnationslehre geworden ... «
Aber die Leute sangen nicht nur von Bridey Murphy, machten nicht nur Witze über sie, sie stellten auch selbst Versuche zur Rückerinnerung an ein früheres Dasein an.
»Im ganzen Lande gab es Menschen, die anderen mit langsamen, rhythmischen Worten befahlen, ›tiefer und tiefer, tiefer und tiefer‹ in ihr früheres Leben zurückzugehen; im ganzen Lande, während sich die Spulen der Tonbandgeräte langsam drehten, wurden Menschen in Zeiten zurückversetzt, in denen sie Soldaten des Bürgerkrieges, indochinesische Tänzerinnen, französische Kurtisanen und spanische Bauern zu sein schienen.«
Bridey war in schlechte Gesellschaft geraten! Um nicht länger unerträglichen Belästigungen durch Journalisten, Spiritisten, Witzbolde und religiöse Wahnsinnige ausgesetzt zu sein, zogen die Simmons von Pueblo fort. Rex gelang es, sich in einer anderen Stadt eine neue Existenz aufzubauen. Ruth lehnte es ab, fernerhin zu Bridey Murphy Stellung zu nehmen. Auch das Angebot einer Viertelmillion Dollar für einen Auftritt im Fern-

* Die amerikanische Gesamtauflage beträgt inzwischen über eine Million Exemplare.
** Modischer Klaviervirtuose und Showkünstler der fünfziger Jahre.

sehen konnte an diesem Entschluß nichts ändern. Eine Beteiligung an den Einkünften aus seinem Buch mußte Morey Bernstein seiner Versuchsperson fast aufzwingen. Finanzielle Interessen hatten von Anfang weder bei ihm noch bei ihr eine Rolle gespielt. Moreys Pech – und, man kann wohl sagen, ein Pech für die gesamte Reinkarnationsforschung – war, daß seine Versuchsperson, wie wir schon hörten, nicht einmal ausgeprägtes ideelles Interesse an der Sache hatte. Doch wer könnte angesichts der Vorgänge nach Veröffentlichung dieses Buches nicht verstehen, daß Ruth Simmons auf die Frage, ob sie sich weiterhin als Medium zur Verfügung stellen werde, stets antwortete: »Ich habe unter großen persönlichen Opfern getan, was ich konnte. Jetzt soll doch jemand anders den Ball aufnehmen.«

Und er wurde aufgenommen! Hypnotiseure und Parapsychologen begannen, von Bernsteins Ergebnissen inspiriert, mit eigenen ernsthaften Experimenten und hatten zum Teil erstaunliche Erfolge, die vielleicht nur deshalb selten Schlagzeilen machten, weil Bridey Murphy der »Konkurrenz« noch über Jahre den Wind aus den Segeln nahm. Spektakulär war immerhin die Demonstration von Rückerinnerungen in der Trance an frühere Leben, die der Berufspsychologe Emil Franchel 1956/57 im amerikanischen Fernsehen in einer Sendereihe »Das Abenteuer der Hypnose« vorführte. Mr. Franchel war der Reinkarnationshypothese gegenüber eher skeptisch eingestellt und der Ansicht, daß solche Erinnerungen hauptsächlich durch Suggestivfragen des reinkarnationsgläubigen Hypnotiseurs hervorgerufen würden. Ferner könne es sich auch um ein »vererbtes Gedächtnis« handeln. Was als Erlebnisse eines früheren Daseins erscheine, sei in Wirklichkeit die Lebenserfahrung eines Vorfahren, die dieser an die Versuchsperson vererbt habe. Ein Prozent aller vermeintlichen Fälle von Reinkarnation sei allerdings nicht auf andere Weise zu erklären. Einer davon war der Fall Beverley Richardson.

Mr. Franchel hatte diese junge Dame aus Northridge, Kalifornien, vor der Fernsehkamera hypnotisiert und in ein erst vor kurzem beendetes Leben in der kleinen Stadt Corning im Bundesstaat Ohio zurückgeführt. Die Versuchsperson erklärte in der Trance, sie lebe im Jahr 1898, sei vierzig Jahre alt und heiße Mrs. Jean MacDonald. Sie erwähnte eine Anzahl Einzelheiten über die Stadt und ihren privaten Lebensbereich. Noch während der Sendung riefen zwei ältere Zuschauer aus Corning an, die das Programm gerade sahen, und bestätigten unabhängig voneinander, daß es um 1900 in ihrem Städtchen genauso ausgesehen habe, wie Mrs. Richardson alias MacDonald es beschrieben hatte. Diese Bestätigung genügte Mr. Franchel und den Veranstaltern der Sendung jedoch noch nicht. Sie setzten sich unverzüglich mit einem Verlag in Zanesville, der Corning am nächsten gelegenen größeren Stadt, in Verbindung und baten um einige großformatige Fotos verschiedener Straßen und Örtlichkeiten in Corning.

Gina Cerminara berichtet weiter:

»Die Verlagsgesellschaft schickte Bilder, auf denen zu sehen war:

1. Eine rückwärtige Ansicht des früheren Hauses der Versuchsperson (das sie in der Hypnose angegeben hatte);
2. der Bach, der in der Nähe vorbeifloß;
3. das Gebäude, in dem sich früher die Lokalzeitung befand (das seitdem zu vielen anderen geschäftlichen Zwecken gebraucht und an dem kein Firmenschild angebracht worden war);
4. der Bahnhof von Corning;
5. die früheren Kincaid-Ställe (die jetzt eine Garage waren);
6. die Hauptstraße von Corning.

Als die Versuchsperson sich in der nächsten Sendung wieder in Hypnose befand und in ihr früheres Leben zurückversetzt worden war, unternahm Mr. Franchel einen Versuch, den bisher nur sehr wenige Berufsforscher durchgeführt haben. Er forderte Mrs. Richardson auf, ihre Augen zu öffnen und im Zustand ihrer früheren Verkörperung zu bleiben. Er zeigte ihr dann die Bilder. Ohne daß sie die Bilder je zuvor gesehen hatte, erkannte sie diese sofort und gab richtig an, was sie darstellten.

Beim ersten Bild (ihrem früheren Haus) wunderte sie sich über das Vorhandensein einer Garage (die war erst kürzlich auf dem Grundstück erbaut worden). Jean MacDonald gab ferner an, daß es sich um eine rückwärtige Ansicht des Hauses handle. Auch das war richtig, weil seit 1898 in der Straße bauliche Veränderungen vorgenommen worden waren, was für einen flüchtigen Beobachter vielleicht nicht erkennbar war.

Auf dem dritten und sechsten Bild erkannte sie richtig das Zeitungsgebäude und die Straße, wunderte sich jedoch über die Kraftfahrzeuge auf den Fotografien. ›Was ist das?‹ fragte sie Mr. Franchel, wobei sie auf die Kraftwagen wies. Ganz überrascht, sagte er schnell: ›Kutschen, eine neue Art Kutschen.‹ – ›Aber wo sind die Pferde?‹ fragte sie hartnäckig. Auf dem fünften Bild erkannte sie den rückwärtigen Teil des Gebäudes, in dem einmal

Pferdeställe untergebracht waren. Gleichzeitig war sie aber über den großen Anbau an der Straßenseite verwirrt, der für die Garage errichtet worden war.«

Es ist vielleicht nicht überflüssig zu erwähnen, daß diese Demonstration nicht geprobt worden war, sondern *live* gesendet wurde. Mrs. Richardson war nach ihrer Aussage nie im Staat Ohio gewesen, und auch ihre Angehörigen hatten keinerlei Beziehung zu Corning. Selbst wenn man ihr die Fotos, die sie später identifizieren sollte, in betrügerischer Absicht schon vorher gezeigt hätte, so wäre es ihr dadurch doch nicht möglich gewesen, anzugeben, wie die gleiche Örtlichkeit ein halbes Jahrhundert zuvor ausgesehen hatte.

Gina Cerminara beschreibt in ihrem Buch *Die Welt der Seele* noch eine Reihe anderer Fälle von mutmaßlicher Reinkarnation in der Nachfolge der Bridey-Murphy-Experimente; und das gleiche tut der Schweizer Forscher Dr. K. E. Muller in seinem 1970 in England erschienenen Buch *Reincarnation Based on Facts*, das einen Katalog von mehreren hundert Fällen aus historischer Zeit bis in die Gegenwart enthält, darunter mehr als zwanzig aus dem deutschsprachigen Raum (s. Anhang J).

Die Mehrzahl der ca. 700 bis heute in aller Welt – vor allem in Asien – registrierten Phänomene, die für die Wiederverkörperung des Menschen bzw. das Überleben seiner Psyche sprechen, stammen aus seriösen Berichten und weisen, auch wenn bisher noch viel zu wenige exakt dokumentiert und wissenschaftlich untersucht worden sind, signifikante Übereinstimmungen mit der Realität und bedeutsame Parallelen miteinander auf. Das alles kann kaum zufällig sein. Und jeder einzelne Fall ist gewissermaßen auch eine Bekräftigung für die Aussagen Brideys und ein Baustein für eine künftige Methodologie der Reinkarnation.

Der Pionier auf diesem Forschungsgebiet ist der bekannte Neurologe und Psychiater Dr. Ian Stevenson von der Universität von Virginia. Wie Professor Ducasse lehnt auch er die Deutungsversuche jener Gegner der Wiederverkörperungshypothese ab, die Ruth Simmons' Erinnerungen an ihr Bridey-Murphy-Dasein allein als Kryptomnesie – d. h. als vergessene Erlebnisse und Erfahrungen, die in der Hypnose als neues, aber in der Zeit oft zurückversetztes Erlebnis produziert werden – oder als irgendeine Art außersinnlicher Wahrnehmung und telepathischer Übertragung interpretierten. So sehr sich auch die verschiedenen Interessengruppen bemühten, eine andere Erklärung zu bieten als eben die unserem naturwissenschaftlich und christlich fundierten Denkgebäude so schwer faßbare Reinkarnation – niemand ist es gelungen, eine gegenwärtig lebende Psyche als Quelle für diese Aussagen über ein längst vergangenes Leben glaubhaft zu machen.

Seltsamerweise sind Ruth Simmons' Erinnerungen an ihren Aufenthalt im Jenseits nur selten eines Kommentars gewürdigt worden, dabei könnten sie nicht minder aufschlußreich sein als die Irland-Erinnerungen. Es gibt unter den heute bekannten 700 Fällen von mutmaßlicher Reinkarnation kaum einen, in dem detaillierte Erinnerungen an die Zwischen*zeit* und den Zwischen*raum* zwischen einem Dasein und dem andern auftraten. Insofern stellt Bridey Murphy eine Ausnahme dar. Da wir ausschließen können, daß sich Mrs. Simmons oder Morey Bernstein zuvor mit spiritistischen Vorstellungen von einer Astralwelt beschäftigt hatte, bliebe außer der Annahme eines persönlichen Erlebens dieser Phase nur die Möglichkeit eines »Jenseitskontaktes«. Hat in der Trance ein *fremder* Verstorbener aus Ruth Simmons gesprochen?

Das Problem wird durch eine solche Annahme keineswegs einfacher, denn auch dann müßte Bridey einst so gelebt haben, wie sie es beschrieben hat, und auch dann müßte sie – wenigstens für die Dauer der Hypnosesitzungen – »wiedergekehrt« sein.

»*Für alle Erinnerungen an frühere Leben, die wir heute kennen, muß nach sorgfältigem Abwägen aller Alternativen, die zur Deutung der nachgewiesenen Vorgänge angeboten werden, die Reinkarnation als die wahrscheinlichste Erklärung gelten*«, hat Ian Stevenson gefolgert. Es gibt, was Bridey Murphy betrifft, keinen triftigen Grund, ihm zu widersprechen.

Wir wissen nicht, wie Wiedergeburt »funktioniert« – aber während ich diese Zeilen schreibe, bin ich sicher, daß es einen Weg geben muß, um es zu begreifen.

Bridey Murphys Leben chronologisch geordnet

Einer der bemerkenswertesten Aspekte in den Bridey-Berichten ist, daß sie sich zu keiner Zeit widerspricht, soweit es um wesentliche Angaben über ihr Leben geht. Dies ist um so bedeutsamer, wenn man bedenkt, daß die sechs Hypnosesitzungen über einen langen Zeitraum verteilt waren und daß Bridey bei ihren Berichten keine bestimmte Reihenfolge einhielt. Unter genauem Bezug auf Brideys Aussagen folgt hier eine Chronik ihrer persönlichen Lebensgeschichte. Die fettgedruckten Datenangaben stammen von ihr.

1796 Geburt von Duncan Blaine Murphy (Brideys älterer Bruder).
Geburt von Sean Brian Joseph MacCarthy (Brideys künftiger Ehemann).

1798 20. *Dezember,* Geburt von Bridey (als Bridget Kathleen Murphy).

1802 Brideys jüngerer Bruder stirbt an »etwas Schwarzem«, als sie vier Jahre ist.

1805 Die Familie: der Vater Duncan, die Mutter Kathleen, der Bruder Duncan und das Dienstmädchen Mary veranstalten für Bridey anläßlich ihres siebenten Geburtstages eine Feier. Sie findet in ihrem Haus in »The Meadows«, außerhalb der »Stadt« Cork gelegen, statt.

1806/08 Die Mutter liest ihr die *Sorrows of Deirdre* vor. Bridey (acht) spielt »Mann und Frau« und Verstecken mit Duncan (zehn). Sie bekommt Schläge, weil sie Stroh aus dem Dach der Scheune gerupft hat, und muß auf ihre »Kammer« gehen.

1808 Die Familie begibt sich in den Norden nach Antrim, wahrscheinlich ein Ferienausflug. Bridey beschreibt genau die Landschaft.

1813 Bridey erhält Unterricht in »Haushalt und Benehmen« von einer Mrs. Strayne (Strahan?, Strange?).

1814 Mit fünfzehn oder sechzehn Jahren lernt sie Brian MacCarthy kennen, der zwei Jahre älter ist. Sein Vater, John MacCarthy, Rechtsanwalt in Cork wie angeblich auch ihr eigener Vater, bringt den Jungen in das Haus der Murphys mit. Brian lebt zu dieser Zeit im

Haus seiner Großmutter mütterlicherseits, Delilinan MacCarthy, in Belfast, und zwar schon seit dem Tode seiner Mutter bei der Entbindung von einem »stillen Kind«. Brian ging in Belfast zur Schule und war nach Cork gekommen, um seinem Vater zu helfen.

1818 Bridey und Brian heiraten in Cork. Die Trauung findet ihrer Familie zuliebe nach protestantischem Ritus statt. Später lassen sie sich in Belfast von Father John Joseph Gorman noch einmal katholisch trauen. Vor den Murphys wird das geheimgehalten. Denn Brideys Vater war bei dem Gedanken, sie zu verlieren, ganz durcheinander. (»Er legte sich deswegen zu Bett.«) Das junge Paar leiht sich von ihm sein Pferd und eine Mietskutsche aus dem Stall von Mrs. Straynes Mann, um eine Hochzeitsreise in den Norden der Insel zu machen. In oder bei Belfast richten sie ihren Hausstand in dem »Häuschen« hinter Großmutter Delilinan MacCarthys Haus an der Dooley Road, in unmittelbarer Nähe der »Hauptstraße« ein, zwanzig Gehminuten von der St.-Theresa-Kirche entfernt.

18?? Duncan Blaine Murphy, Brideys Bruder, heiratet Aimee Strayne, die Tochter der Lehrerin. Das Paar bleibt in Cork und bekommt Kinder. (Bridey und ihr Mann haben keine.)

1843 (oder später) Brian schreibt über (Rechts-)Fälle für die *Belfast News-Letter*.

1847 (oder später) Brian doziert an der Queen's University in Belfast.

1864 Bridey stirbt, sechsundsechzig Jahre alt. Sie war die Treppe hinabgestürzt, hatte sich »irgendwelche Knochen in der Hüfte« gebrochen, haßte es, »eine solche Last« für Brian zu sein, »der immer so müde« war. Sie wurde »verscharrt«, nicht »auf geweihtem Boden« begraben. Bei der Beerdigung waren anwesend: ihre Freunde Mary Catherine und Kevin Moore, Father John Gorman, Brian und der Mann, »der die Uilleann-Pfeife spielte«.

1923 Bridey Murphy wird im Bundesstaat Iowa als Ruth Mills (Pseudonym) wiedergeboren.

Anhang

A. Vorurteile gegen die Anwendung von Hypnose

Es ist bedauerlich, daß die »Gefahren« der Hypnose immer weit übertrieben worden sind, während man ihren Nutzen abgewertet oder völlig totgeschwiegen hat. Ich habe eine Unzahl von Artikeln gelesen, in deren Überschriften schon dem Leser die angeblichen Gefahren der Hypnose ins Gesicht geschrien wurden.

Welches aber sind die Gefahren?

Wir haben bereits gesehen, daß das Medium alles andere ist als eine hilflose Marionette, daß es vielmehr die hypnotische Trance jederzeit durchbrechen kann, sobald die Suggestion gegen seine Grundanschauungen verstößt. Es ist also seinem Arzt bei weitem nicht so auf Gnade oder Ungnade ausgeliefert wie ein Patient in Narkose.

Niemand würde daran denken, die gesamte medizinische Wissenschaft zu verfemen, nur weil es Jahr für Jahr unglückselige Fälle gibt, deren Ursache eine unzutreffende Diagnose oder eine falsche Behandlung sind. Auch würde niemand für ein Verbot der Chirurgie plädieren, weil es (allerdings selten) vorkommt, daß mangels Kenntnis oder Kunstfertigkeit des Operateurs der Zustand des Patienten sich verschlimmert statt verbessert. Ganz im Gegenteil. Es gibt eine Fülle von Büchern, in denen die Fortschritte, Leistungen und Wunder der modernen Medizin – völlig verdientermaßen! – gefeiert werden. In diesen Werken werden die Gefahren nur kurz behandelt und gewiß nicht übertrieben; der Nutzen jedoch wird gerechterweise hervorgehoben.

Die Hypnose nun verdient die gleiche Behandlung. Es wird Zeit, daß die »Schreckensartikel« verschwinden und daß sie durch sachkundige Darstellungen der Wahrheit ersetzt werden.

Schon das Wort »Hypnose« erweckt in der öffentlichen Meinung ein ganzes Bündel von Vorurteilen: Man stellt sich etwas völlig Falsches vor, man denkt unwillkürlich sofort an Hokuspokus, an Medizinmänner, Jahrmarktsgaukler, Hexen und Zauberer.

Kann man es einem Arzt, der sich dieser Vergiftung der öffentlichen Meinung bewußt ist, nun verübeln, wenn er schon vor dem bloßen Wort zurückschreckt? Er liefe doch Gefahr, sich lächerlich zu machen und seine Praxis zu zerstören. Und kann man andererseits die Öffentlichkeit voll dafür verantwortlich machen, wenn sie das Wort Hypnose falsch und mißverständlich interpretiert? Das wahre Problem ist semantischer und psychologischer Art: Das alte, abgenutzte Wort sollte verschwinden!

Eine Bezeichnung wie »Tranceologie« (Lehre von der Trance) wäre vielleicht annehmbar; daran hinge nicht der alte, abstoßende Nebensinn.

Ein wesentlicher Anlaß des Widerstandes gegen die Hypnose liegt also in der Bezeichnung »Hypnose«. Sie ist belastet mit alten Tabus, mit der Erinnerung an Scharlatanerie, mit Mißverständnissen und mit Angst.

B. Hypnose in der ärztlichen Praxis

Obwohl wir nur vermuten können, was die Hypnose zu leisten vermag, sobald sie gründlich erforscht und allgemein anerkannt ist, kann sie doch heute schon beachtlich viele Erfolge für sich in Anspruch nehmen; und mancher davon eröffnet vielversprechende Aussichten in die Zukunft. Einen solchen Hinweis auf künftige Möglichkeiten entnehme ich dem höchst objektiven *British Medical Journal,* Jahrgang 1952. Dort wird von einem jungen Engländer berichtet, der an angeborener Ichthyosis litt. Das ist eine der gräßlichsten Krankheiten, die man sich vorstellen kann: Die Haut bildet eine dicke schwarze Schicht, die sich fast über den ganzen Körper hinzieht; deshalb spricht man häufig von Fischschuppenkrankheit. Außerdem ist die Haut von einem dichten Netz schwarzer Beulen überzogen, zwischen denen sich Schuppen, hart wie ein Fingernagel, befinden. Wenn man diese Schuppen zusammenbiegt, brechen sie und sondern eine blutdurchsetzte Flüssigkeit ab. Weder kennt man die Ursache dieser stets angeborenen Krankheit, noch weiß man ein Mittel dagegen.

Der Patient, von dem hier berichtet wird, hatte nun mehr Glück als andere, obwohl sein Zustand so abstoßend war, daß Lehrer und Mitschüler sich vor ihm ekelten. Ein englischer Hypnotherapeut hörte nämlich von ihm und erbot sich, einen Versuch mit Hypnose zu machen. Natürlich waren die Ärzte skeptisch, sie

hielten den Vorschlag für lächerlich. Immerhin war der junge Mann – ohne Erfolg – bereits in den besten englischen Krankenhäusern behandelt worden. Man hatte ihm sogar auf operativem Wege neue Haut auf die Hände verpflanzt. Das aber hatte alles nur noch verschlimmert: Die übertragene Haut wurde schwarz und runzelig und bereitete dem Patienten mehr Schmerzen denn je.
Kein Wunder, daß mancher Spott den jungen Hypnotiseur traf, der sich anmaßte, eine so schwere angeborene Krankheit zu »besprechen«. Dennoch begann er seine Kur – nachdem er nur zehn Minuten gebraucht hatte, um den Patient in Trance zu versetzen – mit fünf Worten: »Der linke Arm wird heil.« Mehrmals wiederholte er diese Suggestion. Und groß war das Erstaunen, als innerhalb von fünf Tagen die eklige Schicht weich und krümelig wurde und abfiel! Nun richtete der Hypnotiseur seine Suggestion auf andere Teile des Körpers, mit ähnlichem Erfolg. Zwölf Ärzte waren Zeugen dieser hypnotischen Behandlung und ihrer Wirkung.
Die führenden Fachleute beschränkten die Heilwirkung der Hypnose in erster Linie auf Funktionsstörungen des menschlichen Körpers. Es ist aber Grund zur Annahme gegeben, daß sie auch gewisse organische Krankheiten heilen kann. Wie bekannt, sind die Grenzen zwischen organischen und psychisch bedingten Leiden im Lichte der modernen Forschung immer fließender geworden. Magengeschwüre sind zum Beispiel eine organische Erkrankung, sobald sich die Geschwüre im Magen gebildet haben; und trotzdem werden sie, wie allgemein anerkannt wird, häufig und erfolgreich durch Hypnose behandelt.
Auch wenn man einzelne sensationelle Fälle außer Betracht läßt und sich nicht nur auf Zukunftshoffnungen verläßt, ist die Skala der Krankheiten, denen mit Hilfe wissenschaftlicher Hypnose erfolgreich zu Leibe zu rücken ist, so breit, daß man es einfach nicht begreift, wie wenig Beachtung diese Heilmöglichkeit findet. Sie ist besonders geeignet etwa bei Psychoneurosen, Trunksucht, Bettnässen, übermäßigem Rauchen, Schlaflosigkeit, Stottern, Lampenfieber, Erröten, Fettleibigkeit, Nägelbeißen, Süchtigkeit, hohem Blutdruck, Asthma, Migräne, Gelenkrheumatismus, Hautkrankheiten, um nur einige Fälle zu nennen.
Gewiß, auf den ersten Blick erscheint es seltsam, daß eine einzige Behandlungsmethode bei den verschiedenartigsten Leiden helfen soll. Die richtige Antwort auf dieses Rätsel wird man erst geben können, wenn das Geheimnis der Hypnose restlos ent-

schleiert ist. Soviel aber wissen wir: Gleichgültig, was im Einzelfalle die Ursache vieler krankhafter Zustände sein mag – das Nervensystem ist in der Lage, das Leiden zu mildern oder gar völlig zu beheben. Und es ist tatsächlich möglich, dem Nervensystem unter gewissen Umständen zu »sagen«, was es tun soll; ohne Zweifel hat es die Fähigkeit, gezielten Suggestionen zu »folgen«. Dies ist eines der Rätsel der menschlichen Natur. Es wäre dumm von uns, wollten wir uns seiner Realität verschließen.
Hypnose ist zweifellos kein Allheilmittel, aber es gibt Krankheiten, die durch sie in idealer Weise zu behandeln sind; und es gibt noch wesentlich mehr Leiden, bei denen sie herkömmliche Heilmethoden höchst wirksam unterstützen kann.

C. Das Problem der Symptom-Beiseitigung

Viel Lärm ist um die Frage entstanden, ob die Hypnose nur Symptome beeinflußt, die eigentlichen seelischen oder organischen Schäden jedoch nicht heilt. Einige medizinische Hypnotiseure, vor allem mehrere englische Spezialisten, haben sich eindeutig gegen diese Vermutung gewandt. Sie weisen darauf hin, daß die Ergebnisse – rechte Anwendung dieser Therapie vorausgesetzt – durchaus von Dauer sind und daß keinerlei neue Symptome auftreten.
Aber selbst wenn nur die Symptome beseitigt würden, bedürfte es dann einer Entschuldigung? Soll man einen Stotterer seine lästigen Sprechschwierigkeiten behalten lassen, nur weil man vermutet, daß sein Leiden in Wirklichkeit eine sehr viel tiefer liegende Ursache hat? Soll das Opfer einer hysterischen Lähmung dazu verdammt sein, in diesem gräßlichen Zustand zu verbleiben, nur weil man meint, das äußere Symptom sei nur das Zeichen eines tiefliegenden Persönlichkeitskonflikts? Warum soll man darüber streiten? Warum will man nicht einfach das Symptom beseitigen, die Qual des Patienten beenden und dann andere Methoden zu seiner vollkommenen Heilung anwenden?
Man kann den Fall auch so sehen: Was tut man denn, wenn man einen Menschen entdeckt, der aus dem Fenster gestürzt ist und hilflos am Fensterkreuz hängt? Wird man den armen Kerl dann erst lange fragen, wie er in diese erbärmliche Lage geraten ist,

oder einen Psychiater herbeiholen? Nein, zunächst wird man den Mann doch wohl aus seiner äußeren Not befreien und ihn durchs Fenster hineinziehen.

D. Über die Fähigkeit, sich hypnotisieren zu lassen

Wohl alle Fachleute sind einmütig der Ansicht, daß ein Medium um so sicherer in Trance zu versetzen ist, je höhere Intelligenz und je stärkeres Konzentrationsvermögen es aufweisen kann. Aber es gibt noch einen dritten Faktor, gewissermaßen die Unbekannte X: Solange man nicht genau definieren kann, was »Trance« überhaupt ist, läßt sich natürlich die Fähigkeit, hypnotisiert zu werden, nicht schlüssig beurteilen.
Viele Forschungen sind im Gang, die es sich zum Ziel setzen, den Zusammenhang zwischen Hypnotisierbarkeit und Persönlichkeit aufzuzeigen. Es mag durchaus sein, daß sich hier beachtliche Ergebnisse zeigen werden.
Die meisten Fachleute stimmen darin überein, daß nahezu 90 Prozent aller Menschen zu hypnotisieren sind. Meine eigenen Erfahrungen jedoch rücken diese Ziffer wesentlich näher an 50 Prozent heran. Der Rest zerfällt in drei Gruppen: diejenigen, die nicht hypnotisiert werden können; diejenigen, bei denen es zu lange dauert, bis sie hypnotisiert sind; und diejenigen, die nur in eine derart leichte Trance versinken, daß sie es überhaupt nicht merken.
In der Spezialliteratur wird immer wieder festgestellt, von vier oder fünf Medien sei eines in der Lage, den Zustand tiefster Trance (Somnambulismus) zu erreichen; ich jedoch bin der Ansicht, daß weniger als eins von zehn diese Tiefe zu erreichen vermag. Es kann sein, daß die Fachbücher vollkommen recht haben, auch wenn meine eigenen Experimente andere Ergebnisse gezeigt haben. Andererseits aber ist es auch keineswegs ausgeschlossen, daß jeder Autor die Behauptungen seines Vorgängers einfach übernommen hat. Sollte letztere Vermutung zutreffen, dann brauchten wir eine völlig neue experimentelle Erforschung der Hypnose.
Es gibt verschiedene Tests, mit deren Hilfe man sehr schnell feststellen kann, in welchem Grade eine bestimmte Person für Hypnose aufgeschlossen ist. Einer der beliebtesten dieser »Suszeptibilitäts-(Empfänglichkeits-)Tests« geht wie folgt vor sich:

Das Medium wird aufgefordert, die Hände zu falten und sie – gewöhnlich mit den Handflächen nach außen – auf den Kopf zu legen. Dann sagt man ihm, während der Hypnotiseur nun bis drei zähle, würden die Hände sich immer fester zusammenschließen. Der Hypnotiseur zählt nun unter entsprechender Suggestion: schließlich verkündet er, die Hände haften nun so fest aneinander, daß es dem Medium außerordentlich schwer fiele, sie auseinanderzunehmen. Die Reaktion auf diesen kurzen Test, der kaum eine Minute dauert, verrät normalerweise eindeutig die Brauchbarkeit des Mediums. In ganz ähnlicher Weise lassen sich noch andere schnelle Tests anstellen: Schließen der Augen, Levitation (Schwebenlassen) der Hände, Schwanken des Körpers.

E. Anmerkungen zur Altersrückführung

Über die Echtheit hypnotischer Altersrückführung schreibt der Hypnoseforscher Dr. L. R. Wolberg in *Medical Hypnosis:*
»Allgemein wird zugegeben, daß die Rückführung ein zu einem früheren Lebensstadium gehöriges Betragen so eindeutig hervorruft, daß jede Möglichkeit des Simulierens ausscheidet. Diese Ansicht vertreten Autoritäten wie Erickson, Estabrooks, Lindner, Spiegel, Shor und Fishman. Auch meine eigenen Forschungen haben mich davon absolut überzeugt, obwohl die Regression niemals stationär ist, sondern ständig von Geistesfunktionen anderer Lebensstadien beeinflußt wird.«
Das kann ich aus eigener Erfahrung bestätigen. Aber ich glaube, daß während einer Lebensrückführung zuweilen Dichtung und Wahrheit ineinander übergehen. Hypnose ist keineswegs etwas Schematisches, das nach starren Regeln verliefe.
In der Literatur zu diesem Thema gibt es eine Unzahl von interessanten Beispielen. So wurde zum Beispiel ein fünfundvierzigjähriger Mann an seinen dritten Geburtstag zurückversetzt; sofort begann er heftig zu keuchen, zu schnaufen, husten und würgen. Alle anwesenden Ärzte begriffen sofort, daß es sich um einen Asthmaanfall handelte. Die Untersuchung ergab erhöhten Puls und Rasselgeräusche in der Lunge. Später berichtete die Mutter des Mannes, er habe in der Kindheit an Asthma gelitten und an seinem dritten Geburtstag einen schweren Anfall gehabt. (Berichtet in *Experimental Hypnosis,* herausge-

geben von Leslie LeCron.)
Was die Frage angeht, wie weit man ein Medium zurückführen kann, so muß festgestellt werden, daß nur wenige Forscher pränatale (vorgeburtliche) Experimente angestellt haben. (Allerdings gibt es Ausnahmen, z. B. Dr. Alexander Cannon.) Dennoch erweisen sich Forschungen auf diesem Gebiet als besonders interessant, und es erscheint unbedingt notwendig, hier tiefer einzudringen.

F. Posthypnotische Suggestion

Die posthypnotische Suggestion ist etwas ganz Erstaunliches. Befehle, die der Charakterveranlagung der Versuchsperson entsprechen, werden gewöhnlich ausgeführt, auch wenn sie absolut albern und unsinnig sind. Andererseits werden unvernünftige Suggestionen, die dem Charakter und den moralischen Prinzipien widersprechen, aller Voraussicht nach nicht befolgt, selbst wenn sich das Medium im tiefsten Zustand somnambuler Trance befunden hat.
Sogar nach einer leichten Trance erweisen sich einfache posthypnotische Suggestionen normalerweise als wirksam, selbst wenn das Medium sich deutlich an die Suggestion erinnert. Sagt man etwa, nach dem Erwachen würde die Versuchsperson merken, daß sein Uhrarmband irgendwie stört und daß die Belästigung nur abzustellen ist, indem das Medium die Uhr abbindet und das Handgelenk massiert – dann wird es in den meisten Fällen genau dies tun. Obwohl es sich noch ganz deutlich an die Suggestion erinnert und sich ausgesprochen albern vorkommt, wird es mit größter Sicherheit zu seiner eigenen Verblüffung merken, daß das Armband wirklich stört; so wird es schließlich gezwungen sein, die Uhr abzubinden und sich den Arm zu reiben.
Die Kraft der posthypnotischen Suggestion hängt ab von der Tiefe der Trance, der Natur der Suggestion selbst, ihrer Formulierung, der angewandten Technik und der persönlichen Reaktion des Mediums. Daraus folgt, daß eine solche Suggestion nur ein paar Minuten wirksam sein, daß sie aber auch lebenslang zwingen kann. Letzteres ist natürlich für therapeutische Zwecke von großer Bedeutung.
Weiterhin ist es interessant, daß man dem Medium befehlen

kann, der Suggestion nicht nur unmittelbar nach dem Erwachen, sondern viele Jahre später zu folgen. Zahllos sind die Berichte von Fällen, in denen die posthypnotische Tat erst nach langer Zeit zu geschehen hatte; es scheint, daß die Kraft der Suggestion im Laufe der Zeit keineswegs nachläßt. Ein Forscher berichtet zum Beispiel von einer Person, bei der die posthypnotische Suggestion sich noch nach zwanzig Jahren wirksam erwies. Ein anderes Medium, dem man befohlen hatte, genau ein Jahr nach der Suggestion seinem Bruder einen Brief zu schreiben, gehorchte aufs Wort. Der bereits zitierte Dr. L. R. Wolberg beschreibt folgenden Fall:

»... Einem Medium wurde von mir gesagt, es würde genau zwei Jahre und zwei Tage nach dem Erwachen ein bestimmtes Gedicht von Tennyson lesen. Der Mann gehorchte ganz exakt, nachdem er eine Woche vor dem angesagten Tag plötzlich den Drang verspürte, Gedichte zu lesen. Er schaute sich in einer Bibliothek um, fühlte sich von einem Band Tennyson besonders angezogen und borgte ihn aus. Dann legte er ihn auf seinen Schreibtisch – und genau an dem von mir befohlenen Tag fand er plötzlich die Zeit, das Gedicht zu lesen. Der Mann war restlos davon überzeugt, daß sein Interesse für Tennyson einer plötzlichen Laune entsprungen war.«

Zwei extreme Arten von posthypnotischen Suggestionen, die gewöhnlich von somnambulen Medien befolgt werden, sind die positive und die negative Halluzination. Ein Beispiel für die positive Art, bei der also das Medium einen suggerierten Gegenstand sieht, der gar nicht vorhanden ist, ist die sogenannte »Fernseh-Halluzination«, die ich selbst mit einem guten Medium durchgeführt habe. Dieser Frau, die in der Lage war, sehr schnell in somnambule Trance zu sinken, wurde gesagt, nach dem Erwachen würde der Fernsehempfänger eingeschaltet sein, und sie würde ganz deutlich Jack Benny auf dem Schirm sehen. Zu dieser Zeit gab es in meiner Heimatstadt noch gar kein Fernsehen. Es sollte erst in einem Monat so weit sein, aber die Frau hatte ihren Empfänger bereits aufstellen lassen.

Kaum war das Medium erwacht, da ging ich zum Apparat und schaltete ihn ein. Der Schirm leuchtete auf, aber natürlich war sonst nichts zu sehen. Plötzlich schaute die Frau ihren Gatten an und rief aus: »Hallo, da ist ja Jack Benny!«

»So?« erwiderte der Mann. »Was macht er denn?«

»Siehst du das denn nicht?« Sie winkte zum Schirm, offenbar

verblüfft über die Blindheit ihres Mannes. »Er unterhält sich mit Rochester!«
»Und was sagt er?« Der Mann war nicht weniger verblüfft. »Das weiß ich nicht. Hören kann ich keinen Laut.« Damit wandte sie sich an mich und fragte, ob ich nicht auch den Ton einschalten könne. Ich mußte darauf antworten, daß ich leider kein Zauberkünstler sei.
Die negative Halluzination, vielleicht die phantastischste von allen, besteht darin, daß das Medium aufgrund posthypnotischer Suggestion eine Person oder einen Gegenstand einfach nicht wahrnimmt, obwohl alle anderen Anwesenden die Person bzw. den Gegenstand deutlich vor sich sehen. So sagte ich einmal einem Medium, das sehr tiefer Trance fähig war, es würde nach dem Aufwachen feststellen, daß der Gatte keinen Schlips umhabe. Kaum hatte ich ihren hypnotischen Schlaf beendet, da wandte sich die Frau an ihren Mann, dessen strahlend rote Krawatte wohl der auffälligste Gegenstand im ganzen Zimmer war, und fragte: »Darling, wie konntest du denn heute abend ohne Schlips ausgehen?«
Der Mann riß die Krawatte heraus, so daß sie lang und breit über seine Jacke hing. »Kannst du meinen Schlips denn nicht sehen?« fragte er.
»Wie könnte ich einen Schlips sehen, den du nicht umhast?« erwiderte sie, offenbar über die alberne Frage des Mannes empört.
Die Kraft einer posthypnotischen Suggestion kann durch mehrfaches Wiederholen während einer Sitzung erhöht und sie kann auch in künftigen Sitzungen noch weiter verstärkt werden. Dieser kumulative Effekt kann ein schier überwältigendes Ausmaß annehmen – ein starkes Argument für die Anwendung der Hypnose bei der ärztlichen Therapie.

G. Spontane Rückerinnerung an frühere Leben

Neben der experimentell – durch Mesmerismus, Hypnose usw. – erzielten Rückerinnerung, wie sie gegen Ende des vorigen Jahrhunderts zuerst der französische Psychologe Albert de Rochas dokumentierte (s. Literaturverzeichnis), gibt es auch spontan auftretendes Erinnern an Vorgänge in früheren Leben. Es tritt vorwiegend im Kindesalter auf und hält bisweilen jahrelang

an. In der Reifeperiode, in der oft auch Erinnerungen an die ersten Lebensjahre verlorengehen, werden solche Bewußtseinsinhalte fast immer von den neuen starken Eindrücken und Erfahrungen des Heranwachsenden überlagert. Bei Erwachsenen kommt spontane Erinnerung an möglicherweise nicht in diesem Dasein Erlebtes meist in der Form des »Déjà vu« (Bewußtsein des Schon-gesehen-Habens) vor.
Es gibt für diese Erscheinungen verschiedene psychopathologische Erklärungsmöglichkeiten (u. a. Schizophrenie), doch sind, wie auch im Fall von hypnotischen Rückführungen, bei weitem nicht alle solche Phänomene als rein psychische Affekte zu deuten. Ian Stevenson und mehrere andere Forscher haben eine Anzahl von Fällen beschrieben und analysiert, in denen Wissen übermittelt wurde, das – wie auch bei Bridey Murphy – nicht durch Gedächtnisstörungen, Gedankenübertragung oder andere Formen sinnlicher oder außersinnlicher Wahrnehmung hervorgerufen worden sein konnte.
Am besten dokumentiert sind Fälle, die sich im asiatischen Raum (zwischen dem Libanon und Indien), in Brasilien und bei den Tlingit-Indianern in Alaska ereigneten. Es handelt sich um Rückerinnerungen von Kindern, die sich an ihre Existenz in einer anderen Umwelt, in einer anderen Familie, in einer anderen Rolle (als Vater, als Ehefrau, auch als Person anderen Geschlechts) erinnern und präzise Angaben über ihre einstigen Lebensumstände machen konnten, die sich manchmal ohne die bei Bridey Murphy aufgetretenen Schwierigkeiten nachprüfen ließen und sich als absolut richtig erwiesen. In den meisten Fällen lag zwischen den beiden Leben nur ein relativ geringer Zeitraum (etwa zehn Jahre), wodurch sich die Recherchen bereits wesentlich einfacher gestalteten. Eines der ersten genau untersuchten und die Reinkarnationshypothese voll bestätigenden Phänomene ist in den dreißiger Jahren unter dem Namen des indischen Mädchens Shanti Devi bekanntgeworden. Stevenson, K. O. Schmidt, Gerda Walther (s. Literaturverzeichnis) und viele andere Autoren haben diesen Fall beschrieben. Dabei ist er keineswegs der spektakulärste.
1951 wurde in dem indischen Distrikt Kanauj der Junge Ravi Shankar geboren, der als Geburtsmal eine lange waagerechte Narbe am Hals hatte. Im Alter von vier Jahren fing er an, Einzelheiten aus einem früheren Leben zu berichten, das mit seiner Ermordung durch einen Messerstich in den Hals schon mit sechs Jahren sein Ende gefunden hatte. Er konnte den – weit

entfernt gelegenen – Ort des früheren Geschehens beschreiben, und es gelang auf diese Weise, den bis dahin noch nicht überführten Mörder (einen Verwandten und seinen Mithelfer) zu ermitteln ...

Über den offenbar neuesten Fall mutmaßlicher Reinkarnation berichtete in der Ausgabe vom 19. Juli 1973 die *Bunte Illustrierte* unter der Überschrift: »Das Mädchen, das allen unheimlich ist«. Es handelt sich um eine junge Beduinenfrau aus dem syrisch-arabischen Grenzgebiet, die sich an eine Existenz als Frau eines Kaufmanns aus der pakistanischen Hafenstadt Gwadar erinnert und in dem dort heimischen Dialekt Balutschi spricht und schreibt. Ihre Angaben konnten nachgeprüft werden und sollen sich angeblich ohne Einschränkung als wahrheitsgemäß herausgestellt haben.

In der westlichen Welt, vor allem in den hochzivilisierten Ländern, sind derart überzeugende spontane Erscheinungen bisher unbekannt, was nicht zuletzt darauf zurückzuführen ist, daß es sich bei den hier aufgetretenen Phänomenen fast stets um Rückerinnerungen an Leben in ferneren Zeiten handelte. Brachte, wie wir sahen, schon die Verifizierung der Angaben Bridey Murphys aus der ersten Hälfte des 19. Jahrhunderts schier unüberwindbare Probleme mit sich, so läßt sich denken, vor welchen Aufgaben die Forscher stehen, die Beweise für die Echtheit einer Rückführung bis ins Mittelalter oder bis in die Antike, nach Griechenland und Ägypten, zu sammeln haben. Zu den relativ gut dokumentierten Fällen gehören die Erinnerung des Münchner Kupferschmieds Georg Neidhart an ein Ritterleben im 12. Jahrhundert und die von den englischen Forschern Hulme und Wood untersuchten Sprachphänomene der Lehrerin Ivy Beaumont, bekannt unter dem Pseudonym Rosemary, die im Jahre 1927 spontane Erinnerungen an ein Leben in Altägypten mitteilte, und zwar in Sprache und Schrift der 18. Dynastie (1552 – 1306 v. Chr.). Auch über diese Fälle gibt es reichhaltige Literatur (s. Literaturverzeichnis: Hulme, Muller, Neidhart, Vandenberg, Wood).

H. Künstliche Reinkarnation

In ihrem aufschlußreichen Bericht über den neuesten Stand der parapsychologischen Forschung in den Ostblockstaaten, der

1971 unter dem Titel *Psi* auch auf deutsch erschien, beschreibt das Autorenteam Ostrander/Schroeder die Experimente des sowjetischen Psychiaters Dr. Wladimir Raikow mit der »künstlichen Reinkarnation von Künstlern«:

»In einem großen, hellen Atelier in Moskau war eine Gruppe von Malschülern beim Aktzeichnen. Ganz auf die Arbeit konzentriert, wandte sich keiner um, als der Lehrer, Dr. Wladimir L. Raikow, den Raum betrat und mit einem Besucher durch die Reihen ging.

›Ich möchte Ihnen eine meiner besten Schülerinnen vorstellen‹, sagte Raikow. Ein junges Mädchen, Anfang zwanzig, erhob sich, wie es schien, ziemlich unwillig. Dann aber, als ob sie zu sich komme, drehte sie sich schnell dem Besucher zu und streckte ihm die Hand hin. ›Ich bin Raffael‹, sagte sie.

Der Besucher war nicht so sehr über den Namen als von der Selbstverständlichkeit überrascht, mit der sich dieses anscheinend normale und hellwache Mädchen als der große Renaissancemaler ausgab.

›Könnten Sie mir sagen, welches Jahr wir haben?‹

›Aber natürlich – 1505.‹

Der Gast, der einen Augenblick brauchte, um seine Verwirrung zu überspielen, trat zurück und richtete seine Kamera auf die hübsche junge Studentin. Dr. Raikow fragte: ›Weißt du, was er da hat?‹

›Nein.‹

›Hast du noch nie etwas Ähnliches gesehen?‹

›Nein, so ein Ding habe ich in meinem ganzen Leben noch nicht gesehen.‹

Nachdem er einige Aufnahmen gemacht hatte, sprach der Besucher über Kameras, Düsenflugzeuge, Sputniks, und dann, als das Mädchen solche Hirngespinste und Märchen ablehnte, über alles, was ihm über die Ereignisse des laufendes Jahres 1966 einfiel.

›Trugbilder! Das ist alles Torheit! Belästigen Sie mich doch nicht mit solchem Unsinn!‹ rief das Mädchen zornig.

›Schon gut‹, beruhigte sie ihr Lehrer. ›Jetzt geh wieder an die Arbeit. Zeichne, Maestro Raffael!‹

›Das‹, sagte Dr. Raikow zu seinem Gast, einem Redakteur der *Komsomolskaja Prawda*, ›ist ein Beispiel für das, was wir künstliche Reinkarnation nennen.‹

Die Reinkarnation Raffaels in Ira, einer jungen Studentin, ist das Ergebnis eines Meisterhypnotiseurs. Mit einer dynamischen

Art von Reinkarnation versucht Raikow bei seinen Studenten die Entstehung eines Talents, ja, vielleicht eines Genies heraufzubeschwören.

›Ich gebe den Menschen durch die Reinkarnation nicht etwas von außen, das sie nicht schon in sich haben‹, erklärte Raikow. ›Aber nur wenige Menschen werden sich der außergewöhnlichen Kräfte jemals bewußt, die sie besitzen. Ich bin nur dann in der Lage, dieses Phänomen der Reinkarnation hervorzurufen, wenn sich die Versuchsperson in tiefer Trance befindet.‹

Es handelt sich um eine neue Form von aktiver Trance. Aktion ist der dominierende Takt bei Raikows Reinkarnations-Experiment. Sein ›Paradefall‹ war die Reinkarnation der hochbegabten Physikstudentin Alla. Die Malerei interessierte sie eigentlich gar nicht. Sie hatte das Gefühl, daß sie keinerlei Talent zum Zeichnen habe, und die Skizzen, die sie vorlegte, als sie sich für seine Versuche zur Verfügung stellte, schienen das zu bestätigen.

Dennoch glaubte Raikow, einen Ansatzpunkt zu entdecken. ›Du bist Ilja Repin‹, suggerierte er der in tiefer Trance befindlichen Alla. Repin, der bedeutendste russische Maler um die Jahrhundertwende, wird in der Sowjetunion immer noch eifrig studiert. ›Du denkst wie Repin. Du siehst wie Repin. Du *bist* Repin, folglich hast du auch seine Fähigkeiten.‹

Schon nach wenigen Reinkarnationssitzungen konnte jedermann sehen, daß Alla viel besser zeichnete. Nach zehn Nachmittagen als Repin wollte sie auch in ihrer Freizeit zeichnen und trug stets einen Zeichenblock mit sich herum. Drei Monate später, als Raikow den Kursus nach fünfundzwanzig Lektionen beendete, zeichnete Alla wie ein Berufszeichner – zwar nicht wie Repin oder Raffael, aber jedenfalls wie ein versierter Zeitschriften-Illustrator. Ihr neues Talent explodierte in Alla so heftig, daß sie ernstlich daran dachte, ihr Physikstudium aufzugeben und hauptberuflich mit Zeichenstift und Pinsel zu arbeiten. ›Alla konnte das freilich nicht im Zustand tiefer Hypnose lernen, der ja passiv ist‹, erklärte Raikow. Raikow, ein Angehöriger der jungen Generation sowjetischer Geistesforscher der Popow-Gruppe, besitzt gründliche Erfahrungen in der passiven Trance; er hat wissenschaftliche Abhandlungen über seine Versuche veröffentlicht, unter Hypnose paranormale Fähigkeiten zu produzieren. Es gelang ihm leicht, Alla in passive Trance zu versetzen. Auf seinen hypnotischen Befehl hin bewegte sie sich mit geschlossenen Augen und den Unterwasserbewegungen einer

Schlafwandlerin im Raum. Raikow reichte ihr ein unsichtbares Glas Apfelsaft; sie trank den ›Saft‹. ›Danke‹, sagte sie. ›Jetzt fühle ich mich besser.‹
Im Stadium der Reinkarnation ist Alla sie selbst – auch wenn sie sich Ilja Repin nennt. Sie ist munter, ja, sogar ungewöhnlich wach. Sie sieht ihr Modell, ihren Bleistift, ihren Zeichenblock. Sie komponiert ihre Zeichnung bewußt und verleiht den Bildern ihren eigenen Ausdruck. Sie malt weder wie Repin noch führt ihr Raikow im Geiste die Hand.
Raikow sagt: ›Die Reinkarnation versetzt das Mädchen in einen Zustand, der sie neuen Gesetzen unterwirft, die bisher noch wenig erforscht waren. Die Entdeckung dieser unbekannten Gesetze ist das Ziel meiner Arbeit.‹
Kurz vor seinem Tod schrieb Wassiliew: ›Mit dem Fortschritt in der Parapsychologie kamen wir der Enthüllung der Geheimnisse der Schöpferkraft näher. Wir wissen jetzt, daß die psychischen und die schöpferischen Fähigkeiten des Menschen viel Gemeinsames haben.‹
Parapsychologen und Kunstkritiker erkennen allgemein an, daß Schöpferkraft und Inspiration mit der Kraft durchsetzt sind, die die Wissenschaftler ›außersinnlich‹ nennen.
Aber kann nicht jeder in zwanzig Lektionen Zeichnen lernen? Alla hätte vermutlich auch mit Hilfe einer der üblichen Unterrichtsmethoden eine passable Zeichnerin werden können. Wozu also die ›Reinkarnation‹? Die Reinkarnation läßt den Geist superkreativ werden, weil sie es ihm gestattet, nach neuen, fast ›magischen‹ Gesetzen zu arbeiten. Und was bleibt nach dem ›Erwachen‹? Wie es scheint, verlor Alla ihre künstlerischen Fähigkeiten nicht wieder, als Raikow sie aus seiner Obhut entließ. Bei seinen anderen Versuchspersonen war das auch nicht der Fall.
Dr. Raikow und seine Mitarbeiter führten Versuche mit zwanzig etwa zwanzigjährigen, künstlerisch nicht begabten, aber intelligenten Studenten durch und verschafften jedem fünf bis zwanzig Reinkarnationserlebnisse. Nach ihrer letzten ›Reinkarnation‹ als Genie zeichneten einige besser als die anderen, jeder aber zeichnete bedeutend besser als zuvor. Jeder hatte schließlich auch seiner eigenen Meinung nach ein neues Talent in sich entdeckt.
Die als reinkarnierter Meister verbrachte Zeit läßt nicht die leiseste Erinnerung zurück. Es überrascht nicht, daß die Studenten später nicht glauben wollen, daß sie die Bilder gemalt hatten,

die man ihnen zeigte – und sie wollten erst recht nicht glauben, daß sie sie mit einem schwungvollen ›Raffael‹ oder ›Repin‹ signiert hatten. Im Verlauf der Sitzungen war jedoch das Zeichentalent, das sie als Repin erworben hatten, in ihre eigene bewußte Persönlichkeit eingesickert. Im Gegensatz zu ihren bisherigen Erfahrungen fanden die Studenten also schließlich heraus, daß sie doch zeichnen konnten. ›Bei der zehnten Sitzung‹, sagte uns Naumow, ›ist das neue Talent meist stabilisiert und ein Teil des bewußten Könnens der Studenten. Was sie erworben haben, bleibt ihnen.‹

Der schon mehrfach erwähnte Dr. Milan Ryzl entwickelte ein Hypnosesystem, um bei den Menschen mehr ein außersinnliches als ein künstlerisches Talent zu wecken. Einige von Ryzls Versuchspersonen stellten auch fest, daß sich das ASW-Talent, das in der Hypnose geweckt worden war, als eine neue, bewußt beherrschte Fähigkeit im Alltagsleben stabilisierte.

Auf die Frage, ob er nicht die Studenten hypnotisch reinkarnieren könne, die sich in einem entsprechend aufnahmebereiten Zustand befinden, erwiderte Raikow: ›Als Hypnotiseur versetze ich sie lediglich in einen Zustand der Überwachsamkeit; danach dränge ich ihnen jedoch nichts auf.‹ Er erinnerte sich an ein Mädchen, das er nicht als Künstlerin, sondern als historische englische Königin reinkarnierte. ›Wir wünschen einen Ball zu veranstalten‹, verkündete die Königin. ›Gehen Sie‹, sagte sie zu Raikow, ›treffen Sie die nötigen Vorbereitungen.‹ – ›Ich befehle es‹, setzte sie kurz hinzu, als Raikow, der sonst die Befehle gab, etwas zögerte.

Raikow reinkarnierte einen anderen Studenten, Wolodnja, als einen russischen Maler aus dem 19. Jahrhundert, der unter der Chiffre ›N‹ bekannt wurde. Wolodnja, alias ›N‹, betrachtete Raikow als sein persönliches Modell. Er widmete seine Bilder ›meinem besten Freund und Modell. 1883‹. Während des Zeichnens äußerte ›N‹ seine Ansichten über die Kunst. ›Möchten Sie sie veröffentlichen?‹ fragte Raikow. ›Natürlich‹, seufzte der Junge, ›sie würden aber nie durch die Zensur kommen.‹

In diesem Augenblick betrat ein Psychiater den Raum. ›Ah‹, sagte Raikow, ›hier ist ja unser Zensor. Ich möchte Sie ihm vorstellen.‹

Der Zensor-Arzt streckte die Hand aus, Wolodnja sprang auf und verbarg die eigene Hand hinter dem Rücken. ›Niemals! Nie werde ich einem zaristischen Zensor die Hand geben!‹ Mit wildem Blick ging er um die beiden herum und schrie schließlich

Raikow an: ›Wenn du mein Freund bist, verjage alle Zensoren von hier!‹
Raikow konnte der Versuchung nicht widerstehen, Wolodnja mit einer anderen Studentin bekanntzumachen, die ebenfalls als der berühmte ›N‹ reinkarniert war.
›'N' ist natürlich nur *eine* Person, und diese Person bin *ich*. Diese Dame ist nicht echt‹, sagte Wolodnja zu Raikow.
Wolodnja hatte, wie die anderen, hinterher nur das Gefühl, daß er in einer komprimierten Zeitspanne künstlerische Talente erworben habe. Ein sowjetischer Beobachter drückte das so aus: ›Die Studenten haben das Gefühl, daß sie die Technik der Malerei gelernt hätten – von Repin, Raffael, Matisse und anderen. Jetzt sind sie dabei, ihren eigenen Stil aufzubauen und zu entwickeln.‹
Raikows Instruktion ähnelt dem traditionellen Malunterricht, bei dem die Studenten in einem Museum mit einem Skizzenblock vor den Gemälden der großen Meister sitzen, nur daß Raikows Reinkarnation Tage in Stunden und Jahre in Monate zusammenzieht. Alla begann mit ungelenken Strichmännchen und beendete den Kursus nach drei Monaten mit einem respektablen Porträt.
Raikow hat seinen Schülern noch weitere Studienmöglichkeiten geboten als die, durch die Augen berühmter Maler zu sehen. Auf hypnotischem Wege versetzte er die Studentin Luba in einen Zustand, in dem sie die Welt mit den Augen eines Kindes sah. Sie sah die Welt jedoch nicht als junge Luba, sondern sie wurde in ein anderes Wesen namens Olga im Alter von zunächst fünf, dann acht, zehn und vierzehn Jahren reinkarniert. Dann vermittelte ihr Raikow noch weitere Erfahrungen. Er reinkarnierte sie als Jungen namens Ilja, der zum Schluß ebenfalls siebzehn war, so alt also wie Luba zur Zeit des Experiments. Ihre Zeichnungen spiegelten die verschiedenen Haltepunkte auf ihrem Reinkarnationsweg. Die Bilder, die sie als Mädchen zeichnete, zeigten mehr ›Plastizität und Weichheit‹ als die des Knaben Ilja.
Einem Erwachsenen verabreichte Raikow eine noch seltsamere Dosis an erweiterter Erfahrung. In diesem Fall entfernte er sich von seiner Hauptbemühung, Schöpferkraft heraufzubeschwören, es sei denn, daß man eine Selbstheilung als schöpferischen Akt ansieht. Als Psychiater sah sich Raikow mit dem Problem von Boris konfrontiert, einem chronischen Alkoholiker mittleren Alters. Der Mann erschien unregelmäßig zur Behandlung in der Psychiatrischen Klinik. Er trank weiter, Anfälle von Deli-

rium tremens folgten, seine Frau war entschlossen, ihn aufzugeben und mit den Kindern zu verlassen.
›Oh, gib uns etwas von der Kraft, uns selbst so zu sehen, wie andere es tun‹, hat der schottische Dichter Robert Burns geschrieben. Dr. Raikow glaubte, die Kräfte zu kennen, die dies zu vollbringen vermögen. Er entschied sich, Boris' Familienangehörige in ihm zu reinkarnieren. Der Psychiater begann mit der Mutter des Mannes.
›Wer sind Sie?‹
›Ich bin Tatjana Nikolajewna‹, sagte Boris. Raikow berichtete dem als seine eigene Mutter reinkarnierten Boris, daß ihr Sohn im Delirium auf der Couch liege. ›Er ist ganz blau im Gesicht, es wird einem übel, wenn man ihn so sieht, es steht wirklich schlecht um ihn‹, legte Raikow los.
Der Patient warf sich mit entsetztem Blick auf die Couch, um Boris wachzurütteln, er spritzte ihm imaginäres Wasser ins Gesicht, löffelte ihm Medizin ein und flehte die Ärzte um Hilfe an. ›Wie konntest du nur so trinken‹, klagte die reinkarnierte Mutter. ›Du stirbst am Alkohol. Deine Frau verläßt dich, deine Tochter liebt dich nicht mehr.‹
Raikow machte mit einer Flasche Wasser ein blubberndes Geräusch und rief: ›Tatjana Nikolajewna, dein Sohn scheint schon wieder zu trinken!‹
›Tatjana‹ versuchte mit verzerrtem Gesicht ihrem unsichtbaren ›Sohn‹ die Flasche zu entreißen und sie zu zerschmettern.
Später reinkarnierte Raikow Boris' Tochter in ihm. ›Papa‹, sagte Boris mit einer weichen, ruhigen Stimme, die der seiner Tochter glich, ›Papa, warum hast du wieder getrunken? Was ist mit dir los? Es ist schrecklich für mich.‹ Tränen strömten über das Gesicht von Boris, der als seine eigene Tochter reinkarniert war. Schließlich beschwor Raikow auch noch Boris' Frau und andere Familienmitglieder in ihm herauf.
Boris erinnerte sich später an keine einzige dieser Reinkarnationen. Er sagte aber seinem Psychiater eines Tages, er habe darüber nachgedacht, wie seine Familie seinetwegen leiden müsse. Er schien ihren Zorn und ihre Verachtung fast physisch zu empfinden. ›Ich habe die ganze Abscheulichkeit meiner Trunksucht durch ihre Augen gesehen. Es war entsetzlich.‹
Raikow zufolge half diese Reinkarnationstherapie, die Boris' stärkste emotionale Bindungen ausnutzte, daß er allmählich seinem Verhalten gegenüber eine kritische Position einnahm. ›Künstliche Reinkarnation kann eine ausgezeichnete Ergänzung

einer psychotherapeutischen Behandlung sein‹, sagte Raikow. ›Sie könnte auch zur Resozialisierung von Verbrechern angewandt werden.‹
Die Ergebnisse von Raikows Experimenten mit Gestrauchelten und Haltlosen klingen vielversprechend, und doch ist sein Verfahren, in seinem ›Reinkarnationstreibhaus‹ schöpferischen Talenten zur Entfaltung zu verhelfen, noch erregender und fruchtbarer. Man könnte es übrigens nicht nur zur Talentförderung, sondern auch für berufliche Umschulung einsetzen.
Als sowjetischer Psychiater ist Raikow natürlich an der physiologischen Seite dieser Reinkarnationen interessiert, die sogar bei Menschen wie der Studentin Alla, die nicht nur sagte, sie könne nicht zeichnen, sondern auch, daß sie die Malerei nicht besonders interessiere, schnell zeichnerische Fähigkeiten hervorrufen. Raikow, der die üblichen Prüfgeräte benützte, bestätigte die Annahme, daß die Reinkarnationstrance etwas Neues sei, etwas anderes als die übliche passive Trance der tiefen Hypnose, bei der das EEG den Alpha-Ruhe-Rhythmus anzeigt. Bei der Reinkarnation verschwindet der Alpharhythmus vollständig. Statt dessen zeigt das EEG ein Schema, das normalerweise bei völliger Wachheit registriert wird.
Während eine Studentin als Raffael auftritt, scheint sie physiologisch hellwach zu sein. Im Gehirn zeigt sich intensive Konzentration, alle Ablenkungen sind ausgeschaltet. Es ist so, als ob die ganze Person in starkes Flutlicht getaucht würde. Die Reinkarnation ist in vieler Hinsicht die Antithese des Schlafs. Und doch bestehen auch Übereinstimmungen mit der typischen passiven Trance. Die Studenten verfallen in tiefen Schlaf, ehe sie ruckartig, sozusagen ›zu neuen Ufern‹ erwachen. Obwohl Raikow eine Amnesie, also Vergessen oder partiellen Gedächtnisverlust, nicht suggeriert, erinnern sich die Testpersonen nie auch nur an eine Sekunde ihres Lebens als eine andere Person. Den Sowjets zufolge kann nur ein hocherfahrener Hypnotiseur Menschen in die Freiheit der künstlichen Reinkarnation steuern. Und auch Raikow ist es bei einigen Versuchspersonen nicht gelungen, dies auf dem Wege über die Trance zu erreichen.

Auch musikalische Talente hat Raikow gefördert. Er reinkarnierte zum Beispiel den Geigenvirtuosen Fritz Kreisler in einem Studenten des Moskauer Konservatoriums für Musik. Der Junge, der sich für Kreisler hielt, begann auf die Art Kreislers zu spielen. Diese Fähigkeit wurde in seinem Bewußtsein konsoli-

diert und blieb erhalten.
Einer der brillantesten russischen Komponisten, Sergej Rachmaninow, schuf eine Art von Präzedenzfall für Raikows Arbeit. Seine erste Sinfonie wurde bei ihrer Uraufführung in St. Petersburg mit einem Pfeifkonzert bedacht. Der Komponist war ›am Boden zerstört‹ und beschloß, das Komponieren aufzugeben. In den nächsten Jahren war jede Musik, die in ihm vielleicht aufgeklungen wäre, blockiert. Rachmaninow hatte das Gefühl, als ob er geistige Ohrenschützer trage. Seine Freunde, die fürchteten, er würde nie wieder komponieren, rieten ihm schließlich, er solle zu dem Hypnotiseur Dr. Dahl gehen. ›Sie haben ein großes Talent und auch die Fähigkeit, es auszudrükken‹, suggerierte Dahl dem Komponisten. ›Die Inspiration strömt in Ihnen völlig frei, nichts kann sie blockieren.‹ Dahl brachte ihm die Technik der Autosuggestion bei, und die Fähigkeit des Komponierens kehrte in ihn zurück. Er schrieb ein wunderbares Werk, das wie der Frühling durch das eisige Rußland brauste. Es war das heute in der ganzen Welt berühmte Zweite Klavierkonzert in c-Moll. Rachmaninow widmete es seinem Hypnotiseur Dr. Dahl.
Nachdem er diese geistige Sperre überwunden hatte, beschrieb Rachmaninow später, wie ihn seine schöpferische Gabe überkam. ›Oft ging ich auf dem Land spazieren, und wenn ich dann das regennasse Laubwerk oder einen Sonnenuntergang betrachtete, ertönte die Musik plötzlich um mich herum. Alle Stimmen zugleich ... Woher es kam, wie es begann, wie kann ich das sagen? Es stieg in mir auf, wurde empfangen und niedergeschrieben.‹
Alle schöpferischen Menschen wissen von dieser geheimnisvollen Instanz, die Inspirationen ›beschert‹. Es gibt kaum einen Dichter, der nicht bekannt hat: ›Es kam zu mir. Es war wie ein Diktat.‹ Andrej Wosnessenskij, einer der begabtesten russischen Autoren der jungen Generation, hat dieses paranormale Phänomen vielleicht am besten ausgedrückt: ›Der Dichter besteht aus zwei Personen. Die eine ist völlig unbedeutend und führt ein unwichtiges Dasein. Aber hinter ihr steht, wie ein Echo, die andere Person, die Poesie schreibt.‹

Raikow erklärt seinen Reinkarnationsweg so: Das Wort ›Raffael‹ oder ›Repin‹ ist nur ein Symbol, das dem Hypnotiseur hilft, in die Geheimnisse der Fähigkeiten des Menschen einzudringen und die Reserven seines Organismus zu erreichen. Indem er das

Wort ›Repin‹ benützt, bricht Raikow durch die ›Kruste‹ jener Gehirnzentren, die während der Hypnose wach sind. Raikows Ansicht nach gestattet es die Reinkarnation mit einigen Teilen der neunzig Prozent von Gehirnzellen in Verbindung zu treten, die normalerweise inaktiv sind. Ein Psychologe, der mit der Jungschen Psychologie vertraut ist, könnte sagen, das Symbol ›Repin‹ gestattet es dem Studenten, mit dem kollektiven Unbewußten in Verbindung zu treten und daraus Kraft zu schöpfen. Es gibt viele Theorien darüber, was dabei vorgeht, und zu diesen gehört viel Semantik. Der Schlüsselpunkt ist jedoch die Umkehr des alltäglichen ›Du‹, die Definition des ›Selbst‹. Was immer im Augenblick der Inspiration sich ereignet, liegt außerhalb des Kreises des ›Du‹. Eines der Ziele der kommunistischen Parapsychologen ist es, den Umkreis des ›Du‹ zu erweitern: mehr Leben in Bewegung zu setzen. Ihre Grundidee ist es, die Reichweite und die Kraft unseres geistigen und biologischen Instrumentariums zu verstärken, vergleichbar mit der Entwicklung von der Ukulele zur elektrischen Gitarre.

I. Die Reinkarnationsidee im abendländischen Denken

Entgegen der weitverbreiteten Anschauung, daß Seelenwanderung und Reinkarnation rein indisches Gedankengut seien, hat der Glaube an die Wiedergeburt des Menschen seinen Ursprung nicht allein in asiatischen Religionen, etwa in der Lehre Buddhas. Er ist in allgemeinerer Form – vor allem ohne das komplizierte, schicksalbestimmende Karma-System – in vielen Teilen der Erde anzutreffen und hat sich oft unabhängig von fremden Einflüssen ausgeprägt. Er gründet vorwiegend auf individuellen Erfahrungstatsachen.

Am Beginn der Wiedergeburtsphilosophie des Abendlands stehen die aus eigenem »Erleben« abgeleiteten Grundsätze der »Metempsychose« des Pythagoras (um 570 – 496 v. Chr.), der sich angeblich an zehn Verkörperungen im Abstand von jeweils 207 Jahren zu erinnern vermochte. Platon verteidigte anderthalb Jahrhunderte später die Hypothese der Unsterblichkeit der Seele. »Es ist Tatsache«, sagt er in seinem Dialogwerk *Phaidon*, »daß es ein Wiederlebendigwerden gibt, und die Lebendigen aus den Toten entstehen.«

Unberührt von pythagoreischem und buddhistischem Denken

waren die Germanen zur Zeit Caesars (1. Jahrhundert v. Chr.) – und vermutlich schon lange davor – der Überzeugung, daß »die Seelen nicht sterben, sondern nach dem Tode auf einen anderen Menschen übergehen, worin sie einen Hauptantrieb zur Tugend sehen, während die Todesfurcht in den Hintergrund tritt«. So berichtet der große römische Feldherr in seinem Werk über den »Gallischen Krieg«. Noch zwei Jahrhunderte später stellt der Geschichtsschreiber Appian fest, daß »in den Herzen der Germanen die Hoffnung auf Wiedergeburt verwurzelt« sei.
Die Kirchenväter als Wortführer und Dogmatiker des frühen Christentums brachten die aus der heidnischen Antike überlieferte Wiederverkörperungsvorstellung zunächst nicht ungern mit der Wiederauferstehung Jesu in Verbindung, doch sahen sie sich schließlich gezwungen, die Lehre Christi auch in diesem Punkt gegen fremdes Ideengut abzugrenzen. Auf dem im Jahre 533 unter Kaiser Justinian in Konstantinopel tagenden Fünften Ökumenischen Konzil wurde verlautbart: »Wer eine fabulöse Präexistenz der Seele und eine monströse Restauration ihrerselbst lehrt, der sei verflucht.«
Es gehörte künftig zu den Ketzereien unorthodoxer Philosophen und zu den Narrenfreiheiten von Mystikern und Okkultisten, die Wiederverkörperung zu bejahen. Giordano Bruno, der im Jahre 1600 auf dem Scheiterhaufen der Inquisition endete, postulierte: »Nimmer vergeht die Seele; vielmehr die frühere Wohnung vertauscht sie mit neuem Sitz und wirkt in diesem. Alles wechselt, doch nichts geht unter!«
Diese Auffassung teilten in den folgenden Jahrhunderten die Theosophen (Jakob Böhme, Swedenborg u. a.) sogar mit aufklärerischen Denkern wie Voltaire, der schrieb: »Die Lehre von der Wiederverkörperung ist weder widersinnig noch nichtssagend ... Zweimal geboren zu werden ist nicht wunderbarer als einmal. Auferstehung ist das Ein und Alles der Natur.«
Die deutschen Klassiker – Lessing, Herder, Goethe, Schiller – bekannten sich in ihren Werken und in Gesprächen über die Vorzüge asiatischer Religionen gern zum Glauben an Seelenwanderung, der bei ihren Landsleuten, den Nachkommen der auf Wiedergeburt hoffenden Germanen, alles andere als volkstümlich war und höchstens als intellektuelle Allüre akzeptiert wurde. Lessing fragte: »Ist es denn schon ausgemacht, daß meine Seele nur einmal Mensch ist? Ist es schlechterdings so ganz unsinnig, daß ich auf meinem Weg der Vervollkommnung wohl durch mehr als eine Hülle der Menschheit hindurch

müßte? Vielleicht wäre auf diese Wanderung der Seele durch verschiedene menschliche Körper ein ganz neues System zu gründen.«

Goethe verstand den Vorgang nicht nur theoretisch. Er verspürte das Wirken der Reinkarnation in seinem eigenen Sein. »Ich bin gewiß«, äußerte er 1813 gegenüber dem Weimarer Pädagogen Johannes Daniel Falk, »wie Sie mich hier sehen, schon tausendmal dagewesen und hoffe, wohl noch tausendmal wiederzukommen.« Und das war kein plötzlicher Einfall des Dichters. Schon ein halbes Lebensalter zuvor meinte er »die Bedeutsamkeit der Macht«, die eine von ihm verehrte Frau über ihn ausübte, nicht anders erklären zu können als durch die Seelenwanderung. In seinem berühmten Gedicht *An Charlotte von Stein* ging diese Vorstellung in die Literaturgeschichte ein:

Ach, du warst in abgelebten Zeiten
meine Schwester oder meine Frau.

Richard Wagner empfand eine ähnliche Seelenverwandtschaft mit Mathilde Wesendonk, an die er schrieb: »Reinkarnation und Karma bilden einen wundervollen, ganz unvergleichlichen Weltmythos, gegen den wohl jedes andere Dogma kleinlich und borniert erscheinen muß.«

Die Karmalehre wurde Ende des vorigen Jahrhunderts von Rudolf Steiner in das Weltbild der Anthroposophie eingefügt. Auf esoterische Kreise unterschiedlichster Provenienz ist die Reinkarnationsidee im westlichen Kulturbereich bis heute beschränkt geblieben. Daran hat auch die wissenschaftliche Untersuchung von Wiederverkörperungsphänomenen, die in den letzten Jahrzehnten intensiviert wurde, im wesentlichen nichts geändert.

Literaturverzeichnis

Benz, Ernst, u. a.: Sonderheft »Reinkarnation« der *Zeitschr. f. Religions- u. Geistesgeschichte*, 9. Jg., Nr. 2, 1957.

Bertholet, Edouard: *Réincarnation*, Paris 1949; Lausanne 1968.

Björkhem, John: *Die verborgene Kraft*, Olten–Freiburg/Brsg. 1954.

Bloxham, D. Arnall: *Who Was Ann Ockenden?*, London 1958.

Bock, Emil: *Wiederholte Erdenleben. Die Wiederverkörperungsidee in der deutschen Geistesgeschichte*, Stuttgart 1952.

Bose, Sushil Chandra: *Your Last Life and Your Next*, Kalkutta 1959.

Brazzini, Pasquale: *Dopo la Morte si rinasce?*, Mailand 1952.

Brugger, Walter, S. J.: »Wiederverkörperung« in *Stimmen der Zeit*, Juli 1948.

Cannon, Sir Alexander: *The Power Within*, New York 1953.

Cerminara, Gina: *Erregende Zeugnisse von Karma und Wiedergeburt* (»Many Mansions«), Freiburg/Brsg. o. J.

Cerminara, Gina: *Many Lives, Many Loves*, New York 1963.

Cerminara, Gina: *Die Welt der Seele. Der Sinn des Lebens – Karma u. Wiedergeburt*, Freiburg/Brsg. 1967.

Chari, C. T. K.: »Paramnesia and Reincarnation«, in *Proceedings of the Society for Psychical Research*, Vol. 53, 1962.

Clemen, Carl: *Das Leben nach dem Tode im Glauben der Menschheit*, Leipzig 1920.

Delanne, Gabriel: *Documents pour servir à l'Etude de la Réincarnation*, Paris 1924.

Dessoir, Max: *Vom Jenseits der Seele*, Stuttgart 1931.

Ducasse, Curt J.: »How the Case of ›The Search for Bridey Murphy‹ Stands Today«, in *Journal of the American Society for Psychical Research*, Vol. 54, Januar 1960.

Ducasse, Curt J.: *A Critical Examination of the Belief in a Life After Death*, Springfield, III., 1961.

Ducasse, Curt J.: »What Would Constitute Conclusive Evidence of Survival After Death?«, in *Journal of the Society for Psychical Research*, Vol. 41, 1962.

Eddy, Sherwood: *You Will Survive After Death*, New York 1950.

Eliade, Mircea: *Das Mysterium der Wiedergeburt*, Zürich 1961.

Ferreira, Inacio: *Psiquiatria em face de Reencarnação*, Uberaba (Brasilien) 1955.

Flournoy, Théodore: *Spiritismus und Experimentalpsychologie*, Leipzig 1921.

Fodor, Nandor: *The Search for the Beloved. A Clinical Investigation of the Trauma of Birth and Pre-natal Conditioning*, New York 1949.

Ford, Arthur: *Bericht vom Leben nach dem Tode*, Bern – München – Wien 1972.

Fox, Oliver: *Astral Projection,* New York 1962.
Frei, Gebhard: »Reinkarnation und katholischer Glaube«, in *Schweizer Rundschau,* Juni 1947.
Gorer, Geoffrey: *Africa Dances,* London 1935.
Grant, Joan: *Far Memory,* New York 1956.
Hartley, Christine: *A Case for Reincarnation,* London 1972.
Head, Joseph, und Cranston, S. L. (Hrsg.): *Reincarnation. An East-West Anthology,* New York 1961.
Hulme, A. J. H., und Wood, Frederic: *Ancient Egypt Speaks,* London 1937.
Hurwood, Bernhardt J. (Hrsg.): *Passport to the Supernatural,* New York 1972.
Johnson, Raynor C.: *Imprisoned Splendour,* New York 1954.
Johnson, Raynor C.: *The Light and the Gate,* New York 1964.
Keyserling, Hermann Graf: *Wiedergeburt,* Darmstadt 1927.
Kline, Milton V. (Hrsg.): *A Scientific Report on »The Search for Bridey Murphy«,* New York 1956.
LeCron, Leslie: *Experimental Hypnosis,* New York 1952.
LeCron, Leslie: *Hypnose,* Genf 1973.
Low, A. M.: *What's the World Coming to?,* Philadelphia 1951.
Lyttleton, Edith: *Some Cases of Prediction,* London 1937.
Macaluso, G.: *La rincarnazione verità antica e moderna,* Rom 1968.
McTaggart, John: *Human Immortality and Pre-existence,* London 1916.
Martin, Eva: *The Ring of Return. An Anthology of References to Reincarnation and Spiritual Evolution,* London 1927.
Millard, Joseph: *Edgar Cayce, Man of Miracles,* London 1961.
Much, Hans: *Vermächtnis,* Dresden 1933 (darin »Wiedergeburten«).
Muller, Karl E.: *Reincarnation Based on Facts,* London 1970.
Myers, Frederic: *Human Personality and Its Survival of Bodily Death,* London 1903.
Neidhart, Georg: *Werden wir wiedergeboren?,* München 1963.
Nielsen, Alfred: *Reinkarnation,* Kopenhagen 1946.
Noeggerath, Rufina: *Das Fortleben. Beweise, Kundgebungen, Philosophie,* Leipzig 1904.
Osborn, A. W.: *The Superphysical,* London 1937.
Österreich, Theodor K.: *Das Mädchen aus der Fremde,* Stuttgart 1929.
Ostrander, Sheila, und Schroeder, Lynn: *Psi. Die wissenschaftliche Erforschung u. praktische Nutzung übersinnlicher Kräfte des Geistes u. der Seele im Ostblock,* Bern – München – Wien 1971.
Pryse, James M.: *Reincarnation in the New Testament,* New York 1900.
Rhine, J. B.: *Neuland der Seele,* Berlin 1938.
Rhine, J. B.: *Die Reichweite des menschlichen Geistes,* Stuttgart 1950.
Rochas, Albert de: *Die aufeinanderfolgenden Leben,* Leipzig 1914.
Rosenberg, Alfons: *Die Seelenreise,* Olten 1952.
Ryzl, Milan: *Hellsehen in Hypnose,* Genf 1971.
Schmidt, K. O.: *Wir leben nicht nur einmal,* München 1969.
Shirley, Ralph: *The Problem of Rebirth,* London 1924.

Sinclair, Upton: *Radar der Psyche*, Bern – München – Wien 1973.
Soal, S. G., und Bateman, F.: *Modern Experiments in Telepathy*, New Haven 1954.
Stearn, Jess: *Der schlafende Prophet. Prophezeiungen in Trance 1911 – 1998*, Genf 1972 (8. Aufl.).
Steiner, Rudolf: *Reinkarnation u. Karma*, Stuttgart 1961.
Stelter, Alfred: *Psi-Heilung*, Bern – München – Wien 1973.
Stettner, W.: *Die Seelenwanderung bei Griechen u. Römern*, Stuttgart 1934.
Stevenson, Ian: »Review of ›A Scientific Report on The Search of Bridey Murphy by M. V. Kline‹«, in *Journal of the American Society for Psychical Research*, Vol. 51, Januar 1957.
Stevenson, Ian: *Twenty Cases Suggestive of Reincarnation*, New York 1966.
Story, Francis: *The Case for Rebirth*, Colombo (Ceylon) 1959.
Sudhakar, M. A. (Hrsg.): *A Case of Reincarnation (Shanti Devi)*, Lahore 1936.
Sugrue, Thomas: *There is a River*, New York 1945.
Tomorrow. Quarterly Review of Psychical Research, Vol. 4, Nr. 4, 1956.
Vandenberg, Philipp: *Der Fluch der Pharaonen*, Bern – München – Wien 1973.
Van Pelt, S. J.: *Hypnotism and The Power Within*, London 1950.
Van Pelt, S. J.: *Modern Hypnotism, Key to the Mind*, Brighton 1955.
Wachsmuth, Günther: *Die Reinkarnation als Phänomen der Metamorphose*, Dornach 1935.
Walker, E. D.: *Reincarnation*, New York 1916.
Walther, Gerda: *Phänomenologie der Mystik*, Olten 1955.
Walther, Gerda: »Shanti Devi u. andere Fälle angeblicher Rückerinnerung an frühere Inkarnationen«, in *Neue Wissenschaft*, 6. Jg., Nr. 7, 1956.
Walther, Gerda: »Reinkarnation u. Parapsychologie«, in *Zeitschr. f. Religions- u. Geistesgeschichte*, 9. Jg., Nr. 2, 1957.
Wickland, Charles A.: *Thirty Years Among the Dead*, Los Angeles 1924.
Wolberg, Lewis R.: *Hypnoanalysis*, London 1946.
Wood, Frederic H.: *The Egyptian Miracle*, London 1955.

Esoterik

Gina Cerminara

Erregende Zeugnisse von Karma und Wiedergeburt

288 S. Band 4111

Der »Schlafende Prophet«, Edgar Cayce, wird allgemein als das bedeutendste Medium der Neuzeit betrachtet. In selbstinduzierten hypnotischen Schlaf versetzt, war er in der Lage, praktisch alle nur denkbaren Fragen zu beantworten. Viele dieser Antworten können nachweislich als hundertprozentige Treffer gewertet werden – z. B. die zahlreichen Krankheitsdiagnosen, die er nur aufgrund des Geburtsdatums und des Namens eines Menschen erstellte.
Häufig ging Cayce bei seinen sogenannten Lebensbotschaften über den Erlebnisbereich des jetzigen Lebens in frühere Leben zurück, um so die tatsächlichen Ursachen für bestimmte Fähigkeiten und Ereignisse aufzuzeigen.

Das vorliegende Werk der amerikanischen Psychologin Gina Cerminara faßt diese Fälle aus dem umfangreichen »Cayce-Material« zusammen. Erregende Zeugnisse von Schicksalen und Ereignisverknüpfungen offenbaren sich dem Leser. Ebenso werden hier an vielen Einzelbeispielen die ewigen Gesetzmäßigkeiten von Glück und Unglück, von Karma und Wiedergeburt verdeutlicht. Eine sinnhafte Perspektive, die nicht ein Menschenleben, sondern den Kreislauf von Tod und Wiedergeburt über viele Jahrhunderte hinweg umfaßt.